罗国文 著

潼江弯弯流远方

一个农家子弟的家国情怀

世界知识出版社

北京·2024

图书在版编目（CIP）数据

潼江弯弯流远方：一个农家子弟的家国情怀/罗国文著. --北京：世界知识出版社，2024.12
ISBN 978-7-5012-6461-2

Ⅰ.①潼… Ⅱ.①罗… Ⅲ.①罗国文—自传
Ⅳ.①K828.2

中国版本图书馆CIP数据核字（2021）第253314号

责任编辑	侯奕萌
责任出版	赵　玥
责任校对	陈可望

书　　名	潼江弯弯流远方——一个农家子弟的家国情怀 Tongjiang Wanwan Liu Yuanfang —— Yige Nongjia Zidi de Jiaguo Qinghuai
作　　者	罗国文
出版发行	世界知识出版社
地址邮编	北京市东城区干面胡同51号（100010）
网　　址	www.ishizhi.cn
电　　话	010-65233645（市场部）
经　　销	新华书店
印　　刷	廊坊市海涛印刷有限公司
开本印张	787mm×1092mm　1/16　28½印张
字　　数	376千字　140幅图
版次印次	2024年12月第一版　2024年12月第一次印刷
标准书号	ISBN 978-7-5012-6461-2
定　　价	100.00元

版权所有　侵权必究

谨以此书
献给伟大的中国共产党成立一百周年
献给我父亲母亲及文昌帝乡父老乡亲

作者父亲罗治盛生于1916年农历五月初五,1980年腊月十六病逝;母亲涂永芳(无照片)生于1914年冬月十九,1960年冬月十六英年早逝

1967年2月春节期间作者的父亲第一次到北京,作者和川外同学屈智淳一起陪同游览天安门广场

1973年2月26日,作者即将出发去中国驻瑞士大使馆工作,临行前同专程来北京送行的父亲留影

1965年11月,作者(右一)陪同民主德国文化交流小组的成员到湖南韶山参观毛泽东同志旧居,活动领队为中国音乐学院副院长李刚(左一)

瞻仰毛主席旧居韶山留念1969年

1969年5月作者在湖南出差期间，第二次去韶山参观毛泽东同志旧居

1984年秋，作者在著名画家黄永玉为中国驻联邦德国（波恩）大使馆会客厅绘制的壁画前留影

1973年夏，作者在中国驻瑞士大使馆办公楼后院留影

1994年6月，中华人民共和国成立前曾在德国驻上海领事馆工作的德国友人温克尔夫妇和女儿达尼娜应约从慕尼黑到波恩的中国驻德国大使馆参观

2002年2月8日,中国驻德国大使馆为华侨华人举办新春招待会,使馆厨师用萝卜、白菜等雕刻、组合成"百凤朝阳 花开富贵",备受赞赏

2002年2月22日,在柏林市的中国驻德国大使馆门前竖立起大熊猫雕塑,熊猫欢迎您!

2003年4月，作者陪同德国柏林施密特医药公司总经理施密特博士参观位于北京王府井大街的太极集团桐君阁大药房

2003年11月12日至15日，德国医疗考察团在赴重庆考察期间与中方人员合影（前排左二为重庆大学校长李晓红，前排右三为作者）

2005年2月3日，应邀出席清华大学企业家俱乐部迎春联谊会的嘉宾合影（左五为作者）

2016年10月3日，作者与外侄徐庆和侄媳张淑华在天安门广场合影

2011年6月13日，作者与家人参观故宫博物院，在壮观的太和殿前合影

作者与堂侄女罗丹（右一）、罗玲（左二）及其家人合影

2011年5月，作者回到老家梓潼县，由妹妹罗彬陪同，在原城关一小校址与梓潼中学的老师和同学合影。前排从左至右：张旨耕、安果全、谢汉杰（梓潼中学原校长）、蒋起钊、罗彬；后排从左至右：张天元、刘元福、罗国文、仇本明

1972年秋的一个星期日,作者去看寄托在单位附近人家的一岁大的女儿罗燕,并抱她到街上走走

2006年5月，作者与女儿罗燕游览王府井、前门、天安门，在天安门城楼参观留影

2001年1月，作者送女儿罗燕到位于柏林墙附近的火车站，乘车去奥尔登堡大学

作者在北京家中的工作间

到农村去

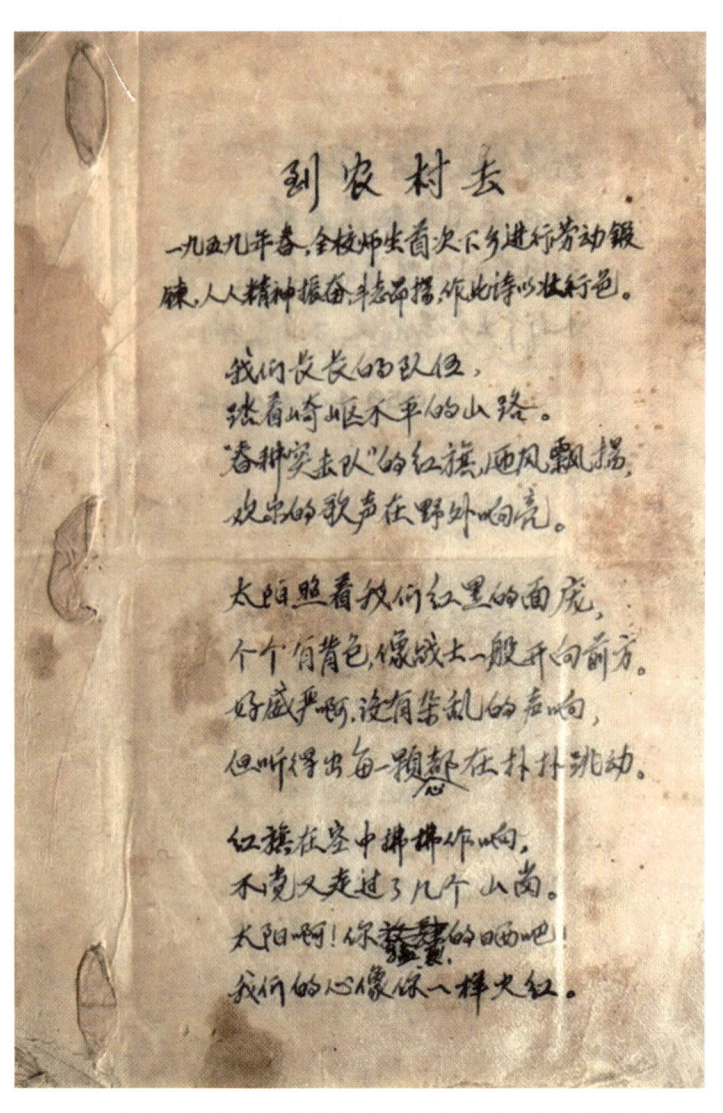

一九五九年春，全校师生首次下乡进行劳动锻炼，人人精神振奋，特嘱作此诗以壮行色。

我们长长的队伍，
踏着崎岖不平的山路。
"春耕突击队"的红旗迎风飘扬，
欢乐的歌声在野外响亮。

太阳照着我们红黑的面庞，
个个背包，像战士一般开向前方。
好威严啊，没有杂乱的声响，
但听得出每一颗都在扑扑跳动。

红旗在空中拂拂作响，
不觉又走过了几个山岗。
太阳啊！你尽量的晒吧，
我们的心像你一样火红。

1959年春，梓潼中学全体师生下乡劳动时，作者写的广播诗《到农村去》的影印件。作者中小学时期的所有笔记本均为父亲亲手制作

四川外语学院

贺信

中共四川外语学院第二届第一次党员大会
敬爱的各位代表、敬爱的全体党员同志：

今天，你们的大会隆重地开幕了，也是我们学院全体师生极为兴奋的一件大喜事。首先，请允许我们共青团英语系和法德系总支委员会两个总支向你们致以最崇仁最热烈的祝贺！

我们共青团组织，在党的亲切关怀和正确领导下，一年比一年更壮大、更巩固，团员人数大为增加，各系团总支与各班团支部，在全院思想革命化方面起了显著作用，尤其是革命化这次深入地开展大学毛主席著作的大学习运动，更是我们平庸学习，狠狠刹风，天天读之，处处是毛主席的话，学后于他实践，这一丰硕成果是跟毛泽东的英明思想密切不可分的。

致党委大会的全体同志们：你们共青团是……今后一定更加努力地工作……继续带领全体团员和青年，学好用好毛主席著作，认真贯彻执行政治第一……政治挂帅，高举毛主席的光辉思想红旗，听毛主席的话，按毛主席的指示办事……毛主席的好学生，主义先锋永远站在革命前线，誓死拥护……

总之，我们共青团组织全体团员都坚决地支持你们这个大会，……更起我们教育的积极作用。

最后，祝你们这个大会圆满成功，祝同志们身体健康。

敬礼！青年革命敬礼！

共青团四川外语学院英语系、法德系总支委员会
64.4.23.

1964年4月24日，中共四川外语学院第二届党委召开第一次全体党员大会，作者代表英语系、法德系团总支，给党员大会写的贺信

序诗《望潼江》

罗国文

潼江弯弯流远方,
多少漩涡多少浪?
千回百转向大海,
日夜兼程总奔忙。

大茅山区农家郎,
自幼学业总优良。
九州差旅增见识,
莱茵河畔神游广。

举头望月故乡圆,
两岸年年添新装。
干群合力创伟业,
缕缕乡愁涌心上。

登高遥望潼江水,
风骤雨急云飞扬。
不忘初心齐奋进,
续写百年新篇章。

前　言

我很高兴，现在推出我的新书《潼江弯弯流远方》。我想以此书献给伟大的中国共产党成立100周年，献给我的父亲母亲，以一颗赤子之心表达对党、对父母的深切敬意。

潼江是我老家四川省绵阳市梓潼县的主干河，它由西北到东南，弯弯曲曲流经梓潼全境，养育两岸人民，而后注入涪江、嘉陵江、长江，一路东奔而去，奔流到海。在我心里，这象征我们党由小到大，由弱到强，由100年前50多名党员发展到而今9500多万名党员，成为世界上最大、最强、最受人民拥护的政党。

我个人的经历实际上很简单，从家到校园再到机关，未曾经历过疾风暴雨、出生入死，当然也并非平淡无奇。1941年我出生于梓潼县治城乡大隅村（今文昌镇松林村）；1951年开始上学读书；1965年从四川外语学院毕业，被分配到国家外事部门，开始从事对外工作。

我是唱着《解放区的天》、《没有共产党就没有新中国》、《东方红》成长起来的。我知道，有国才有家，只有国家不断发展壮大，才有我们个人的前途。因此，我总把自己融入国家的发展之中，随国家的脉搏而跳动。"踏遍青山人未老，风景这边独好。"

我的老家梓潼被誉为"蜀道明珠"，是中国文昌文化发祥地，那里山清水秀、人杰地灵。但那里的人民在历史上苦难深重，中华人民共和国成立后才苦尽甘来。如今，梓潼已建设成为美丽乡村。本书前两章讲述了梓潼的历史。

第三章讲中国姓氏文化。这是中国文化的重要组成部分，生命力很强。我的父姓、母姓从何而来，为什么我父亲有两个姓名；我的家乡有哪些民风民俗；我是如何度过童年的；等等。我都作了详细介绍。

我的学生时代过得很充实，特别是在中学、大学时期，我的学习、思想和社会活动能力都比较突出，从第四章、第五章可以看到我在学生时代的表现。那时我写过不少歌颂党、歌颂祖国、歌颂英雄、憧憬未来的充满激情的诗，都在学校广播过并登过黑板报。

大学毕业后被分配到首都北京，进入国家外事部门，对我来说当然喜出望外。为什么定都北京，古都神韵体现在哪些方面，各城区有何不同，都是很有意思的话题。至今我在北京搬过11次家，东西南北城我都住过。第六章叙述我在首都北京工作和生活的经历与感受。

从1973年3月到2002年4月，我绝大部分时间都在中国驻瑞士大使馆和驻德国使领馆工作。第七章到第九章，记录了这段岁月。

第十章讲我对改革开放的认识。

我认为，个人如同一滴水，只有完全融入国家这片大海，才有可能闪亮发光。写下这本书是我对中国共产党成立100周年最好的回忆和庆祝。

一如既往，我努力使本书内容充实、条理清晰，使之具有外交人员非常强调的动态感、历史感，以及知识性和可读性。但我的水平毕竟有限，不尽如人意甚至不妥之处在所难免，望读者批评指正。

罗国文

2021年3月14日于北京

目 录

第一章 蜀道明珠 闪亮中华　　　　　　　　　　　　　／1／

仙山秀水　　　　　　　　　　　　　　　　　　　　　／1／
史说梓潼　　　　　　　　　　　　　　　　　　　　　／8／
蜀道不再难　　　　　　　　　　　　　　　　　　　　／10／
张亚子——人还是神　　　　　　　　　　　　　　　　／12／
七曲山——大庙山　　　　　　　　　　　　　　　　　／24／
古柏古建博物馆　　　　　　　　　　　　　　　　　　／26／
唐明皇为梓潼的山赐名　　　　　　　　　　　　　　　／28／
九曲水——九条河还是九道弯　　　　　　　　　　　　／31／
南桥古韵今犹在　　　　　　　　　　　　　　　　　　／34／
文昌文化弘扬光大　　　　　　　　　　　　　　　　　／35／

第二章 地覆天翻 苦尽甘来　　　　　　　　　　　　　／39／

红军到梓潼　　　　　　　　　　　　　　　　　　　　／39／

1

黎明前的黑暗	/41/
解放区的天是明朗的天	/43/
丰衣足食	/47/
建设新农村	/49/
两弹城——国防科技工业军工文化教育基地	/51/
诗情飞扬	/61/

第三章　姓氏溯源　枝繁叶茂　　　　　　　　　　/67/

中国的姓氏文化	/67/
我的父姓、母姓	/70/
人生第一任老师——父母	/79/
童年最美好	/84/
山沟也风流	/87/
母亲走了	/98/
门前老树发新芽	/99/

第四章　少年春秋　仰望星空　　　　　　　　　　/108/

少年强则国家强	/108/
进城读书——城关一小	/110/
桂花飘香——梓潼中学	/116/
到农村去	/122/
歌唱建国十周年	/126/

目 录

领唱《黄河颂》　　　　　　　　　　　　　　　　　　/ 136 /
编剧《党的女儿向秀丽》　　　　　　　　　　　　　　/ 137 /
编剧《少年英雄刘文学》　　　　　　　　　　　　　　/ 140 /

第五章　嘉陵校园　放眼世界　　　　　　　　　　/ 144 /

从小山沟到大山城　　　　　　　　　　　　　　　　/ 144 /
富有光荣革命传统的高校——四川外国语大学　　　　/ 147 /
嘉陵校园——松林坡　　　　　　　　　　　　　　　/ 153 /
校园日记　　　　　　　　　　　　　　　　　　　　/ 157 /
到重庆巴县参加农村社教运动　　　　　　　　　　　/ 191 /
缅怀先烈　　　　　　　　　　　　　　　　　　　　/ 207 /
听党召唤　　　　　　　　　　　　　　　　　　　　/ 211 /
向母校汇报　　　　　　　　　　　　　　　　　　　/ 216 /

第六章　首都北京　古都神韵　　　　　　　　　　/ 220 /

喜进京城　　　　　　　　　　　　　　　　　　　　/ 220 /
为什么定都北京　　　　　　　　　　　　　　　　　/ 229 /
共和国的心脏　　　　　　　　　　　　　　　　　　/ 232 /
古都神韵　　　　　　　　　　　　　　　　　　　　/ 246 /
西山文学　　　　　　　　　　　　　　　　　　　　/ 258 /
东西南北　　　　　　　　　　　　　　　　　　　　/ 261 /
全聚德烤鸭　　　　　　　　　　　　　　　　　　　/ 264 /

川菜圣手罗国荣 /266/
川味满京城 /267/

第七章　走出国门　印象瑞士 /269/

一路西行 /269/
此心安处是吾乡 /270/
捕捉第一印象 /276/
首都伯尔尼 /277/
瑞士很美 /279/
瑞士很怪 /283/
永久中立来之不易 /291/
很晚加入联合国 /293/
钟表王国 /295/
瑞士军刀 /299/
特色农牧业 /301/
名城苏黎世 /303/
既传统又现代 /305/
国歌歌词改也难 /308/
中瑞"君子之交" /311/

第八章　马恩故里　上下求索 /314/

一句话的建交公报 /314/

目 录

德国哲学	/315/
二战后的德国	/323/
统一前与统一后的德国	/325/
卸任总统卡尔·卡斯滕斯	/328/
橄榄型社会分配	/329/
反腐防腐	/332/
第三条道路	/333/
和平主义运动	/335/
繁荣的背后	/340/

第九章　西方今昔　见怪不怪　　　　　　　　　　/344/

什么是德国主流文化	/344/
德国文学	/346/
民风民俗	/351/
啤酒文化	/353/
狂欢文化	/355/
能否克隆人	/358/
地下长城	/361/
数字"8"不吉利	/362/
永恒的华尔兹	/368/
从德国出发	/370/

第十章　改革开放　春色满园　　　　　　　　　　/ 383 /

一个时代一首歌　　　　　　　　　　　　　　　　/ 383 /
解放思想　　　　　　　　　　　　　　　　　　　/ 385 /
媒体功高　　　　　　　　　　　　　　　　　　　/ 388 /
"外交天团"　　　　　　　　　　　　　　　　　　/ 390 /
"第一"接踵而至　　　　　　　　　　　　　　　　/ 392 /
去深圳看看　　　　　　　　　　　　　　　　　　/ 394 /
体制在转型　　　　　　　　　　　　　　　　　　/ 402 /
经验要随时总结　　　　　　　　　　　　　　　　/ 404 /

后　记　　　　　　　　　　　　　　　　　　　　/ 412 /

第一章
蜀道明珠　闪亮中华

在我国西南地区，在"难于上青天"的古蜀道上，有一个自古以来就山清水秀、人杰地灵的县，这个县被誉为古蜀道上一颗璀璨、闪亮的明珠，她就是生我养我的故乡——四川省绵阳市梓潼县。

故乡梓潼，是我生命的起点，是我一生征程的出发点，我的基础思想和精神在这里形成。半个多世纪来，无论何时何地，即便远在天边，故乡梓潼都让我魂牵梦萦。举头遥望，月儿还是故乡圆。

仙山秀水

"梓潼"这个县名的由来，既简单又特殊。说简单，是因为那儿有质地高贵的梓树，以及纵贯县境南北的潼江，早在春秋战国时期就因此而得名。说特殊，是因为两三千年来，不管历史沧桑如何演变，这个县名至今保持未变，这在中华大地实属少见。

梓潼县西北倚靠剑门关天险，西南直通沃野千里的四川盆地。它东西宽35公里，南北长52.5公里，面积约1400平方公里，总人口约38万。同周围其他县市相比，这当然是一个小县。它小而玲珑剔透，风清气正，城乡建设蓬勃发展，人民安居乐业，丰衣足食。

从蜀道走势来看，梓潼是"一夫当关，万夫莫开"的剑门关巅峰向南的延伸，是蜀道天险的最后一道险关；从这里，蜀道由陡峻趋于平缓。这里自古为兵家、商旅的必经之地，诸葛亮五次出师北伐，其中有三次经过于此，留下诸多故事，口口相传。

"横看成岭侧成峰，远近高低各不同。"梓潼境内东北高、西南低，中部夹一个潼江河谷，东西横剖面为不完全对称的马鞍形，裸露出的地层多为紫红色和灰绿色。这种地形结构及其色调，决定了它景观丰富，峰峦叠嶂。

从海拔高度看，梓潼的海拔最高点为东北部马迎乡的旺瓢山，海拔911.6米；最低点为南部交泰乡后山村。潼江流出县境外的三江口，海拔413米，落差498.6米，剖面深度为100—300米，是一个满是诗情画意的丘陵地带。

千百年来，无论帝王将相还是诗仙诗圣，抑或今天的内外宾客，只要到梓潼一游，无不流连忘返、诗兴大发。他们把自己的文学情怀，寄托于这里的仙山秀水，把自己身前的浪漫与身后的诗魂，长留于此处的深山沟谷。他们的文字，从这里的山水生长出来，似锦如缎，绚烂多彩。

我老家在东石乡三八村涂家湾，一出门就得爬坡，但坡不很高，登上山坡可以互唤互答。当年我父亲如果去新场（今玛瑙镇）为城里盐铺挑盐，很晚还没回家时，母亲就会跑到靠近河边的山上去喊叫，有时真能听到父亲的回声，母亲也就放心了。

第一章 蜀道明珠 闪亮中华

清光绪乙巳年（1905年）梓潼首事（县令）竖立七曲山界碑

潼江弯弯流远方——一个农家子弟的家国情怀

驰名中外的梓潼七曲山"文昌大庙"

第一章 蜀道明珠 闪亮中华

富有传奇色彩的梓潼凤凰山"赦法仙台"

潼江弯弯流远方——一个农家子弟的家国情怀

有着两百多年历史的梓潼老南桥古韵犹存

第一章 蜀道明珠 闪亮中华

令人浮想联翩的潼江夕照

独特的地理和自然，决定了梓潼气候温和，四季分明，春早夏长，秋季多雨。河湖多，养殖业发展得很快，鲫鱼、鲤鱼、鲢鱼随时上市。加之梓潼有传统美食片粉、酥饼等，其制作工艺已被列入四川省第一批57个重点保护和传承的遗产名录，吸引着八方游客。

这里交通方便，108国道和347国道贯穿梓潼境内，宝成铁路复线和京昆高速公路穿境而过，翻越著名景区七曲山的川陕公路，得到很好的守护。乡村公路已通往绝大多数村民的家门口，直穿我老家的绵阳—苍溪高速公路，也已经全面动工。

作为生态农业县、安居乐业县，梓潼先后获得"全国食品工业强县"、"全国生态食品县"、"全国农产品加工创业基地"和"全国中医药工作先进单位"的殊荣，在农业产业化经营、水利工作、卫生健康等方面，梓潼则被评为四川省先进县，发展前景广阔。

史说梓潼

在我们中华大地，梓潼自古以来就是生生不息的宜居之地，传颂着一个又一个经久不衰的故事。早在两千多年前的秦昭襄王时期，秦在蜀地推行郡县制，把蜀地划为31个县，直接由郡府成都管辖，梓潼县就是其中之一，而且这个县名直到现在也从未更改过，这在我国很少见。

在历史长河中，梓潼也曾往外延伸。公元25年，东汉光武帝刘秀称帝，蜀地太守公孙述也称帝，在蜀地建"大成国"，年号"龙兴"，将梓潼县改为梓潼郡，下辖七个县。公孙述称帝前后，其势力范围一度扩大到长江奉节一带，梓潼从此进入巴蜀文化圈。

有意思的是，公孙述为鼓舞士气，巩固其"大成国"皇帝的地位，谎

第一章 蜀道明珠 闪亮中华

称有圣贤给他托梦,说他至少可在位12年。公元36年,在成都新津地区与刘秀骑兵的激战中,公孙述战死,果然在位12年。从此,"12"被视为是一个周期的说法,在梓潼更加为人所信。

梓潼郡和梓潼县同时存在的历史时期也很长。公元263年曹魏大军伐蜀,蜀后主刘禅投降,曹魏将蜀汉划为梁州和益州。梓潼保留为郡,郡府在今绵阳市涪城区,仍辖七个县,梓潼县也仍然存在,县府在今梓潼仙峰乡。但梓潼郡包括下辖的梓潼县,隶属其州府设在今陕西汉中的魏国梁州管辖。

梓潼作为郡的地位失去后,作为县的隶属关系几经变化。明末农民起义军领袖李自成、张献忠曾先后攻占梓潼,张献忠把梓潼县划属保宁府剑州,还在梓潼七曲山大庙跪拜文昌帝君张亚子,认为张亚子是他的祖先,他是张亚子的后代,认祖归宗。

清雍正年间,朝廷把绵州即今绵阳市,从成都府划出,升格为直隶州,省督随即把梓潼县从保宁府划出,使之隶属绵州,直到现在也未曾变更。

1913年袁世凯为恢复帝制,决定"废省改道",把蜀地划分为川西、川南、川东、川北等四个道,这也就是"四川"的来历。梓潼县属川西道,道府在成都。

1928年国民政府撤销道一级行政建制,所有县一律直属省府。抗战时期,国民政府迁都重庆,为加强对四川的控制,把四川分为18个行政督察区,每个区设专员公署,作为省政府的派出单位分管各县,梓潼县属绵阳专员公署。

1949年12月四川解放,中央随即将四川分为川西、川南、川东、川北四个行署区,同属西南军政委员会直接领导。1952年撤销四署,恢复省辖专区建制,梓潼属绵阳专区。1985年撤地设市,梓潼属绵阳市至今。

不难看出，千百年来无论时代和世事如何变迁，梓潼至少作为一个县级行政地区始终未变，保持了梓潼民风民俗和各乡镇关系的稳定和延续，成为不断推进梓潼建设的有利根基。

蜀道不再难

世人过去都说"蜀道难"，这一方面是指自然环境，特别是在交通不发达的时代，蜀道的确很难。另一方面，也与"诗仙"李白很夸张的描述有关，因为他说"蜀道难，难于上青天"。

李白一生写过上万首诗词，临终时委托安徽当涂县县令李阳冰为他编纂成集，就是现在我们能知道的一千二百余首。李阳冰县令在"序"中说，李白"凡所著称，言多讽兴。自三代已来，风骚之后，驰驱屈宋，鞭挞扬马，千载独步，唯公一人"。一代"诗圣"杜甫，对李白赞许有加，他称赞李白"笔落惊风雨，诗成泣鬼神"。

蜀道到底指哪里？广义上讲，蜀道是指从古时的秦都咸阳，到蜀都成都的道路。狭义上讲，是指四川广元、剑阁、梓潼这一段最为险峻的蜀道。李白25岁之前的绝大部分时间，主要生活在与梓潼相邻的江油，也到过梓潼，对蜀道当然很了解。

在《蜀道难》一诗中，李白描述的蜀道用白话文说就是：四万八千年来，秦蜀就没互通人烟；蜀王曾派五壮士开路，也遇山崩地裂而死；大鸟飞不过，猿猴爬不上；山峦陡峭，乱石重叠；枯松、朽柏倒挂悬崖绝壁，飞流、瀑布喧声灌耳；早有猛虎，晚有蟒蛇，这些家伙整天磨牙、吸血，吃人不眨眼；人们都说锦城（成都）好，那怎么去啊？别去吧，早点回家！

李白诗中所说的"壮士死"是指什么？据记述中国西南地区的历史、

第一章 蜀道明珠 闪亮中华

地理、人物的《华阳国志》和《四川简史》记载,公元前347年时,秦惠文王为灭蜀国,利用蜀王开明氏贪财、好色的特点,表示要送蜀五头金牛和五个美女,请蜀王开道迎娶。

蜀王闻报后很高兴,派五壮士率两万官兵和民夫,花两年时间打通了蜀道,但在回蜀途中路过梓潼时,突然山崩地裂,五壮士和五美女被压死在山下。蜀王很悲痛,下令在梓潼为五壮士、五美女建祠修庙,也因蜀道重新中断而避免了蜀国的灭亡。

看来,李白说"蜀道难",还真的是在说"蜀道美"。而且,随着人类经济、社会的不断发展,蜀道变得越来越美。首先,通过几代"壮士"的努力,蜀道已经完全打通。其次,秦蜀互通人烟的频率和规模,早已超过李白未曾料到的想象。

就公路交通而言,1936年6月从梓潼到陕西七盘关的老川陕公路,宣告正式通车。1937年这条公路又由梓潼南延至成都,成为抗日战争期间连接前方与后方的重要通道。

为修建这条川陕公路,已有一千多年历史的雄伟的剑门关古关楼,一下被拆毁,仅留存一块长方形的"剑门关"石碑,无疑留下了历史的遗憾。现在人们看到的,是1992年当地政府重新修建的仿古关楼,以恢复"剑门天下险"的美誉。

就铁路交通而言,1952年7月开建从陕西宝鸡到成都的宝成铁路,于1958年1月1日正式运营。这条铁路是新中国成立后修建的沟通西北与西南地区的第一条山岳铁路,全长669公里,有1001座桥梁、304座隧道,桥梁隧道占总长度的17%。

由于蜀道险峻、坡度极大,而内燃机车和蒸汽机车的牵引力都很有限,因此,据说为保证平稳行驶,往往需要两个车头,上坡时前拉后推,下坡时前堵后拖，否则就有可能失控。看来，李白说"蜀道难，难于上青天"，也的确如此，并无不实之疑。

令人高兴的是，1975年7月宝成线即完成电气化改造，成为我国第一条电气化铁路。2008年5月12日汶川大地震后，对塌方的109隧道实施改线；在2018年建成通车60周年时，宝成铁路成功入选"中国工业遗产保护名录（第一批）"。

"千古魂销蜀道难"的哀叹，早已随着宝成线的建成通车被破解。如今从时速40公里的爬坡过坎，到时速250公里的急速飞驰，宝成铁路的"双生兄弟"西成高铁又书写着一篇又一篇新的蜀道故事。如果李白有知，想必他会写出一篇"蜀道不再难"的名篇佳作，传颂于世。

我曾读到过这样的诗句，说修建宝成铁路时，"木桥架上青云天，桥隧绕在云雾间，饿时云上柏枝烧，渴时痛饮云上泉"。毫无疑问，这集中反映了数十万铁路前辈们，当年攀云爬雾、战天斗地的英雄气概，这种"中国精神"值得我们永远发扬光大。

张亚子——人还是神

我在青少年时期就知道梓潼有文昌菩萨，但对文昌帝君不甚了解。近些年读了一些梓潼出版的书籍，譬如《梓潼史话》、《文昌信仰形成研究》、《文昌灵应录》、《文昌祭祀与梓潼民俗》、《文昌帝乡诗选》、《文昌圣景·七曲山》以及《文昌文化会刊》等，了解了很多。

更重要的是，2017年2月27日至3月2日，四川省台办和绵阳市政府在梓潼举办海峡两岸文昌文化节，我和爱人叶沙沙应邀参加。2月28日（农历二月初三）文昌帝张亚子的诞辰祭祀大典给我印象很深。这是我们第一

第一章 蜀道明珠 闪亮中华

2017年2月28日（丁酉年二月初三），作者应邀出席梓潼海峡两岸文昌文化活动暨文昌帝君张亚子诞辰祭祀大典

潼江弯弯流远方——一个农家子弟的家国情怀

祭祀大典规模宏大，从左至右为：贵宾观礼台，各界代表列队静候区，献礼敬香阶梯

第一章 蜀道明珠 闪亮中华

祭祀大典当日上万民众齐聚"天下文昌祖庭",迎宾人员身着古装,手捧书卷,古乐回荡

三百多名梓潼各界代表在祭祀大典上齐声诵读颂扬文昌帝君的《文昌阴骘文》

次应邀参加文昌祭祀大典,那隆重、庄严的仪式——缓步而行、净手献香、古乐声声,让我的思绪顿时跨越千百年时空,回到文昌下凡、升天、再次下凡人间的往昔传说,不由得感慨万千。

为什么把梓潼称"文昌帝乡"?我们知道,在中国古代,"文昌"是天上的一个星宫名称,有关"文昌星"的传说,早在春秋战国之前就已产生,认为它能给士人学子带来好运。

屈原在《楚辞·远游》中,司马迁在《史记·天宫书》中,对文昌均有描述。三国曹植在《五游咏》诗中说:"徘徊文昌殿,登陟太微堂。"北宋抚州谶词称,"金石台高丞相出,文昌堰合状元生",说明文昌对中国的士人学子来说,早已是拥有相当权威的神灵。

那么,被认为是文昌文化始祖、文昌帝君的张亚子,是神还是人?据说张亚子本是神,后来变成人,又由人变成神。在我与朋友们交谈时,都认为这反映的是人们普遍怀有的美好愿望。

历史上,蜀地经常动乱,人民深受其害,总寄希望于神灵保佑。传说张亚子经历了十七个世纪的演化,在公元前一千多年的西周时期下凡投俗,东晋时期从越西(今四川凉山)到梓潼。他扬善抑恶,有害必除,给百姓带来福音,因此由神变成人。

鉴此,人们在梓潼给张亚子设定了许多历史足迹。譬如他为救母曾"借水打许州",东石乡有他的"演兵场";玛瑙、交泰之间有他为拦住洪水而推倒半壁山时陷入泥中的一只靴子,这只靴子变为一座小山,就是现在人们看到的靴子山;他死后葬在县城以东十里;等等。

在张亚子由神变人的过程中,晋代蜀地出现了一个真实的历史人物张育,他起兵反抗前秦统治而战死,蜀人视他为英雄,并把他与张亚子同时祭祀,于是神在人间有了一个真实的替身。

第一章　蜀道明珠　闪亮中华

公元756年唐玄宗逃难入蜀，得知安史之乱已平，他认为是张亚子显圣，追封张为"左丞相"。公元851年唐宣宗入蜀，冒暑热返京路过七曲山，突降暴雨冰雹，天子祈张亚子显灵，果然云开雾散。公元881年唐僖宗入蜀，闻报张亚子忠君爱民，封张为"济顺王"。

北宋年间，朝廷认为张育就是张亚子，张亚子就是张育，真人张育变成了真神张亚子。公元998年年中，蜀地首领王均叛乱，官军以受"梓潼神派遣"为名讨伐，要叛军9月20日缴械，果然这一天官军大获全胜，宋真宗下诏封张亚子为"英显王"。

到了元代，元仁宗敕封张亚子为"辅元开化文昌司禄宏仁帝君"，即辅助元帝国掌管教育和官吏的最高神灵，也从此把文昌星、张亚子、梓潼神等统称为"文昌帝君"，并开始官民合祭。

明末陕北农民起义领袖张献忠，入川后建大西国。为彰显他顺应民意，他三次到梓潼，认为他与张亚子同宗同祖，封张亚子为太上皇，并在七曲山建"太庙"。清初朝廷强烈反对使用"太庙"这一名称，后改称"大庙"。

到清乾隆年间，称七曲山为"帝乡"，在大庙正门高悬"帝乡"牌匾，从此梓潼成为"文昌帝乡"，对文昌的祭祀进入官民合祭高潮。清嘉庆年间，将文昌祭祀列入国家祭典，咸丰年间进入鼎盛时期。

文昌信仰起源于民间，文昌文化在历史的长河中越来越多元化，形成"儒治世"、"释治心"、"道治身"的多元文化氛围，反映人们从不同角度对世俗幸福的追求。文昌文化能给人心灵上的净化和情操提升，满足人的精神需求，团结社会群体。

任何文化现象，都只有既符合百姓愿望，也适应国家需要时，才能得到传播与光大。文昌文化之所以不断发展，正是适应了每个时代的需要。当前，中国正处在实现中华民族伟大复兴的关键时期，更需要大力弘扬文昌文化。

就海峡两岸而言，台湾1709年建第一个文昌庙，1719年开始供奉文昌神，目前在台湾地区与"文昌帝君"有关的庙、祠、宫近2万个。从2015年起，梓潼定期举办海峡两岸文昌文化交流活动暨文昌帝君诞辰祭祀大典，这对保持海峡两岸同宗同祖、血浓于水的共识，具有无可替代的重要意义。

实际上，梓潼所在的整个绵阳地区，都是中华民族传统文化的重要发源地，是华夏儿女祖先的重要圣地，是海峡两岸同胞不断开展弘扬中华传统文化交流活动的集中地，处处体现出两岸同胞血浓于水的手足之情。

第一，绵阳历史悠久，早在公元前201年汉高祖即设置涪城，至今已有2200多年的建城史。而今绵阳是四川第二大城市，下辖3个区、5个县，代管1个县级市，人口480多万。更令人瞩目的是，绵阳是中国政府唯一命名为"科技城"的城市，有30多位两院院士长期或定期到绵阳工作，许多航空航天项目在这里完成。这里地势北高南低，东西两面高中间低，由蜀道上的崇山峻岭逐步趋于平缓，直通成都平原。这里山清水秀，四季分明，被认为是人类最宜居的地区之一。

第二，绵阳市代管县级市江油市是两岸同胞普遍崇拜的诗仙李白的故里，那里有李白纪念馆、李白纪念园、太白碑林等。2006年4月8日至12日绵阳举办李白国际文化节暨江油李白纪念馆开馆活动时，1000多名海内外嘉宾与会，法国驻成都总领事杜满希在开幕式上宣读法国总统希拉克的贺信，全场热烈鼓掌，成为人们谈论的重要话题。

希拉克总统被认为是李白迷，特别欣赏李白的诗。当我得知绵阳希望希拉克写贺信后，我直接给驻法国大使赵进军写信提出此事。据赵大使后来讲，他两次约见希拉克总统的外事顾问谈贺信事，贺信中"桃花潭水深千尺，不及汪伦送我情"两句李白诗，是希拉克总统亲自添加的。

非洲加蓬共和国驻华大使阿洛和中国前驻加蓬大使郭天民也应邀参加李白国际文化节。原因是，加蓬总统哈吉·奥马尔·邦戈很崇敬邓小平，希望在邓小平的家乡四川为他的家乡找一个相对应的城市结好，直接开展经贸合作与文化交流。郭天民大使知道我是四川人，请我提供建议。

我认为绵阳江油既是工业县市，又是李白故里，与邦戈总统的家乡很有点"门当户对"。我报告给绵阳和江油外办后，绵阳方面决定借李白国际文化节之机邀请两国大使访问，直接与江油商谈。江油热情接待，交谈也很深入，但因此后加蓬内政有变，无果而终。

第三，绵阳盐亭县是华夏母亲嫘祖的出生地和归葬地，嫘祖是公元前30世纪初中华儿女之父黄帝的元妃，是中国蚕桑文化和丝绸文明的发明创造者。2016年3月18日（农历二月初十），在盐亭青龙山嫘祖陵举办第一届海峡两岸嫘祖故里祭祖大典，3600多名两岸嘉宾和各界炎黄儿女代表与会。

第四，大禹出生在绵阳北川羌族自治县，至今北川境内依然保存着30余处大禹的遗迹，包括相传大禹治水三过家门而不入的家门遗迹。2019年7月8日（农历六月初六），在北川永昌镇禹王广场举办第一届海峡两岸大禹文化交流活动暨大禹诞辰祭祀典礼，鼓励两岸人文代表携手合作，共同传承大禹文化，弘扬大禹精神，开创两岸美好未来。

第五，绵阳还是公元211年刘备入川与成都镇守刘璋会师、欢宴之地，也是刘备入川后和关羽、张飞重申"桃园三结义"的地方，更是刘备在诸葛亮辅佐下，最后消灭刘璋、建立蜀汉、确立魏蜀吴"三国鼎立"的重镇，由此开启中国历史上家喻户晓的"三国文化"。

潼江弯弯流远方——一个农家子弟的家国情怀

2016年3月18日（农历二月初十），绵阳市盐亭县在青龙山嫘祖陵举办第一届海峡两岸华夏母亲嫘祖故里祭祖大典

古乐奏起，盐亭少年儿童列队登台向华夏母亲嫘祖庄重祝寿

第一章 蜀道明珠 闪亮中华

2019年7月8日（农历六月初六），绵阳市北川羌族自治县在禹王广场举办第一届海峡两岸大禹文化交流活动暨大禹诞辰祭祀典礼

2009年7月16日，作者在北京富乐山酒店与北川羌族服务员合影

第一章 蜀道明珠 闪亮中华

2011年6月1日，作者陪同两位德国汽车专家到绵阳新晨动力机械有限公司考察时，在富乐山刘备、关羽、张飞重申"桃园三结义"塑像前合影

潼江弯弯流远方——一个农家子弟的家国情怀

七曲山——大庙山

"山不在高,有仙则名,水不在深,有龙则灵。"在古今驰名的蜀道上,有许多富有传奇色彩的名山秀水,梓潼的七曲山、九曲水,就是这样的山、这样的水。

我生长在梓潼山区,看惯大山小山,看惯江河小溪,既爱山,也爱水。在我老家,出门就爬山,经常山外有山,峰上有峰。远近看山山不同,远看是山,真到了山脚下,山就是天,天也是山。早中晚看山,山也不同,色彩各异,而且多变。

七曲山也称大庙山,是梓潼最壮观秀美的山,最有文化底蕴和文化内涵的山。七曲山位于梓潼县城以北9公里处,为古蜀道入川后的最后一道险峰,蜀道南端最为耀眼的一颗明珠。1994年国家林业部批准其定名为"七曲山国家森林公园"。

七曲山这个山名是怎么来的?它原名叫泥陈山,相传是公元前两千多年大禹治水时,把疏通潼江河道挖出的泥土堆积起来,逐渐形成的一座山,故取名泥陈山。

公元756年,唐玄宗为躲避安史之乱,一路逃难进入蜀地。到剑门、梓潼时,他百感交集,十分盼望能尽快平定叛乱,并赋诗曰:"剑阁横云峻,銮舆出狩回。翠屏千仞合,丹嶂五丁开。灌木萦旗转,仙云拂马来。乘时方在德,嗟尔勒铭才。"

诗的背景和意思是:帝王乘驾离京巡视,山云横流,极为险峻,山山相连,绿树成荫;蜀王为赴秦迎美,曾派五丁开道,现又恰如其时;汉将窦宪打败北单于后,就曾在燕山刻石记功而返。

第一章 蜀道明珠 闪亮中华

据传，路经梓潼演武乡上亭铺时，玄宗夜梦戡乱已定，贵妃又呼"三郎"；醒来见周围有七个高高的山峰，形如围屏，将他层层护卫，气势壮观秀美。天子在逃难途中见此胜景，当然极为高兴。

随后玄宗闻报，的确已戡平叛乱，其随行大臣献诗曰："金牛古道依天开，七曲逶迤积翠来，曲径盘空山路近，碧云深处隐楼台。"后人便以诗中"七曲"二字，将泥陈山改为七曲山，"自从天子临幸后，此山此名天下知"。

七曲山的海拔虽然不高，主峰仅861.5米，但其文化底蕴深厚。那里神仙汇集，求神拜佛据说都很灵验，因此慕名而至的游客不断。

我第一次上大庙山的时间很早。那是1950年春，父亲被安排去七曲村修路，为期十来天，他带上了我。农会给他安排的工作是，每天下山到七曲村的沟底去挑水上山，劈柴做饭。而我，背个小背篓，跟别人到山沟捡石子，或者就在父亲旁边，帮他做点什么。

那时梓潼刚解放不久，必经七曲山的川陕公路是川陕两省之间最重要的通道，特别繁忙。但路况又很不好，主要是路面不平，泥土路段很多，常有垮塌之处，急需整修。晚饭后，父亲有时带我爬上一段几十米的坡路，到"帝乡"牌楼那里去看解放军军车。

2020年11月，我回梓潼去大庙山时，过了"帝乡"牌楼，下坡到七曲村看那里的老民房。那是70年前我随父亲去修路时吃住的地点，在我的记忆中，总的轮廓依然未变，犹如我几年前去舅舅涂海山家时，看到他的住房也如70年前一样。

山沟里的老房子虽然比较潮湿、阴暗，但对每天下地干活的农民来说，很实用，也方便养殖、晾晒、堆积柴草，实际上很适合当地的生产生活。七曲村坡上的老房子，与我老家的老房子别无两样。

古柏古建博物馆

大庙山对我来说百听不厌、百看不烦，只要有县里的同志或老同学陪我上山，我总是很乐意听他们介绍。如果是我作陪，譬如陪外宾上山，我则很乐意向他们做介绍。到了"蜀道明珠"梓潼，如果不上大庙山，会是一大憾事。这有几个原因：

第一，大庙山有元、明、清古建筑26处，由于时代不同，风格各异，又都雄伟、壮观，很值得细看。著名建筑学家梁思成到大庙参观后惊叹不已，说这里就是中国"最好的古建筑博物馆"。在大庙的正门百尺楼上，书有"帝乡"二字，与之相对应的是塑有张献忠像的风洞楼，以及文昌殿、桂香殿、天尊殿、关圣殿、盘陀殿、应梦床、望水亭等，既像人间天府，又像天上宫阙。

第二，中国历来有"北有孔子，南有文昌"之说。不看孔庙，不识孔子；不上大庙山，何知文昌？七曲山大庙被认为是文昌祖庭，那里供奉着文昌帝君张亚子的像，高4.7米，重30吨，另有8尊陪侍像高2米，形态庄重威严，香火缭绕。

在大庙正门的百尺楼，有一尊赤身凌空、手握朱笔的神。那叫魁星，被认为是文昌的化身，主管文运。读书人都十分看重魁星手中的那支笔，希望自己也能夺魁，金榜题名。每年高考前后到此许愿、还愿的学子甚或家长，总是很多。

第三，七曲山大庙被认为是儒教、佛教、道教三大教派的汇合点。三国时期骁勇善战的蜀将张飞、明末绿林好汉张献忠，竟与文昌帝君张亚子并列，"三张"在那里供奉一堂，为全国仅有，绝无第二，充分反映梓潼文化的博大、包容。

在大庙，相传张亚子出巡时骑着名叫"白特"的坐骑，很有特色，其形象为马头、骡身、驴尾、牛蹄，也被称为"四不像"。道教封其为兽神，专管人间平安。明代大文人冯梦龙为其题对联，上联"梓潼帝君骑白特下临凡界"，下联"三清老子骑青牛西出函关"。

第四，山上庙中有树，树中有庙，树庙交融，是又一突出特征。参观时，随处可见古柏苍翠欲滴，又听得蝉鸣悠悠，如入仙境。林科专家称此处为"森林化石"，环保专家称此为"天然氧吧"，诗人誉之为"蜀道翡翠"。

在关圣殿对面的坡上，有一株古柏，相传是东晋时期所植，已有近1700年历史。其树干需三人合抱，高十六七米，因散发香气，被人以为是神柏，常遭刮皮药用，渐而枯死，但枯干丫枝依然挺立。

第五，参观大庙，还可对人与神、景与情、古建与古柏如何完美结合，进行深入思考。我们中国人，历来崇尚天人合一的宇宙观、大一统的国家观，做人做事都讲稳妥，不偏不倚。

在我看到的有关七曲山的诗词中，明末绿林好汉张献忠和清代著名诗人严祖馨写的诗，很有代表性。

张献忠的诗曰："七曲羊肠路，一线景色幽。天人皆一体，祖孙共源流。大庙千秋祀，同国与天休。从此宏帝业，万世永无忧。"

严祖馨的诗曰："绝顶拜文昌，山盘七曲长。桂风生石洞，风雨过藤床。孤峰晨僧出，一声清磬凉。春荫无限好，都在晓峰旁。"

唐明皇为梓潼的山赐名

除了驰名海内外的七曲山这一山名来自唐玄宗而外,梓潼还有两个家喻户晓、天天都能看见的山的名字,据传也与唐玄宗有关,甚至就是唐玄宗赐名。

首先是长卿山。此山原名蚕婆山,过去每年正月初八蚕过年的那一天,官府和百姓都要到那里举办蚕婆节,或者就在自家的厅房里,对着一张张尚未孵化的蚕纸烧香跪拜,祝愿蚕茧丰收。

公元前138年,汉武帝召四川才子司马相如从成都赴京(西安),其新婚妻子卓文君送了一程又一程。两人到梓潼后,司马相如曾在蚕婆山一石窟展卷夜读,卓文君陪伴身旁,直到第二年春才又动身赴京。

司马相如少时名犬子,因崇拜战国时期赵国著名的政治家、外交家蔺相如,而将自己改名为司马相如,字长卿。唐玄宗听闻之后,干脆将蚕婆山改称长卿山。

现山上存有"长卿石室",即司马相如当年的读书屋,石室的左右两壁,刻有清末文人的诗句。

左壁:"书岩本是读书台,司马长卿锦城来,长门赋献身荣贵,前人已去今又开。"

右壁:"七曲弯环九曲水,奔流暗锁青山嘴,虹桥一道通紫气,中有来脉润梓里。"

史书记载,此后司马相如和卓文君之间出现过"惊天地、泣鬼神的感情风波"。司马相如进京后过了几年,其文章深受汉武帝赏识,一跃升至中郎将,飞黄腾达,于是逐渐冷落卓文君,其间只给卓文君写过一封信。

可是，卓文君打开信一看，发现上面只写了一串数字：一二三四五六七八九十百千万，唯独没有数字"亿"，这让卓文君感到司马相如对她已经"无意"。对此，卓文君伤心欲绝，于是给司马相如回信一封。

卓文君的回信也以数字为主线，但不是单纯的一串串数字，而是用数字串起一年四季十二个月，自己的心情感受随着每个月自然气候、民风民俗和语境的变化而变，跌宕起伏，悲喜交集，读罢让人刻骨铭心，想忘也忘不了。

回信的上半段从数字一到万，下半段从万到一，以其"世人罕见的才华"，尽情抒发了她对司马相如的爱和思念。据史书记载，司马相如读后惭愧万分，于是亲自回四川临邛迎接卓文君。卓文君的回信全文如下：

一别之后，
二地相悬。
只说三、四月，
谁知五、六年。
七弦琴无心弹，
八行字无可传。
九连环无故折断，
十里长亭望眼欲穿。
百思念，千挂牵，
万般无奈把郎怨。

万语千言说不完，
百无聊赖十倚栏。

重九登高孤身看孤雁，

八月中秋月圆人不圆。

七月半烧香秉烛问苍天，

六月间心寒不敢摇蒲扇。

五月石榴似火，偏遇冷雨催花瓣。

四月枇杷未黄，我欲对镜心烦乱。

急匆匆，三月桃花随水转。

飘零零，二月风筝线扯断。

噫！郎君兮，盼只盼，

下一世你为女来，我为男！

除司马相如和卓文君读书、居住过的长卿山，梓潼还有一座山也由唐明皇赐名，那就是大茅山。我的老家就属于大茅山区。2017年2月24日，我去大茅山参观游览时，见一出土碑文上写着，此山曾称"兜鍪（dōu móu）山"。管理人员介绍说，公元756年唐玄宗逃难到梓潼时，在演武乡的上亭铺远望周边，看到远处有一座很美的山，但谁都不知道叫什么山。

在玄宗看来，那座山很像武将的头盔，当时把头盔叫"兜鍪"，所以皇上就把此山称为"兜鍪山"。但因"兜鍪"二字既难认也难写，后来僧人改称"大茅山"，因为山上长满茅草，总有人上山割草回家当柴烧，僧人认为，这是好事，是人气旺盛的表现。

我第一次上大茅山，是早在1952年的春节。堂兄罗国禄、罗国寿打早从罗家湾到涂家湾给我父母拜年，父亲立即决定带他们及我和我姐姐罗国香，一起去大茅山赶庙会。庙会在山顶，场地很有限，人又特别多，香火缭绕。

第一章　蜀道明珠　闪亮中华

记得当时去赶大茅山的春节庙会时，要给山上的和尚送礼，但我们没有礼品。而且，我看到不少人给和尚送去经过腌制的腊肉，把腊肉挂到庙门内外的树枝上。和尚不是都吃素、不吃肉吗？后来听村民们说，大茅山的和尚都吃肉，而且都娶老婆。

我们转了一会儿，父亲又带我们顺着山上的崎岖小路往南走十几里，去李家扁的后山顶看赵邦举、赵定光父子唱木偶戏。再后来，下山到李家扁给我外婆拜年。赶庙会和看木偶戏时，记得父亲给我们每人买了一根麻糖和一个烧饼。

到了山下的外婆家，外婆和岳姓舅母把可以吃的东西都给我们端出来，我们都很饿，也就狼吞虎咽。而后，两堂兄直接回罗家湾，我们三人回涂家湾。70年之后再上此山，真是百感交集，往事如烟。

九曲水——九条河还是九道弯

在祖国大西南的川西北，有一条河叫潼江，人们常把潼江称"九曲水"，尤其在文人笔下，"九曲水"的使用频率很高。潼江发源于平武山区，全长296公里，从梓潼的西北入、东南出，弯弯曲曲流经梓潼境内99.9公里。

据介绍，从空中鸟瞰潼江，形如片羽，状似龙鳞，沿岸松柏茂密，农田层叠，一片锦绣河山。为什么把潼江称为"九曲水"？这是曾长时间令我困惑的一个问题。就我所知，有四个说法：

一是说，大禹治水治理了九条河，故称九曲水。据传，大禹是绵阳北川人，他为了治水，三过家门而不入。据史学家和学者们考证，大禹治水大刀阔斧，变"堵"为"疏"，多方协调而治水成功，影响重大，因此人们就说他治理了九条大河，甚至说天下的活儿都是他干的。

二是说，"九曲水"是个吉祥概念，它源于道教的吉祥数"6789"，即六六大顺、七上八下、九九归一。在诗人的笔下常见"九"，譬如"黄河之水天上来，九曲连环奔向东"、"飞流直下三千尺，疑是银河落九天"、"且问九鼎今何在，征战中原从未休"，等等。

三是说，"九曲水"指梓潼境内有大小河流九条，其中潼江最大，其次是从大新乡流入嘉陵江支流西河的"小潼江"，金天河、宝石河、马鸣河等三条小河汇入潼江，再注入涪江南下，与嘉陵江汇合。另有永平河、倒淌河、小溪河、养草溪等四条河溪，则由南往北逆向而流，进入相邻的其他县，总计九条。

四是说，"九曲水"指潼江流经七曲山时有九道弯，在天气极好的时候，从水观音那里登山到最高处，可以清清楚楚地看到。也就是说，"九曲水"不仅单指潼江，而且只指流经七曲山的那一段。

1983年5月20日，时任国防部长张爱萍将军参观游览七曲山，在他填写的一篇名为《清平乐·游七曲山赠陈能宽同志》的词中，有"石陀七曲盘桓，脚下潼水九弯"两句，描绘潼江流经七曲山时有九道弯。

我多次到七曲山望江亭眺望，尤其在夏天河水上涨时，细数潼江上下目及范围之内到底有多少弯，每次我还都数出了九道弯。由此，七曲山、九曲水之说，显然名副其实。

相对而言，我国是世界上河流众多的国家，四川又是我国水力资源最丰富的省。我国从南到北有珠江、长江、淮河、黄河、海河、辽河、松花江等七大水系。流域面积1万平方公里以上的大江大河有79条，1000平方公里以上的有1580条，100平方公里以上5万多条。总长度43万公里，可绕地球10.5圈。

第一章 蜀道明珠 闪亮中华

四川被称为"千水之省",有大小河流1419条,流域面积1000平方公里以上的有22条,500平方公里以上的有345条。我长时间地以为,"四川"这个名称是因为四川有四条大河,实际上与河流无关,是由唐、宋行政区划的名称演变而来。唐玄宗时把剑南地区分为剑南西川和剑南东川,开始出现"川"字。宋代将西川与陕西合并称"川陕路",公元1001年宋真宗将其一分为四,称"川陕四路",简称"四川"。

潼江流经梓潼、盐亭两县,到射洪县汇入涪江。潼江水源主要是雨水,其次是地下水,少有雪水。正因如此,汛期河水流量很大,有时暴涨;枯期流量小,有时断流。我从小喜欢跑到山上去看潼江水涨水落,看张家嘴那里的大水车如何从河里抽水灌田,看有时出现的小渔船如何捕鱼。

读高小时,有一次下午放学后,龚成满同学约我去西河边,我们游到河中的一个沙石堆上玩,突然河水暴涨。我们赶快往回游,因洪水来势凶猛,我游得很吃力,想踩上一个石头歇歇,但落空了。我大喊一声,龚成满同学立即扑过来抓住我,拖着我拼命往岸边游。上岸后,他把我按到地上趴着,使劲拍打我的后背,我吐出很多水。

这完全出乎预料,回校后我们都不敢跟老师讲。回家后我也不敢跟父母讲,但我问爸爸,为什么天晴河里还涨水?爸爸说,那是龙王过路,龙王要来就要涨水。我问老师,老师说,这里没下雨,但肯定是上游的黎雅、复兴或江油县突降大雨,所以河水猛涨。

潼江,是梓潼人民柔弱慈祥的母亲河,也是刚健有力的父亲河,对两岸儿女从不吝惜,无私奉献。潼江,春夏秋冬各有不同,但总是弯弯流淌,绕过绿树更清,流经鲜花更香。对两岸儿女来说,潼江水声悠悠,缠缠绵绵,余味无穷。

弯弯潼江流远方,多少漩涡多少浪?潼江属长江水系,但它汇流了好几次才汇入长江。它流到射洪县汇入涪江，涪江流到合川区汇入嘉陵江，嘉陵江流到重庆朝天门码头再汇入长江。滚滚长江东逝水，东流到海不复回，滔滔江水的豪迈之声，始终余音绕梁。

南桥古韵今犹在

"门前老树发新芽，千年枯木又开花，半生存了多少话，装进满头白发。"是啊，我们"40后"的这一代人，经历了很多，惯看秋月春风，一路奔忙，一路记忆。

如前面所说，梓潼是我国历史上最早设置的县之一。1953年我进城读书时那里还有城墙，可爬上城墙游玩，学校旁边还有魁星楼，快到南桥时有文星楼。而现在，在城里及其周边能看到的大的古建筑，恐怕就是南桥了。

我很喜欢南桥，它是一座石拱桥，建于清朝时期，已有二百多年历史。桥长一百四十多米，宽七米，有八个桥墩、九个桥洞，中间的那个桥洞高些。现在看到的桥面和护栏，以及两头的引桥，是新建的，更方便人来人往。

据介绍，当年建桥时只有石灰，是用糯米粥和桐油把石灰搅拌成石灰浆，再用石灰浆来粘连石头，垒砌桥体。在我陪外宾参观西安、南京古城墙时，介绍的建墙办法也是如此。

现在南桥的八个桥墩，一如既往，都是长方形，迎水面呈八个三角形。这是"分水器"，老百姓叫"鱼嘴"，洪水来时可把水流从中间分开，减轻对桥墩的冲力。

九个桥洞都是圆弧形，从下往上看，很高很宽，能在洪水季节保证大水从桥洞顺利通过。天晴水清时，九个圆弧形桥洞倒映水中，水上水下结合一起，形成九个完整的圆。是不是在这里又可以对"九曲水"添加一种解析？

中学时期，体育老师陈柱国、张勋在夏天经常带我们去南桥那里上体育课，给我们讲游泳知识，教我们游泳。我因为曾在西河差点淹死，所以，即便有老师在也特别小心，总是围着大石头或者围着桥墩，感到随时都会有抓处，更安全些。清波荡漾，游来游去，好不自在。

光阴似箭，时光荏苒，新时代的梓潼，已经有了很多新景点、新亮点，但人们对南桥的情结，依然很深。近些年，县委县政府从各方面对南桥进行保护，每天晚上亮灯后，南桥犹如一道彩虹横跨潼江，十分壮观、娇美。

文昌文化弘扬光大

文昌文化历史悠久、博大精深，但对它的起源、演变与影响开始进行深入、系统的研究，还是20世纪90年代。为此，梓潼投入很多人力、物力，进行多方面的挖掘、整理，努力打造和充实地方文化，以此抵制歪风、弘扬正气，受到广大群众的欢迎。

对文昌文化的大力弘扬，显然活跃了梓潼，光耀了梓潼，丰富了梓潼人民的文化生活。进一步宣传、弘扬文昌文化，则是我们艰巨而光荣的任务，做好这一工作功在当下、利在千秋，对不断凝聚梓潼民心、更好建设现代新农村具有重大意义。

第一，文昌文化根基稳固。梓潼自古以来一直位于巴蜀文化和秦汉文化圈，尽管也受其他族群文化的影响，但汉文化始终占绝对优势。无论生产、生活方式和风俗习惯有何变化，梓潼都始终没有偏离过汉文化的主流，这种延续性和稳定性，构成了梓潼文昌文化的坚实基础。

第二，文昌文化多元包容。自古以来，梓潼都是儒教、佛教、道教的汇合点，这三大教派在梓潼互不排斥。西汉"独尊儒术"，可是道家在梓潼未受影响，相传此前老子骑青牛西出函谷关后，也曾到梓潼，还曾去大茅山采药。佛教传入中国后，始凿于唐代贞观年间的梓潼卧龙山的"千佛岩"刻有1189尊佛像。这种多元性、多样性，决定了梓潼文昌文化的丰富多彩。

第三，庙会盛况经久不衰。在梓潼七曲山大庙（文昌宫），各路神仙、菩萨都有，个个尊贵、灵验，只要心中有问题，都可对号入座。每年二月、八月的两次庙会，就提供了这种机会，从官员、商贾、学子到普通百姓，上山祭拜者络绎不绝。祭拜形式多种多样，有的人求神许愿，有的人求签算命，历史上甚至有人抬着几十斤重的大蜡烛上山，"敲起锣鼓朝灵山，献对红烛敬众仙"。

第四，给庙会注入新内涵。在漫长的封建社会，梓潼庙会主要是宗教性质，迷信色彩很浓。新中国成立后，取缔了一些活跃于庙会的反动会道门组织，1966年"文革"开始后庙会停止。1979年在梓潼召开梓潼、剑阁、江油、绵阳、盐亭五县协调会议，梓潼县委县政府决定变"堵"为"疏"，恢复庙会。

显然，恢复庙会的决定是很正确的，顺应了民间需要。而且县委县政府决定把庙会作为政府的宣传阵地和工商界的洽谈场所，增加五讲四美、遵纪守法等内容，并制定了加强庙会管理的六条规章制度。结果，赶庙会的人不降反升，说明只要有顺应民意的政策指导和具体管理，广大群众就很拥护政府。

有这样一个例子，使我印象深刻。曾经有位年近七旬的老人，把平时

第一章 蜀道明珠 闪亮中华

看牛积攒下的一百元现金送到大庙正殿,述说他因宅基地问题与村干部发生冲突,要求菩萨为他申冤并惩罚这个村干部。考虑到老人的钱来之不易,大庙负责人会同公安人员找到这位老人,将钱送回给老人,并与当地乡干部联系,最后解决了矛盾。

在梓潼文化部门长期工作的姚光普同志认为,恢复后的梓潼庙会在原有基础上,有了新的发展、新的内容,主要是科学意识增强,审美情趣提高,文化交流逐步加大,由祈祷型转为旅游型,由单一型转为复合型,场面更为热闹。有一年庙会,每天一两百次班车直达,单位专车1400辆,各地到大庙的客车2600辆、游人15.2万,创历史之最。

第五,洞经音乐独特独到。何谓洞经音乐?就是演奏丝竹乐器,配合吟唱道教经典《大洞仙经》,共同构成的一种很特殊的经腔和曲牌。元人张仲寿说,大洞仙经"盖西蜀之文,中原未之见也"。明人杜诗说,大洞仙经"传于西蜀"。因此可以认为,《大洞仙经》最早出于文昌帝君的"帝乡"梓潼。

洞经音乐是弹演道教《大洞仙经》的音乐,很早就出现在大型祭祀活动中。梓潼是洞经音乐的发祥地,在梓潼文昌祭祀大典和每年庙会期间演奏的洞经音乐,吸引着国内国外大批名人和游客,让人感到梓潼的一山一水、一草一木都具有无穷的魅力。

1998年,梓潼学者们在县城和黎雅、卧龙、许州等乡镇,探访了几位新中国成立前参加过文昌庙会并参与演奏洞经音乐的老人,他们的记忆和描述具体丰富了洞经音乐的内涵。2005年5月上旬,我第一次聆听演奏洞经音乐,演奏人员中,有我1955年进梓潼中学后的少先队总辅导员,即我十分敬仰的安果全老师。

文昌文化还涵盖戏曲、花鼓、轴画、版画、年画等,都很有地方特色,譬如马鸣阳戏。何谓阳戏？在四川的诸多戏曲种类中，有地戏、天戏、阴戏、阳戏，而在梓潼，这都是阳戏的正戏，重在娱人，使人赏心悦目。人类对待鬼神的方式无非两种，一是祈求，二是驱赶，驱赶多于祈求。马鸣阳戏源于宗教和神坛，在神坛上假面跳神，神态各异，主旨是驱鬼、消灾、赐福。

随着国家经济、文化、社会的不断发展，文昌文化必将再现辉煌，为国增光。

第二章
地覆天翻　苦尽甘来

"唱支山歌给党听，我把党来比母亲，母亲只生了我的身，党的光辉照我心。旧社会鞭子抽我身，母亲只会泪淋淋，共产党号召我闹革命，夺过鞭子揍敌人。"这不仅反映我们个人，也反映整个国家和民族的百年经历。正是有了中国共产党，中国人民百年来才有了奋斗的方向和力量，才有了国家和民族扬眉吐气的今天。

红军到梓潼

我在青少年时期，就从外婆和母亲那里知道，1935年红军到达梓潼时，我外公参加了红军，他从广元朝天门给家里写过一封信，此后就再无音讯。

上中学后，我对革命、对红军有些了解时，曾问过外婆和母亲，外公是怎么参加红军的。外婆说，有一天做活路（农活）时，几十个人从尖山子下山到涂家湾，找人问去兴隆场怎么走。外公给他们说了路，还答应给他们带路。

据许世友将军回忆，1935年4月初，红四方面军从苍溪渡过嘉陵江，其中红三十军和红九军沿川陕路到武连场，向今许州、黎雅推进。作为红九军副军长的许世友赶到县城南的石牛铺狙击敌军，红四军十二师围攻县城，全歼守敌两个团，其他几路红军分头作战，4月19日占领梓潼全境。

在许世友的回忆录和其他有关回忆中都谈到，当时有一路红军从三河坝到马鸣，再翻过大茅山，从尖山子下山，去兴隆场（今玛瑙镇），消灭那里土豪李正基的团防队。这正好印证了我外婆所说，曾经有几十人从尖山子下山问路，我外公带路。

红军进占梓潼后，在组织和发动群众的基础上，迅速建立了梓潼、百顷、重华3个县级苏维埃政府，分辖8个区、23个乡、195个村的苏维埃政府，还建立了贫农团、儿童团、抗日救国联盟等群众组织。与此同时，积极开展"打土豪、分浮财、分田地、减租减税"的斗争。3个县级苏维埃政府，为红军筹集到军粮200余万斤，现款1万余元，在许多地方的石板和岩石上写下、刻下许多红色标语。

而今，在梓潼城北19公里的许州，可以看到当年的红军桥；在城东20公里的马迎乡，留有红军碑；在城西北12公里的宏仁乡，发现红四军第12师37团发布十大纪律的公告，落款是"川陕军事指挥部1935年4月15日"。许多地方的红色标语，在国民党军返回时被群众有意遮盖或涂抹，而今大多被发现、复原，成为经典回忆。

据西河坝的我外侄徐庆、徐林说，他们爷爷徐达能和其他老人回忆，十大元帅之一的徐向前，当年率红四方面军向川西、甘南发展，途经梓潼时，曾在他们老屋子的厅房住过。我去看过几次，那老屋子在院子里的深处，四周房屋密集，显出其一定的隐秘性，徐向前入住有利于安全警卫，

第二章 地覆天翻 苦尽甘来

但估计是因为战争年代没留下任何记载或痕迹,而没有引起县有关方面的重视。

对红军在梓潼的胜利,国民党恼羞成怒,迅速派飞机轰炸梓潼,派大兵压境,围剿与反围剿的战斗反复上演。从全局考虑,4月29日红军被迫撤出梓潼,地方军阀大肆反扑,梓潼又进入漫漫长夜,梓潼人民重陷水深火热之中。

1973年我被派到中国驻瑞士大使馆工作,有一天,陈志方大使问我的出身和祖辈情况,我向他谈到,我外公涂宗道1935年参加了红军,曾经给家里写过一封信,说他到了广元朝天门,但此后再没有任何音讯。没想到,陈大使非常重视,说他一定要好好查一查。

过了一些时间,大使告诉我,没有查到1935年在川西地区参加红军的四川人中有叫涂宗道的,健在的涂姓老军人也都说没有见到过或听说过有叫涂宗道的四川人。大使说,估计牺牲了,那时很多人牺牲时都没有留下姓名或遗物。

黎明前的黑暗

1937年抗日战争全面爆发,红军北上,国民党把四川作为大后方,在四川不断扩军、打内战,对四川人民实行残酷剥削、残酷镇压。人民生活用水深火热、饥寒交迫来形容,一点都不为过。

当时最流行的话就是,"富正月穷二月,半生半死三四月"。正月过年时日子还好过,总要穿件新衣服,吃白米饭吃肉,也会有糖,这是我们小孩最喜欢的。年一过又是糠菜半年粮,三四月旧粮没有了,新粮还没成熟,就只能忍饥挨饿。

据老人介绍，当时国民党对四川老百姓的统治手段很多，主要是实行严密的保甲制，保长类似村长，甲长类似组长，保甲长之上的乡长上欺下诈，县长则到处搜刮，一片黑暗。

当时四川百姓的日子极为艰难，就像有首打油诗说："乡长嘴流油，保长啃骨头，甲长跑断腿，百姓泪长流"。在我的记忆中，至少以下几件事让人忍无可忍。

一是在四川到处抓壮丁。特别是青壮男子深受其害，东藏西躲，有家不能回，有怨无处诉。如果找人求情，地头蛇乘机敲诈勒索，常常人财两空。我记忆最清楚的，就是新中国成立前两三年发生在我们家的事。

我在梓潼中学读书时，语文课本上收录了唐代"诗圣"杜甫的著名诗篇"三吏三别"中的《石壕吏》，讲他晚上投宿一人家，这一家人本来好好的，突然"有吏夜捉人"，老翁翻墙走，老妇出门看，向官军诉苦，杜甫这才得知这一家已经有两个儿子被抓走了，一个已经战死，家里就靠老翁了。

现实又何尝不是如此？我父亲三兄弟，大爹罗治全被抓壮丁的人抓去后，他偷偷砍断自己的一根食指，官府认为他已经残废，不能去当兵打仗，但是，要家人拿出三担油（300斤食用油），才能把人赎回家，二爹和我父亲东奔西走凑够三担油，赎回了大爹。

大爹被赎回后，很快又来抓二爹罗治海。听说抓壮丁的人快到了，二爹立即跳进屋外水井旁边的堰塘，躲到水草里，一直等到抓壮丁的人走了，他才从水草里出来。因为是冬天，他严重受冻，一病不起，很快就去世了。二妈带着两个很小的儿子，不久改嫁到张家湾。

1951年农历三月初十那天，父亲带我到罗家湾和赵英凤嫂子去拔麦子，他进城赶场。我们没拔多久，赵嫂让我去看看大爹，我看见大爹睡在厅房里的床上，他大声呻吟，突然紧抓蚊帐，又突然松开蚊帐，反复几次，突然没动静了。我赶快叫赵嫂，赵嫂一看说，他走了。

凡是被国民党抓了去的人，结局都很悲惨。罗家湾的罗国友被抓去当兵好多年，川西北解放时正是冬天，他穿着一件破旧的国民党军衣，拖着一只受伤的腿，一拐一拐地回到罗家湾。他老婆王女子不让他进门，邻居们再三劝说，王女子才让他进屋。我父亲曾经去看过他，给他送了点东西，我也看见过他在菜地里做活。没过多久，他就病死了。

二是苛捐杂税不断增加，三天两头就有人登门要钱要粮。有一次来人要粮，我母亲说已经没粮了，来人指着我母亲正准备下锅做饭的一碗米说"这是什么？"来人打翻那碗米，进屋搜查，找出了几升谷子拿走。从此，只要有点粮，甚至有点红薯，父母都要找个地方埋起来，藏到连我们做儿女的人都不知道的地方。

三是物价天天飞涨。用老人们的话说，那时国民党的纸币，还不如擦屁股用的草纸值钱，铜板还不如土砖有用。有一天，我父亲按预约去新场（今玛瑙镇）给城里一个盐铺挑一担（100斤）盐，往返五六十里路。交货后，老板给他的工钱出乎意料地多，一麻袋重一二十斤的铜板，比商定的数额增加了几倍。

过了三两天，父亲背着这一麻袋铜板去城里买东西，跑了一整天，竟然只买回一壶（1斤）油。气得他几天不说一句话，母亲只是不断安慰他，不断给他点燃还是青叶子的烟叶，让他抽抽烟消气。实际上，城里的那个盐商已知道铜板天天掉价，只是我父亲不太了解行情而已。

解放区的天是明朗的天

我很高兴地看到，梓潼县志办把梓潼解放的过程作了详细记述。1949

潼江弯弯流远方——一个农家子弟的家国情怀

年12月19日午夜，解放军先头部队从剑阁急行军160里后抵大庙山。20日清晨，解放军第60军第180师第540团，在团长尚坦和团政治部主任韩光前的带领下，一举解放梓潼县城。

12月21日，解放军第十八兵团司令贺龙、政委李井泉、兵团政治部主任胡耀邦等接连入住梓潼。22日，贺龙任命原第一野战军司令部秘书秦其谷为县长。24日，川西北临时军政委员会另作安排，由随军南下的西北入川工作团干部刘杰，接替秦其谷任县长。

12月25日，川西北地下党工委副书记王岳，向县长刘杰和川康特委负责人马识途详细汇报梓潼及周边各县地下党情况，刘杰着手筹组县政府各部门机构，但27日随军南下的西北工作团的后续梯队抵梓潼后，宣布由郭志修任县委书记兼县长。1950年4月中旬，由一举解放县城的第540团的团政治部主任韩光前出任县长。

我之所以详细引述当时县长不断易人，是因为与人交谈时，有人认为这反映了当时解放军的混乱。而我认为，这反映的不是混乱，恰恰反映当时在人民解放战争势如破竹、瞬间即变的情况下，在解放军、地下党、南下工作团、当地人员之间的无缝衔接，做到了一天甚至半天的权力真空都没有。

新的县政府一成立，立即张贴布告、标语，宣传"三大纪律，八项注意"，宣传人民政府的方针政策。据老人们说，无论城里人还是乡下人，都表现出从未有过的惊奇和喜悦。

"解放区的天是明朗的天，解放区的人民好喜欢，民主政府爱人民，共产党的恩情说不完！"这是1949年12月20日梓潼解放后，梓潼人唱得最响亮的一首歌，也是我们青少年最早学唱的歌曲之一，走到哪唱到哪，总是一路歌声。

第二章　地覆天翻　苦尽甘来

从1950年11月开始，整个川西北地区进行土地改革运动，到1952年5月结束，历时一年半。这场轰轰烈烈的大规模运动给梓潼带来翻天覆地的变化，广大农民深刻认识到过去贫穷、苦难的根源在哪里，认识到只有共产党才是穷苦百姓的真正救星。

据有关记载，梓潼地区的土改运动大体经历了这么几个阶段。土改工作队进村后，首先扎根串联，了解情况，召开各种小组会，发动群众。接着，宣讲党的土改政策，为什么要土改，性质是什么，任务有哪些。接下来，动员揭发，有苦的诉苦，有冤的申冤，抓典型，开斗争会。然后，分配胜利果实，即把地主、富农多余的土地、财产分给贫下中农。最后，进行复查，并详细丈量土地，发土地证。

对我们农家子弟来说，土改带来的最大好处是，从此有了上学的机会。按当时对乡、村的划分，我们那个村很大，叫治城乡大隅村，包括罗家湾、王家湾、傅家湾、涂家湾、李家扁、何家坟、张家嘴等。傅家湾位居中间，土改期间的各种会议，多数都在傅家湾举行。

土改开始不久的1951年春，土改工作组也在傅家湾办起了学校，我就开始上学读书。说是学校，实际上就是借用傅代钊家的一间大屋子，各处找来一些还可以用的长桌子、长凳子，大家挤在一起，都读初一册。只有语文课，老师读一句，我们读一句，书声琅琅。

最初的老师是住在县城中和街的杨得书先生。杨老师上课时，还拿两个竹板，谁上课时表现不好，就必须把手掌伸出来挨几板，我也挨过打。一个学期之后，老师根据成绩好坏，分成二册和五册两个班，拉开距离，我进了五册班。

过了一年多，村里在傅家湾修起了五间土墙瓦房，两间作学生的教室，两间供村民开会用，一间是老师的住房。这时，杨得书老师调回城里，换了家住老南桥那边的杜正庭老师。杜老师带夫人给他做饭，但经常没柴烧，我曾跟母亲说，从家里给杜老师背过一捆柴去，杜老师特别高兴。

除了语文课，杜老师也教算术课，特别是教珠算。罗家上湾的罗国永同学，珠算学得特别好，总是全班第一。所以，高小毕业后他就去供销社工作，整天使用算盘。

除了上学，在土改运动期间，我也跟大人参加过一些回想起来很有意义的活动。以下几件事我记忆犹新，从中可以十分清楚地看出，老百姓为什么衷心拥护共产党，土改为什么深刻改变了中国农村。

一是我曾跟父亲专门去设在仇家坝的治城乡乡政府，去看望一个生病的土改干部，他是山西人，经常到我们村里。父亲送几斤炒花生和十几个鸡蛋去，但那位土改干部坚决不要，随后给了后来当上副乡长的涂发林。不久，听说那位土改干部因病去世了，父亲母亲都沉默不语，不知道该如何表达悲痛。

二是有一天我跟父亲很早就起床，跑十几里路去柴坝那里，参加一个对地主分子和其他坏分子的批斗会。我看到总有人又哭又骂，走到临时搭建的台上去控诉，还有人用棍棒去打，以解其恨。土改干部和乡干部大声讲话，那是我第一次听人演讲，下午很晚才回家。

三是我曾跟母亲去傅家湾王庭汉家的院子里，参加对各家成分的划分进行评议并举手表决的大会，轮到我们家时，有人说定贫农，有人说定下中农。我母亲站起来说，她不要贫农，她要下中农，她不想再贫穷，大家举手同意给我们家定下中农。此后，每当我填写家庭出身时，都填"下中农"。

四是我曾同姐姐罗国香去傅家湾，参加农会分配地主、富农的多余财产的会议。我们家因为是下中农，不是最穷的，只分得一把锄头和一个大

第二章 地覆天翻 苦尽甘来

圆簸箕，这两样东西都是傅家湾富农王庭汉家的。我第一次使用那把锄头就发现，它很轻，有刀口，锄草很快。

五是知道要枪毙解放前治城乡乡长的时候，邻居涂永兴叫我和他一起进城去看，父亲不让我去。治城乡是解放前梓潼县最有实力的乡，涂永兴和别的几个人去城里回来后说，在天封寺堰塘坎里枪毙乡长，看的人太多，挤不进去。涂永兴还说，他在城里听人讲，这个乡长有一百多亩好田好地，因收租纠纷，整死过几个人。

六是在颁发土地证之前，要对各家原有的和新分得的土地都进行丈量，最后确定是多少亩多少分，在丈量我们家原有的和新分得的土地时，父亲要我拿上他给我买的新算盘，自己也算算丈量的结果，这是我第一次把学得的知识用于实践。

苦尽甘来，梓潼人民从此开始了新的生活，踏上了幸福安康的社会主义道路。

丰衣足食

有史以来，梓潼都是一个农业县，粮食生产又是农业的支柱，而且解放前耕地很少，粮食产量很低，因此并不是说，梓潼人历来都丰衣足食。解放后，特别是改革开放以来，在历届县委县政府的坚强领导下，梓潼人民才真正过上了衣食无忧的日子。

解放前，梓潼如同全国其他地区一样，土地是由地主垄断，而且相当一部分土地是官府掌控。解放前国民党在四川推行"保甲制"，把乡以下的村叫"保"，把村以下的组叫"甲"，层层盘剥百姓。我父母在涂家湾还种了三两亩"保上地"，即由保长掌控的土地，不种还不行，无论收成如何，哪怕颗粒无收，也得给保上如数交租。

1951年春梓潼开始土改，终结了封建地主土地所有制，大大解放了农村生产力，而且政府鼓励农民建立互助组。1953年开始实行农业合作化，有利于进一步集中人力物力搞农村水利等基本建设。但1958年开始的人民公社化运动出现了急于向共产主义过渡的情况，农民的生产积极性严重受挫。

"文化大革命"结束后，梓潼从1981年实行家庭联产承包责任制，产量迅速提高。同时，政府投资大搞农田水利建设，鼓励支持发展乡镇企业，带活农业，粮食、油料、棉花三大种类稳定发展，1997年的人均粮食产量首破1000斤。

1998年，县委县政府提出"无农不稳、无工不富，稳粮调结构、兴工奔小康"的战略思路，全县上下齐心协力，工农生产热气腾腾。1999年2月春节，我在相隔10年之后回梓潼探亲访友，所见所闻感叹无限，写了《还乡》诗一篇，在《梓潼报》发表。进入21世纪的梓潼人民，更加意气风发。2003年县委县政府制定"工业兴县，以工促农，产业互动，城乡相融"的发展战略。2006年提出"农业富县，工业强县，旅游兴县，和谐发展"思路，认真落实免征农税、粮食直补、农机补贴等惠农政策，当年农民人均年收入破三千，达到3152元。

梓潼在持续抓农、促农的同时，一直在抓适合当地资源、有市场前景的工商企业，从未偏离改革与发展这两大主题。在梓潼的发展过程中，先后兴办了织绸厂、酒厂、氮肥厂、玻璃厂、纤维板厂、兽药厂、纸厂，等等。在这些企业的发展过程中，不断优化结构，优胜劣汰，保证了地方产业的健康发展。

第二章 地覆天翻 苦尽甘来

建设新农村

农业、农村、农民这"三农"问题，对农业根基很深的我国来说，对强国富民至关重要，国家要强，农业必须强。因此，习近平总书记指出，只有深刻理解了"三农"问题，才能更好理解我们这个党、这个国家、这个民族。

梓潼，四川发展得最好的县市之一，提前摘掉了贫穷帽子，提前迈进向更高层次发展的新阶段。在全国脱贫攻坚的"收官之年"，梓潼在巩固脱贫攻坚成果的前提下，随即出台"五大行动"计划，两年内集中开展人居环境整治、村容村貌提升、农村基础改造、产业富民推进、文明乡风培育，加快推进"新农村"建设。

2020年11月，我回家乡走走看看，看到对农村山水、林田、河湖的大力整治。比如西河坝变得格外整洁光鲜；被誉为县城"后花园"的东风村，绕村环山修建了一条状如彩带的步游道，村民家家户户进行了改水改厕、垃圾分类；每日可处理生活污水100吨的长卿镇东石污水处理厂，开始投入使用。

在农业产业化方面，县委县政府以5.3万柚农为依托，制订了5—10年发展蜜柚20万亩、实现年产值20亿元的特色农业产业规划，并与省供销投资集团签约，与200余家客商达成营销协议。许州镇积极按照"七统一分"，即统一规划、统一品种、统一标准、统一资料、统一培训、统一包装、统一销售，分户种植原则，全力打造川北"蜜柚之乡"。

"生态美，生活才健康；人居美，心情才舒畅；乡风美，社会才和谐"，成为梓潼人的共识和梓潼人赋予新时代的内涵。在乡镇基础设施、公共服务已得到新的改善的基础上，梓潼又在抓紧进行科学规划、合理布局，努力建设新时代更加美好的新农村。

为什么梓潼干群如此齐心、共创伟业？显然，这与县委县政府长期真抓实干密不可分。2012年11月，习近平总书记提出实现中华民族伟大复兴的"中国梦"。不久之后，县委县政府就于2013年5月15日召开"实现伟大中国梦"的主题教育活动形势报告会，邀请我作报告，从县四套班子领导、各乡镇党委书记和乡镇长，到全县所有村支部书记以及部分学校主要负责人，悉数与会。

梓潼这次动员大会作为"帝乡大讲堂"第七期专题讲座，主要邀请我到会讲当前国际形势和我国对外关系。我在报告中以伟大的"中国梦"为切入点，深入分析了"中国梦"提出的国际国内背景，新形势下我国面临的机遇和挑战，以及"中国梦"将要实现的伟大目标。

我从自身工作经验出发，分析了我国与美国及与近邻日本、韩国、朝鲜等国的关系，比较了"中国梦"与"美国梦"和"欧洲梦"的不同，指出只要我们坚持中国特色社会主义道路，坚定理论自信、道路自信、制度自信，"中国梦"就一定能够实现。

报告会后与会者纷纷表示，我的讲话逻辑严谨、数据翔实、语言幽默，让大家开阔了眼界、加深了对国际形势的了解，对大家进一步围绕中心、把握大局、做好本地本部门的工作具有积极的促进作用。大家还纷纷表示要争做"中国梦"的参与者、表达者、书写者，为谱写辉煌壮丽的"中国梦"的梓潼篇章而努力奋斗。

第二章 地覆天翻 苦尽甘来

两弹城——国防科技工业军工文化教育基地

激励梓潼人民不断奋进的，还有"两弹精神"。2014年被国家定为"国防科技工业军工文化教育基地"，2017年入选国家红色旅游经典景区名录，这就是坐落在梓潼县城西南近郊长卿山的中国工程物理研究院（九院）旧址的中国"两弹城"，成为中国唯一被命名为"科技城"的绵阳地区的一个红色坐标。

我们通常所说的"两弹"是指不同类型的原子弹、导弹，但具体到梓潼的"两弹城"来说，则是指同一类型的原子弹、氢弹。因为，从1965年8月到1992年，我国一大批科技精英和2500多名中高级科技人员，曾在这里为研制和发展我国的原子弹、氢弹而拼命工作，我国多个型号核武器的定型任务，也都是在这里完成的。

据介绍，原子弹和氢弹的原理相同，都是热核反应，属同类武器。不同的是，原子弹是裂变，用通俗的话说，就是瞬间由大变小、由重变轻的爆破。而氢弹，则是瞬间由小变大、由轻变重的强力聚合。氢弹比原子弹的威力大得多，就同一级别来说，原子弹的爆炸力通常为几万吨到几十万吨TNT当量，而氢弹为几十万吨至几千万吨级。

梓潼的"两弹城"占地约1000亩，厂区公路有300多公里。大礼堂、办公楼、两弹历程展示馆、邓稼先旧居、防空洞等，都保存完好。我曾三次去参观，每次都思考良久，为什么在极为艰苦、艰难的情况下，我国的科学家们能创造出惊世奇迹，是什么铸就了中国的"两弹一星精神"。

1949年新中国成立后，美国等西方国家对中国实行最全面、最严厉的封锁，试图通过挑起朝鲜战争入侵中国，多次威胁要对中国动用核武器。

潼江弯弯流远方——一个农家子弟的家国情怀

两弹功勋墙

第二章　地覆天翻　苦尽甘来

2013年5月15日,作者应邀到梓潼为"实现伟大中国梦"主题教育活动形势报告会作报告

潼江弯弯流远方——一个农家子弟的家国情怀

两弹城全景

第二章　地覆天翻　苦尽甘来

两弹城"精英门"

2014年国家正式确定梓潼"两弹城"为"国防科技工业军工文化教育基地"

第二章 地覆天翻 苦尽甘来

少先队员在梓潼"两弹城"向两弹元勋邓稼先旧居前的塑像致敬

梓潼良性循环的生态粮农果蔬种植业蓬勃发展

第二章 地覆天翻 苦尽甘来

梓潼城乡中环境优雅的宜居楼宇备受欢迎

在此严酷形势下，1958年1月15日，中共中央书记处召开扩大会议，提出了建立和发展原子能事业的战略决策。但在当时，中国还没有任何人见过原子弹，甚至连制造原子弹的原理都还不了解。

在梓潼"两弹城"和绵阳人民公园，我们可以看到被称为"两弹元勋"的邓稼先的塑像。是的，是他凭着自己深厚的学术功底，首先从理论上解决了生产原子弹的原理，选定中子物理、流体力学、高温高压下的物质性质这三个主攻方向，实践证明十分正确。

当制造原子弹的理论有了突破时，1960年中央接着提出研制氢弹，邓稼先和于敏、陈能宽、王淦昌、朱光亚、周光召、郭永怀、程开甲等著名科学家，怀着为国争光、为民争气的理想，勇挑重担。

据报道，在讨论最激烈的时候，于敏、陈能宽还引述诸葛亮的《出师表》，"臣受命之日，寝不安席，食不甘味"，"臣鞠躬尽瘁，死而后已"，以此表明心志。在座的人无不动容。

这是什么精神？这是挚爱祖国、忠诚人民的精神，这是临危受命、勇挑重担的精神，这是夜以继日、奋力拼搏的精神！1964年10月16日中国第一颗原子弹爆炸成功，1967年6月17日中国第一颗氢弹爆炸成功！在此期间，1966年10月27日中国第一枚载有核弹头的导弹试射成功。1970年4月24日中国第一颗卫星上天！中华民族从此挺直了腰板，真正屹立于世界！

1983年5月20日，时任国防部长张爱萍将军视察"两弹城"时，挥毫写就《赠九院同志》："二十二年难忘情，崎岖道路信踏平。屡建奇功震寰宇，更创奇迹惊鬼神。"

在中国特色社会主义新时代的今天，我们仍有被人"卡脖子"的时候，参观"两弹城"，铭记昨天的艰难，继续艰苦奋斗，自力更生，我们才能

第二章　地覆天翻　苦尽甘来

永远立于不败之地。

诗情飞扬

五千年的中华文化，孕育出一代又一代众多的诗才文人，"蜀道明珠"梓潼，从来都没有离开过诗人们的视线。

梓潼人以及在梓潼工作或学习过的人，无不怀有一种浓烈的诗歌情怀，不断创造出一篇篇以歌抒情、以诗咏志的作品，令人目不暇接。

首先，按由远及近的时间线来说，一代帝王唐玄宗，以及大诗人李白、杜甫、李商隐等，都留下了赞美蜀道、称颂梓潼的名篇佳作。

"诗仙"李白5岁时随父到四川昌隆县清廉坝（今江油市青莲镇），一直在此读书求学。19岁（公元719年）时到梓潼城东凤凰山下，见柳荫下泉流潺响，又遇小雨，夜宿于此，赋诗如下：

远闻碧泉处，
水声湫湫。
栖乌寒声不胜愁，
细雨犹如千丈线，
遥系心头。

到了清乾隆三十七年（1772年），梓潼县县令朱廉登七曲山并赋诗，对梓潼及其周边的山水风云，进行了高度概括。诗曰：

汉南山脉七曲连，

61

势若虬龙连苍烟。

嘘气为云多变幻，

百顷风潭任回旋。

抗战期间，曾在梓潼国立六中读书，后经地下党的安排，北上延安的诗人贺敬之，曾任中宣部副部长、文化部代部长，1985年和1993年，都曾写诗深情回忆梓潼：

夜笼大庙传火种，

依稀晓雾离潼城。

北上少年今白发，

万里常思送险亭。

梓潼的主要景点在哪里？文昌文化爱好者周朝海先生，在他写的《梓潼城》一诗中，勾画出一幅壮美的景观图：

七曲北耸岭高崇，

潼江南奔涌浪峰。

长卿眉黛位其南，

兜鍪云峙接云撞。

盘龙西卫送夕晖，

凤山倚天在其东。

梓林潼水地钟灵，

山河巧镶画屏中。

第二章　地覆天翻　苦尽甘来

洞经音乐是文昌文化的重要组成部分，到梓潼只要有演出，万万不可不去。我上中学时的谢汉杰校长，对洞经音乐有过很精彩、详细的描述，诗文如下：

洞经音乐自天成，
黄钟大吕今又生。
袅袅香风沁心脾，
朵朵寒花入目清。
绕梁三匝多余韵，
独树一帜少俗音。
今日遗篇成绝唱，
祖庭一曲见真情。

退休后，颐养天年的梓潼老人们，也以赋诗填词为乐，许多老人写的诗词脍炙人口，百读不厌，譬如王存凤写的《学诗感赋》：

冬去春来光阴苒，
写画涂抹未曾闲。
银丝搔头苦觅句，
昼夜推敲难成篇。
好句全仗良师点，
佳词方觉成果甘。
学海无涯勤为本，

潼江弯弯流远方——一个农家子弟的家国情怀

     一诗写就意气轩。

  近些年，我回梓潼的次数多些，每次与过去的老师、同学聚会时，无不感叹岁月如梭，我上城关一小时的谢树楷校长，写过一篇名为《人生感悟》的诗，或许总结了我们许多人的一生，其中写道：

    风雨人生几多愁，
    而今回眸意悠悠。
    历经多少沧桑事，
    见证人间春与秋。

  就梓潼民间来说，吟诗写诗，吹拉弹唱，尤其在农闲或节日期间，也是人们的一大爱好。梓潼文史资料第23辑《风拂·潼水歌绕梁》收集的梓潼民歌，读来犹如唱响中华大地的广西《刘三姐》。譬如：

  你在唱歌我在编，编个神歌唱上天，唱到天河河水响，唱到文昌到人间。
  太阳出来喜洋洋，妹妹出来洗衣裳，好个堰塘却没水，好个妹妹还无郎。
  菜籽开花遍山黄，妹子约我去赶场，一下平坝你先走，免得人家说短长。
  砍柴割草一个坡，吃饭挑水一条河，家里还有半缸水，假装挑水来望哥。

第二章　地覆天翻　苦尽甘来

梓潼是一个非常宜居的地方，中央电视台CCTV-4对此时有报道。梓潼人对故土的热爱和骄傲，以及他们舒适、飘逸的生活情趣，也如优秀小学语文教师、我妹妹罗彬所说，可以这样来表达：

这高山，

那名山，

不如梓潼七曲山；

这省大，

那省富，

不及两弹城瞩目；

奔驰车，

宝马车，

不如梓潼电动车；

东操场，

西河坝，

北门到处卖鲜花；

许州养鱼，

东门卖菜，

梓潼小伙长得帅；

冬拔萝卜，

夏摘瓜，

梓潼姑娘人人夸；

大路旁，

小街巷，

大小茶馆打麻将；

花果山，

燕儿山，

养老首选长卿山；

罗家湾，

涂家湾，

男女老少都会玩；

张大姐，

李二姐，

梓潼到处刘三姐！

人们知道，广西的刘三姐唱："如今世界实在难，好比滩头上水船，唱起山歌胆气壮，过了一滩又一滩。"在建设现代物质文明和精神文明的道路上，梓潼人民也正是唱着这样的歌，克服一个又一个困难，取得一个又一个胜利。

尽情歌唱吧，梓潼的刘三姐们！

第三章
姓氏溯源　枝繁叶茂

中国姓氏文化源远流长，在我得知四川地区的罗姓和涂姓最早都源自江西南昌豫章地区后，对探索中国姓氏的演变产生浓厚兴趣。了解中国姓氏的来历和发展，有助于我们更好地了解中国传统文化，保持和增强民族凝聚力，继承和光大父辈事业。

中国的姓氏文化

中国是世界上最早使用姓氏的国家，姓氏文化是中华传统文化的重要组成部分，涉及千家万户，涉及每一个人。

古人云："参天之木，必有其根；怀山之水，必有其源。"中华民族自古以来就有追根溯源、寻祖问宗的传统，姓氏完美体现了华夏儿女的民族自尊、历史底蕴和文化自信。

寻根问祖是人的天性，对姓氏的探源和研究，可让我们更好地了解祖先曾经经历过哪些苦难与辉煌，以增强当下人与人之间的相识和相知，增强个人服从整体的意识。

"姓"产生于远古时期的母系社会,那时是群婚,都知道母亲是谁,但不知父亲是谁。因此,那时的人都随母姓,围着母亲生活,因此"姓"这个字,是由"女"和"生"组成。大约五千年前,随着男子获取的财富增多,母系社会逐渐过渡到父系社会,出现专指男子的"氏"这个符号。

《通志·氏族略》中说:"贵者有氏,贱者有名无氏。"司马迁在《史记》中称秦始皇为赵氏,称汉高祖为刘氏。二者合并为"姓氏"后,姓"氏"的人还是高贵,所以不认识的男性见面时会问"贵姓?"回答"免贵姓……",如果姓孔,就不必谦虚,直说姓孔,因为这是孔圣人的姓。

据史料记载,炎黄时期的中国有16个姓氏,唐代有293个,宋初503个,明代2635个,清末11969个。2020年初出版的《百家姓》收录5562个姓,其中复姓2032个,三个字的姓146个,前五大姓为"王李张陈刘","王"姓占汉族人口的7.25%,"李"姓占7.19%,"张"姓占6.83%,"陈"姓占6.5%,"刘"姓6.1%。

中国的第一部《百家姓》产生于宋朝初年,为什么开头四姓为"赵钱孙李"?据明清文献记载,这部姓氏书籍由吴越地区(今江浙)的一位儒家学者最先编写,当朝皇帝姓"赵",当然为第一姓,此前五代十国时期吴越国的国王姓"钱",宋朝皇族妻妾姓"孙",后唐皇帝姓"李"。这就是开头四姓次序的由来。

"姓所同也,名所独也",即可以同姓,但不能同名,可是中国同名同姓的人很多。据统计,目前全国有29.4万人叫"张伟",28.7万人叫"王伟",叫"李伟"、"刘伟"的人分别为26.6万人和23.8万人。这说明"伟"字很受人喜欢,寓意高大帅气。

在前五大姓氏中,用"娜、芳、静、敏"等字取名的,都在23万人以上。在全国所有姓氏中,取名使用频率最高的字依次是"英、华、文、玉、秀、明、丽、兰、红、金"等。这又说明，不同姓但同名的人很难避免。

我国的姓氏文化已有数千年历史，并一直传承至今，具有独特的文化价值和深远影响，这主要是因为中国的姓氏文化具有以下几点很鲜明的特征。

一是延续性。纵观中国的姓氏发展史，每一个姓氏都如同一条江河，由涓涓细流逐渐汇聚一起；俯视中国的姓氏，每个姓氏都如同一棵榕树，其冠如盖，其根如须，盘根错节。

这一特性，对保持中华民族的大一统，犹如一种黏合剂。尽管不同姓氏之间，甚至同一姓氏内部，也会有矛盾和冲突，但在面对来自族群外部的打压时，会表现出空前的一致，而且历来如此。

二是开放性。这有三层意思：任何一个姓氏都允许其他姓氏的人在一定条件下加入；每个姓氏祭祀祖宗的活动都不是封闭的，其他姓氏可以观看甚至参与，以扩大自身影响；每个姓氏的人都可以有乳名、法名、别号等，"字以表德，号以示美"，还可对外赠赐。

三是地域性。在全民族范围内，姓氏往往按地域划分，譬如在许多地方，一个村甚至一个乡的人都是一个姓。这种自成村落的姓氏，带有一定的排他性。

四是等级性。最早把姓氏分成三六九等的，是公元471年上台的北魏孝文帝，他大刀阔斧进行姓氏改革，认为谁掌握了政权，谁的身份就高贵，一人得道，鸡犬升天。

这一改革的后果很明显，造成改姓、赐姓、讳姓这一世界文化史上罕见的姓氏等级现象。唐太宗李世民直接下诏，把原本第二等级的李姓，升为第一等级。

五是学术性。在古代，姓和氏是两个不同的概念；到近现代，姓氏代

表一个人或一个家族的原始符号。但姓氏文化是一门很有趣的学科，它涉及历史学、社会学、语言学、地理学、人口学、地名学、民俗学等等。研究姓氏文化的产生、发展和演变，就是研究如何更好地继承中华传统文化。

六是现实性。在地域广、差异大、民族多、人口多的中国，要使各地区得到相对平衡的发展，是一个非常艰巨、复杂的任务，需要从各个角度调动各种力量，利用同宗同祖的关系开展内外人文交流和招商引资，就是一个重要渠道。

就罗姓来说，从清雍正初年起，罗姓就开始向东南亚、东北亚迁徙，已作为中国姓氏的一个分支在海外扎根。譬如，在韩国已有30多万人姓罗。2007年，罗姓的发源地江西省南昌市与韩国的罗州市缔结友城关系，十多年来相互交流频繁，成果显著。

我的父姓、母姓

2016年10月26日（农历九月二十六），在江西南昌经济开发区的柏林村，举办了"罗氏始祖罗珠祭祀大典暨重建罗氏忠孝祠竣工三周年"的系列活动，来自海内外1000多名罗氏宗亲参加，各场活动自始至终隆重、庄严、热烈。

据南昌豫章"罗珠文化研究会"副会长兼秘书长罗贤介绍，重建的罗氏忠孝祠耗资300多万元，占地3000多平方米，得到南昌市的大力支持，为江西最大的姓氏祠堂。罗贤还说，天下所有姓罗的人都出自南昌的柏林村。

巧合的是，我的父姓罗和母姓涂都属于我国古老的姓氏，更为巧合的

第三章 姓氏溯源 枝繁叶茂

是，都是在春秋战国后期，从现在的江西南昌豫章地区开始发展，逐步向全国许多地区蔓延，豫章被认为既是罗姓也是涂姓实际上的发源、聚集、扩散之地。

首先谈谈罗姓。罗姓并不是中国的大姓，在2020年再版的新《百家姓》中，罗姓排在第20位，全国的罗姓人口1340多万，约占全国总人口的1%。但罗姓的历史却一点不比其他姓氏短，所经历过的辉煌与苦难，也都不比其他姓氏少，同样充满着传奇色彩。

作者的父亲最喜欢用这种水烟袋吸自种烟叶，底部灌水，吸烟时会发出"咕噜咕噜"的水声

罗姓最早起源于今湖北孝感地区，是我国起源最早的姓氏之一。春秋战国时期，在荆楚大地曾经有一个国家叫罗国，后被楚怀王消灭，罗姓人四处逃散，逃往当时相对稳定一些的陕西、江西等地较多。

据《江西通志》记载，汉高祖刘邦时期，有一个名叫罗珠的人挺身而出，率部为朝廷平定并坚守今江西南昌豫章一带，并在那里开始兴建城池，而成为今日南昌市的最早发源地。

当时的皇上接到丞相的奏报后，立即恩准在豫章地区为罗珠修建一个忠孝祠，罗珠也就被认定为罗氏始祖。后人在他的居住地种植了一片柏树，也就把那里定名为柏林村，成为罗姓的发源地，距今已有1700多年。

唐朝时期，罗姓的排行字辈有80个字。到宋代，朝廷的礼部侍郎罗盛得对此进行了精简；明代主管教育的儒学训导罗文溥又进行了缩减，减到40个字。我知道其中有10个字的排序是"启思文印明，治国定太平"，我

71

潼江弯弯流远方——一个农家子弟的家国情怀

1961年8月作者考上四川外语学院后,与叔伯罗治兴爸合影

作者考上四川外语学院后,与辛劳憔悴的父亲和幼小可爱的妹妹罗彬进城合影

第三章 姓氏溯源 枝繁叶茂

作者在老家罗家湾的出生地

潼江弯弯流远方——一个农家子弟的家国情怀

2002年5月1日,作者与亲属老少三代观山望水,在涂家湾后山坡合影

第三章 姓氏溯源 枝繁叶茂

2013年5月17日,作者看望罗家湾大嫂赵英凤(左三),左四左五为其子罗定兴和儿媳赵国爱

2013年5月17日，作者与二嫂仇秀珍（左三）、其子罗定金（右三）及小学同学罗国永（左四）在作者的出生地合影

第三章 姓氏溯源 枝繁叶茂

是这10个字辈中倒数第四的"国"字辈。

据江西南昌柏林村的副书记罗金华介绍，在唐宋时期，罗姓很兴旺，此后因为战乱或饥荒，又到处逃散。巴蜀地区的罗姓，主要是经湖北、湖南、广西进入四川，北边主要是从陕西进入四川。

川西北地区的罗姓，多为明末农民起义领袖李自成、张献忠从北方带去。譬如梓潼地区的罗姓，就主要是张献忠从陕西带入，当时只有几兄弟到梓潼罗家大湾定居下来。

自古以来，罗氏名人很多，唐朝初期的名将罗艺、宋朝名将罗辉、元末政治家和军事家罗良元等，都可圈可点。明代大作家罗贯中一生著作颇丰，其传世之作《三国演义》集中体现出他的博大精深之才、经天纬地之气。

1921年中国共产党成立后，为推翻旧中国、建立新中国而抛头颅、洒热血、勇于献身、鞠躬尽瘁的千百万勇士中，有不少人姓罗，譬如罗炳辉、罗世文、罗少伟、罗梓铭、罗焕荣等，他们个个都是惊天地、泣鬼神的英雄，他们的英勇事迹和闪闪发光的名字，永远镌刻在人民心中。

1949年新中国成立后，曾任共和国第一任最高人民检察院检察长、解放军总政治部主任的开国元帅罗荣桓，以及第一任公安部部长、国务院副总理、解放军总参谋长的大将罗瑞卿等，既是革命战争年代也是和平建设时期杰出的罗姓代表。

罗荣桓元帅从秋收起义、三湾改编、井冈山会师、抗日战争、解放战争及至新中国的党政军建设，一路走来都忠实执行毛主席的正确路线。1963年罗帅因病逝世，毛主席写诗悼念，诗中"君今不幸离人世，国有疑难可问谁？"充分反映罗帅在毛主席心中的重要地位。

再看看我母亲的涂姓。据介绍，涂姓最早起源于淮河中下游的涂水，开创了中国以水为姓的先例,也有史学家说,涂姓最早起源于安徽蚌埠的涂山,但都认为,涂姓也是在南迁过程中定居南昌豫章地区后,成为那里的名门望族,并从那里向其他地区发展。

在东晋初年,一个名叫涂钦(公元246—337年)的人,因功受封,被封为南昌豫章的新吴侯,而且公认他是"江南涂氏一世祖"。据当地的《涂氏宗谱》记载,涂钦的曾祖父为汉代的谏议大夫涂恽,其父涂朝玉曾任济南府尹,即济南太守。

史学家认为,涂姓曾长时期兴盛于江西南昌,但南宋末年在江西被元军围剿,遭到灭顶之灾,此后归于沉寂。四川的涂姓,主要是明初商人涂均章和清初商人涂应展,由江西入蜀后而发展起来的。目前全国涂姓人口有120多万,在新版《百家姓》中排第133位。

涂姓最有名的历史人物,是大禹的妻子涂山氏皇后。在春秋战国时期编纂的《山海经》中,把貌美、聪明、伶俐的涂山氏皇后描写成九尾狐,即长了九个尾巴的狐狸,每个尾巴都有不同的法力。先秦之前的九尾狐,常与王母娘娘一同出现,非常善良,受人爱戴。

更有意思的是,我父亲有两个姓名,既叫罗治盛,又叫涂永强,几个兄弟姊妹有的姓罗有的姓涂,这又是怎么回事?这是因为,我父亲被过继给我母亲的二爸涂宗政,从罗家迁到涂家后就有了一个涂氏姓名,与我母亲涂永芳同姓同辈,到涂家以后生的弟妹也就得姓涂,取涂氏姓名,但最小的弟弟、妹妹为了与我一致,后来都自行改姓罗。

我能记忆起来的最早的事,是父亲把我装进一个箩筐,另一个箩筐不知装了些什么,用一根扁担挑到傅家梁时,让我坐在茅草地上,他返回一段路去挑另一担,而后再把我挑到一个新的地方——涂家湾。那是哪年哪月,有些什么具体情况,父母讲过一些,但我未曾详细问过,更未用文字记下来。

1999年春节期间，我问新中国成立后当过副乡长的老人涂发林，他说，那是1944年腊月，我父亲过继给我外公涂宗道的二哥涂宗政。我父亲由罗姓正式改为涂姓的具体日子，是那年的腊月二十六，当时涂姓许多人都参加，他也在场。我父亲给涂爷爷跪地叩头，涂爷爷说了四句话："腊月二十六（四川方言把六读lù），罗字来改涂，荣华富贵有，子孙享大福。"

涂发林还说，我父亲，当然也有我母亲，在给涂爷爷叩头之后，上山到涂家祖宗的坟前烧香，接着回堂屋，给涂家所有长辈三跪九拜。在这个时候，涂家爷爷宣布，我父亲从此改名叫涂永强。

按当时的传统，罗家人按罗氏辈分称呼我父亲，涂家人按涂氏辈分称呼我父亲，涂氏长辈既视我父亲为儿子，又视为女婿。许多老人，包括我外婆，他们都按当时社会上的习惯，称呼我父亲为"罗相公"。

人生第一任老师——父母

我父亲读过几天书，能背几句《百家姓》，记个什么小账，也仅此而已。他除了自己埋头干活，除了催促孩子们做这做那，通常很少说话。但问他什么、求他什么，他也会滔滔不绝。

记得我放牛时，曾经在尖山子半山腰一个很深的水坑里看到有鱼，我问父亲，是谁放的鱼？父亲说，那是雾天人看不见的时候，从河里飞上山的鱼。到城里上学后，我问老师，老师说，是鸟儿在河里吃了鱼子，飞到山上在水坑拉屎，鱼子孵化出来的鱼。

又如我问过父亲，天没有下雨，为什么河里涨水？父亲说，那是龙王过路，龙王到哪里，哪里就要涨水。我问老师，老师说，那是因为别的地方下雨，比如河的上游下雨，只要下了大雨甚至暴雨，水往下流，下游必然涨水。

我还问过父亲，河里涨了大水，有的地方波浪很大，有的地方没有波浪，为什么？父亲说，波浪大是河里的鳌鱼在翻身，鳌鱼一翻身就起波浪。老师说，是因为河底不平，遇到大石头或者其他障碍物，水就翻起波浪。

母亲只字不识，但她会讲圣寓（童话），她说，是她父亲（外公）讲过的。只要晚上风清月明，我们几弟兄吃了晚饭后，就会围着磨盘转圈，相互追打、奔跑，如果母亲没事了，她会要我们坐下，给我们讲点什么。

她曾经讲"不要贪心"，说有一天早晨两兄弟上山砍柴，发现一堆金子，老大装几块到背篼里，背上就往家里跑。老二总想多装再多装，结果他背不动、走不动，太阳出来后把他晒死了。老大过上了好日子，老二太贪心，连命都没有了。

又如她曾经讲"不要太爱面子"，说有个"傻女婿"要去女方的娘家吃酒，总想穿得体面些，但不管穿什么他都不满意。快到丈母娘家时，他干脆把衣服都脱了，说这多光鲜啊，他老婆把他一把推到地窖里躲着。几个小孩不知道地窖里有人，对着地窖撒尿，他大叫说他不喝酒。人们只好把他拉出地窖，太要面子的人反而把脸丢尽。

还有一次她讲"人是怎么来的"，说有一年天下涨洪水，人都淹死了，只有爬到树上去的两兄妹活着，这两兄妹自成一家，生了一个小孩，把这个小孩切成肉丁，撒到地里后，第二天就冒出很多人。母亲指着我们说，谁不听话就把谁切成肉丁撒到地里去。

2016年7月5日晚上，中央电视台CCTV-4的《国宝档案》节目介绍，传说山西的人祖山是人文始祖伏羲、女娲的发祥地，那儿有娲皇宫。伏羲、女娲为兄妹二人，有一次洪水泛滥，万物被淹，兄妹二人爬到最高处，对

第三章　姓氏溯源　枝繁叶茂

天发誓成婚，由此繁衍人类。

在欧洲，则有亚当、夏娃之说。相传叫耶和华的上帝创造出世界的第八天，男人就出现了，他叫亚当。亚当感到很孤独，于是上帝从他身上取下一根肋骨，造出了夏娃。亚当和夏娃居住在美妙无比的伊甸园，但他们偷吃禁果，上帝罚他们只能耕种土地，人类社会由此产生。

这两种说法，与近些年有关"生命起源于爆炸性的突变"之说，是一样的。但日本东京大学天体物理学家户谷友通过分子微观推演，认为生命以这种方式起源的可能性不大。他依然坚持达尔文的"进化论"，认为生命是由核糖核酸（RNA）的不断复制和储存而来。而且他认为，要在地球之外再找到有生命的星球，也不大可能。

显然，我母亲讲的"人是怎么来的"，就是民间早就有的神话传说，而且这些传说大同小异，早就弥漫人间。这也说明，人类的心灵自古以来都是相通的，没有克服不了的障碍。

家庭被认为是孩子的一面旗帜，是人生的第一课堂，父母是人生的第一任老师，是孩子的一面镜子。父母的引导、开导、启发，对孩子的成长最为重要。古今中外，父母的言谈举止，对子女都有直接的、潜移默化的影响。

人们常说，父亲是山，母亲是水，风雨来了找父亲、渴了饿了找母亲，父母在哪里，哪里就是家，哪里就乡愁绵绵、情思悠悠。在我的记忆中，我的父亲和母亲有一个最大的共同点，那就是都很勤劳、善良，总是奔波忙碌，从不停歇。

过去常有人问，为什么我们兄弟姊妹的姓氏不同，我总是告诉他们，是因为我父亲从罗家过继到涂家。为什么过继？这有两个原因：一是国民党规定每家只能留一个儿子传宗接代，其他儿子只要已经成年，都必须当兵打仗，我父亲家是三兄弟，分散开有利于躲避抓壮丁；二是罗家人多地少，且三兄弟都有了两三个子女，生存问题很严重。

涂家方面最反对我父亲过继的人，是涂家老三涂宗印，我们叫他三爷。他为什么反对？据说，主要原因是他有两个儿子，他想直接过继一个给二爷，但他两个儿子都还小，无法赡养老人，二爷俩老不同意。

涂宗印反对得还特别起劲，他在我们到涂家后，经常在我们出门的台阶堆放荆棘，对着我父亲泼大粪；有一天早晨进屋把我从床上抓起来扔到地上，骂我是"野种"；想方设法把他的宅基地延伸到我们的堂屋前，还用石块砌起一道边界。

我父母从来都有一颗善良的心，不计前嫌，乐于助人，口碑很好。有几件往事，让我久久不能遗忘。我们不忘过去，是为了更好珍惜现在，思考未来。

第一，遇事看远点。土改期间，工作队要求大家有苦诉苦，有冤申冤，我父母请涂发林花两三天时间写好了揭发涂宗印的诉状，但又没有交给土改工作队。据涂发林说，一是涂宗印的个性很强，又很自私，得罪过不少人，我父母担心他经受不了很激烈的批斗会，还担心给他两个儿子留下阴影，更不利于邻里之间的相处。

第二，有求必应。我父亲很会做饭，可以一次承担三四十人的席桌，拿出十几道菜，只要有人求他帮忙，他总是尽可能答应。谁家的锅灶出问题，只要他知道了，也总是立即去帮忙解决。而且，他从来都是义务帮忙，不收取任何回报，最多带一两碗剩饭剩菜回家。

第三，办事合情合理。我父亲曾经对我说过，解放前他去过绵阳，帮人打官司，但具体情况我不曾问过。2017年3月8日为仇嫂送葬那天，我问及一位颇有风度的老者罗定银，他说这就是解放前两年他家的事，他是

第三章 姓氏溯源 枝繁叶茂

上门女婿，他老婆罗定香的父母有女无儿，父亲罗国炳娶了第二个老婆，去世后两个老婆争夺房地产。

大老婆要多分，二老婆要平分，县法院不知道该如何判决，上报给绵阳州法院。我父亲认为，大老婆无儿但有女，二老婆未生一男半女，主张一分为三，大老婆分三分之二，二老婆分三分之一，绵阳州法院认为这比较合情合理，并据此作了最后判决。

第四，有宽容心。我母亲个子不高，又是小脚，小时缠脚形成"三寸金莲"，除每天为一家人做三顿饭，还下地做活，秋冬还上山割草砍柴。有一年她砍的柴草晒干后，围着门前一棵杏子树堆起一个很大的柴堆。可是有一天晚上突然着火，火势很猛，一烧而光，杏子树也被完全烧死。

原来，是幺姑婆的儿子涂志贵晚上去涂家上湾，路过我家，要扯几把茅草烧火照明，因为有风，一下点燃了整个柴堆。我母亲几次大哭，涂志贵背来两捆青柴，就算作了赔偿。我母亲知道他赔偿不了，而且他妈是我妈的幺姑，算是亲戚，也就此作罢。

第五，急人之急。1960年春夏的一天，我母亲专门到县城南街上的公社卫生所，找家住黄家坝的黄医生速去涂家湾，给涂永成的家人张义珍看病。母亲后来说，张义珍急着请她帮忙叫医生，因为张的下身突然变得像男人的下身一样，很疼，不敢动，黄医生说，是因为缺乏营养、儿肠（子宫）脱落。黄医生立即下乡，告诉其他女性如何帮忙把脱落出来的子宫给她塞回去，并开几付中药，救了张义珍。

第六，以德报怨。1962年暑假我回家，父亲说他养了几只鸡，有一只母鸡每天生一个蛋，有一天这只母鸡突然不见了。他估计有人偷鸡，到每家去找，发现李世兴家的锅灶里在炖鸡，躺在床上的李说他病得很厉害，浑身没力，很想吃点肉，其他鸡抓不着，就抓了趴在窝里生蛋的鸡。我父亲说，既然这样，那你就好好养病，以后需要什么先说一声。此后，他们还成了更好的朋友。

童年最美好

在我的童年，从懂事时起，就放牛、拾粪、捡柴，也跟着父母浇地、间苗、除草、插秧，以及参加割麦、掰玉米、刨花生、挖红薯、打谷子等收获时的事，积极性有时高，有时不高。对我来说，积极性最高的，一是上山放牛，二是下田插秧，三是爬树摸鸟蛋。

我放的牛，一直都是从罗家带到涂家的一头小公牛。我和这头小公牛一起长大，相互为伴。到山上放牛，可与其他放牛娃譬如与罗治树家的两个儿子一起玩。闹矛盾时，我可以让我的小公牛去攻击对我不友好的人的牛，只要我抓着小公牛的一只角，小公牛就会朝着我搬动的方向冲过去。

这头公牛是黄色的，毛色好，体型好，长得很健壮，对我们家的贡献很大，耕田、耙地、推磨、碾米，全都靠它，有时还要把它赶到罗家湾去干活。此外，还预约配种，配一次种挣一斗粮。正月初五牛日那天，我父母都会煮一大盆青菜，还放点猪油和盐，让它也过个年。

"动物也是有感情的"，这话一点不假。有一年夏天，一个月色朦胧的晚上，我牵着我的牛从田间小路回家，我没有看见小路被水冲了一个缺口，一下前扑摔倒。牛拉犁一整天已经很累，但它立刻纵身一跳，从我身上跳过去，还马上回头舔舔我，看看我怎么样。如果它不纵身跳过，我就有可能被它踩死，至少踩伤。我进城读书后，要隔一个星期才能见，它总会望望我，有时还"哞哞"叫几声。

我之所以更喜欢跟父亲到田里做活，因为可以顺便在水里摸鱼，稻子

第三章 姓氏溯源 枝繁叶茂

长起来后还有可能捡到秧鸡蛋,即鹌鹑蛋。给稻田放水、排水时,那水声和蛙声、鸟叫声、蝉鸣声、虫声响成一片,很好听。稻子快熟时,父亲还要我竖起几个假人,吓唬鸟儿。

"手把青秧插满田,低头便见水中天,心地清净方为道,退步原来是向前",这当然是我后来读到的诗,但一想到我也曾经在水田里做活,该是多么形象、多么富有哲理的诗啊。在人的一生中,的确应该有进有退,进是必然的,有时退一步,也会海阔天空。

爬树很有意思,这是在山沟里生活的需要,譬如需要爬树砍树枝作柴火,爬树摸鸟蛋,爬树摘果子。特别是看到山崖边有好树枝、有鸟窝、有果子,而又很想弄到手时,就必须会爬树,而且要爬得很快。爬树并不是简单的事,需要看准树形,判断是否有危险,心理要平衡,要手脚并用,很锻炼人。

涂家湾是一个三面环山、一面可以通小车的山沟,实际上站在家门口看,四面都是山,可以通小车的南面,还要走十多分钟,才能离开两个山包看到潼江,视线才变得开阔一些。在这样的山沟生活,当然有好有坏,好的是空气新鲜,坏的是交通不便,不管需要什么,都要走十六七里路才能进城。

生活在这样一个山沟里的少年,怕什么,又不怕什么?

涂家爷爷和婆婆短时间内先后去世,父母里外都很忙,要我每天给老人的灵柩点"水灯",而且晚上要睡在放灵柩的厅房。所说"水灯",就是在灵柩前放一个高凳子,在凳子上放一大碗水,在装满水的大碗中放一个有桐油的小碗,小碗可以在大碗里的水上漂动,把有油的小碗里的灯芯点燃,这就叫"水灯"。

父母要我做的事实际上就一点,就是在有人来与老人告别时,要我赶快点燃灯芯，晚上则要通夜点着，不能黑灯。到第七天的那天夜里，说老人要回来看一次，在门槛内外都筛点灰，就可以看到老人的脚印。这事我都做了，但并没有看到老人留下什么脚印。

上学后，每天早中晚都要路过傅家湾的一个坟场，尤其进城读书，涂家湾就我一人，星期六下午放学后回家，走到那个坟场时都很晚了，碰到进城赶场的大人时，都说我胆子很大，不怕鬼。实际上我心里也打颤，但我知道没有别的选择，只好一路吹口哨，自我壮胆。

我真正害怕的是狗，更害怕老虎，因为发生过两件事。一件事是，我刚上学不久，回家路过村长涂明山的家门口时，左腿被他家的狗咬走一块肉。父亲用香灰给我清洗、消毒，用粘有香灰的布包扎起来，每天仍去上学，好在没有发炎发肿，但至今还有一个直径4厘米大的圆圆的伤疤。

2016年6月9日（农历五月初五），纪念我父母100周年诞辰时，我对老村长涂明山的女儿涂万秀（与我同龄）谈及，并给她看我被她家狗咬了留下的一个大伤疤，她说也有可能不是她家狗咬的，我们都开心地笑了起来。

正是因为那次被狗咬，父亲要我不走那家门口，改走河沟边，但河沟边蛇多。他要我看到狗来时不要跑，越跑狗越追，要打狗，并给我弄好一根棒。父亲说"打狗就得有打狗棒"，这句话给我印象很深，是的，要自卫就得有自卫的武器。但不能把棍棒带到学校去，只要走过村长的家门口，我就在路边找个地方把棍棒藏起来，长时间使用，还真的安全多了。

另一件事是，邻居李世兴突然精神错乱，要我父亲帮忙请端公（巫师）调神。据他父亲说，他去兴隆赶场，晚上回来走到李家扁半山时，老虎出来了，他赶快往河里滚，没有被老虎吃掉，但老虎把他的魂吓掉了，全身发抖，白天晚上都说胡话，要端公把他的魂请回来。

第三章　姓氏溯源　枝繁叶茂

从科学上讲，人在突然受到惊吓时，很容易被吓得精神失常，有的还会被吓死。因为，在受到歹徒或者野兽入侵时，甚至眼前出现根本就不存在的"幽灵"、"妖怪"时，身体会立即分泌出必要的肾上腺素，来马上决定是与之战斗还是逃跑，这时心跳加快、血压升高、瞳孔放大，神经过度紧张而失常，或因心脏剧烈跳动和剧烈收缩而死。

端公怎么调神？我和其他几个孩子去看过几次，李世兴睡着，端公坐在桌子旁，头上搭块红布，手敲木鱼，嘴里嘟嘟不断说什么。一个多月时间，每隔七天杀一只公鸡，端公手提流血的鸡，在屋里转大圈转小圈，转来转去，边转边喊"快回来，快回来！"

此后，我们在后山坡放牛时，也学端公调神，拿根木棒棒敲瓦片，在坟堆之间转来转去，喊"快回来，快回来"，有时我们还相约都带点什么吃的，在调神之后一起庆祝。我也很害怕自己哪一天遇到老虎，所以进城读书后，晚上回家时总不走老坟林、青杠林那条山路。

山沟也风流

在许多人看来，似乎只有城里人风流，乡下人特别是山沟里的人，一定都老实巴交。实际上，人的本性和追求，没有实质区别。

这里说的"风流"二字，主要是指舒坦、惬意、自得其乐的意思，没有贬义。奥地利的经典歌剧《风流寡妇》，德文原文直译是《快乐的寡妇》（*Die Lustige Witwe*），把"快乐"译成"风流"，似乎也是该剧在中国长期走红的原因之一。

在我的印象中，梓潼人的吃穿用和婚丧嫁娶等，并不复杂烦琐，但很有特色。回忆童年和青少年时期，回忆在家乡特别是在山沟里的往事，以

潼江弯弯流远方——一个农家子弟的家国情怀

1999年2月,作者在涂家湾老屋前与罗国武、张秀英、罗彬、罗政、曹华、涂万秀合影

第三章　姓氏溯源　枝繁叶茂

1999年2月,作者与涂家湾老人(从左二至右一)涂发林、李世兴、涂发顺、涂发明合影

2019年10月20日,作者陪孃孃(母亲的妹妹)涂全珍登北京八达岭长城,藏族游客为孃孃按摩肩背

第三章 姓氏溯源 枝繁叶茂

2019年10月21日，作者陪同嬢嬢及其儿子儿媳登天安门城楼

2014年3月9日,作者和叶沙沙陪同老家村党支部书记张君慧和女儿(右一)游览北京颐和园

第三章 姓氏溯源 枝繁叶茂

2010年11月17日,作者回老家涂家湾,看望从1958年到1982年一直担任生产队长的李世兴。同年年底李老不幸病逝,享年83岁

潼江弯弯流远方——一个农家子弟的家国情怀

2020年11月15日,作者为核实不太有把握的有关历史和地理信息,专程回涂家湾探访健在的老人,并实地查看

第三章 姓氏溯源 枝繁叶茂

及今天的所见所闻，用今天流行的话说就是"乡愁"，可是为什么说是"乡愁"？这是"乡情"，情思绵绵，回味无穷。

第一，红薯青菜，也很满足。由于是山区，以前白米白面并不多，红薯和青菜占很大部分，许多老人几乎都是吃红薯长大的，可是个个都很开心，并不觉得有什么苦。随着经济和社会的发展，食物品种已大大丰富，但基本特色仍然"很梓潼"，几大传统食品，譬如片粉、馓碗、酥饼，始终为人所爱。

第二，婚丧嫁娶，别有特色。记得在涂家的爷爷、婆婆去世时，我父亲必须头包拖到背后的白布，尽快去给长辈、同辈、邻居、亲戚"说孝"，即亲口告诉大家，老人"走了"。下葬那天，要请人吹唢呐，家里的大人、小孩都要披麻戴孝，跪到门口迎客。

丧葬仪式一开始，女性家人必须哭，如果有几个人，还要一起哭，哭的时间越长、声音越大，越说明对老人很孝顺。这一点在大爹罗治全、大妈贾氏去世时，给我的印象最深。记得当时我不懂，还问魏家坝大姐和潘家沟二姐为什么哭，旁人瞪我几眼，我才走开。

就嫁娶来说，那时嫁女叫给女儿"过事务"，要有一个童男、一个童女押轿，童男由男方定，童女由女方定。1950年16岁的罗国禄哥，娶刚19岁的赵英凤嫂时，我当押轿娃。一早跟着男方迎亲的人去赵家，在赵家吃午饭，花轿由四人抬，上路时童男站花轿左边，童女站右边，路上童男童女要一只手一直摸着花轿走。

到了罗家进新房并坐好后，媒人（罗国永的母亲）悄悄叫作为童男的我，去揭开新娘的头盖布。我刚一揭，新娘赵嫂就踢出一脚，把我踢倒在地，她一看是我，不是有人作怪，马上把我从地上拉起来。第二天很早，她就开始扫地、做饭，这是当时新娘必须这样表现的习俗。赵嫂一生都很勤劳，做事很泼辣，嘴不饶人。

我们和罗家湾的兄嫂历来亲如一家。大爹大妈去世早，两个儿子都很年轻，头一两年我父亲都常去具体指导他们如何耕种与收获。我从进城读书时起，只要路过罗家湾，他们总很热情、亲切。

罗国禄哥晚年患一种罕见的麻风病，2001年农历二月初八去世，享年65岁，当时我在德国。2016年农历七月十五赵嫂去世，享年85岁，但我事后才知道，未能回去送她最后一程。

至于二哥二嫂，1998年农历腊月三十我回到梓潼时，听说二哥罗国寿腊月二十八去世，享年60岁，我回去参加了给他的送葬。2017年3月4日下午5点我从绵阳刚回北京，第二天3月5日（农历二月初八）下午3点50分，侄儿罗定金来电话，说他妈（二嫂仇秀珍）早晨在门口摔倒休克，抢救无效，中午12点过几分过世，估计是脑出血，享年80岁。

正好我没有其他事，又马上买机票，3月6日晚上再飞绵阳，次日再回梓潼，参加3月8日仇嫂的葬礼。几天前的2月26日，她还参加我们在县城"家家乐"餐厅的聚餐，一切都很好。这两个嫂子都比两个兄长多活20岁。

让女儿与上门女婿成婚，在梓潼叫给女儿"梳头"，即从待客的那天起，就要把女儿的头发盘起来，梳成一个发结，不再留辫子。父亲曾经带我和姐姐，去参加过罗国炳的女儿罗定香的"梳头"，但直到2017年我才知道，那位招上门女婿的名字叫罗定银，也才知道罗定香已在1979年患癌去世。

第三，过年过节，分外热闹。乡下人只要有点吃穿用，就很快乐，特别是解放后，一到过年过节，那欢快、喜乐的气氛和场景，是我离开梓潼后再也没有见到过的。以涂家湾为例，过年时村里有彩船队到每家去拜年，美女坐彩船，美男边唱"娘子啊娘子"边划船，两三对男女跳秧歌舞，有人走高跷,有人打竹板说戏。彩船队到了哪家,哪家也会简单招待一下,一起欢乐。记得有一次我父母准备了一锅醪糟汤圆,十几个人每人都吃一碗,很是热闹。

我最好奇的是彩船队里有人走高跷。父亲给我做了一对一两尺高的高跷板,用麻绳捆在膝盖以下的两腿外则,顺着墙边练,很快就练得很好,好像自己一下长高了很多,可以做矮个子做不了的事。我走高跷的技术,一度到了可以连续爬坡下坎的水平,父母和邻里都很吃惊,父母担心我不慎摔跤受伤,悄悄没收了我的高跷板。

给我印象很深的还有两个节日,那就是端午节和腊八节。农历五月初五端午节那天,要吃糯米粽子,喝雄黄酒,母亲总是包一两蒸笼粽子。农历腊月初八吃很甜的八宝饭,父亲按习俗,这一天要给属于自家的果树"喂"点腊八粥,就是割开一点树皮,涂些腊八粥进去,期望多结果子。

第四,相互调侃,其乐融融。走农村合作化道路后,星期天和假期我都会参加一些集体劳动,比如参加少则几人多则十几人一起的除草、间苗或打土块的劳动。在这种时候,可以听到大家都说些什么、吹些什么,相互调侃些什么,有的你追我打,而有的以比赛干活多少论输赢,这是让生产队长最高兴的比赛。

随着时代的变迁,随着经济社会的发展,人们的思想观念和生活习惯也会随之发生一些变化。我曾问乡亲们,现在的习俗如何,他们认为,一些根深蒂固的风俗习惯,有可能淡薄一些,但不可能完全改变,这是千百年来的传统,人们不会舍本逐末。

母亲走了

母亲曾经对我说，我出生的月、日和时辰与她完全相同，都是冬月十九亥时（晚上9点到11点）。她说，母子之间如果出现这种情况，那就"相克"，也就是说，会有一个早死。我当时虽然很小，但马上对母亲说，这不对，不会的。

1960年入冬后，母亲一直生病，主要是高烧不退。父亲把她送到过黄家梁的仇家扁找医生，吃中药，住在那里的一个熟人家，用谷草做垫子睡地上，没过几天转到城里南街上的公社卫生所，也是谷草地铺。无论在哪里，我都常从学校去看母亲。

母亲住在南街卫生所后，城关二小的校长在长卿山脚下参加修水渠时，因涵洞塌方受重伤，需要大量输血，医院到中学征集学生自愿献血，检测血型后我是A型血，符合要求。医院给献了血的几个学生每人半斤猪油、一把盐，一个星期内的每天中午，还可以到学生食堂的厨师那里多领一小罐米饭。领到第一罐增加的米饭后，我就拿着米饭和猪油一起赶快给母亲送去，每天都这样。过了两三天，母亲说她好些了。

突然有一天下午，我正在上课，一个老师把我叫出去，说我父亲在校门口等我。我到校门口，父亲说"你妈走了"，我问"回家去了？"父亲说"不是，她老了"。我撒腿跑到南街卫生所去，母亲已经被裹在一个草席子里。我找医生，大声问"这是怎么回事？"但找不到医生。父亲说，黄医生来看她，给她身上打了一点药，说很快就会退烧，但她见了医生一面，就自己走了。我当时不懂为什么，过了好几年才知道，肯定是打青霉素没做皮试。

第三章 姓氏溯源 枝繁叶茂

父亲马上找熟人帮忙，把裹在草席子里的母亲抬回家，我赶快回学校找班主任老师请假。回到家里，几个弟妹一看母亲走了，都叫唤着大哭起来。父亲也手足无措，事先没做过任何准备，他把裹在草席子里的母亲，架到门前几十米外一棵斜长着的桑树上。第二天，涂永成舅舅以我母亲娘家人的身份，向我父亲提出强烈抗议。我父亲只好把母亲从桑树上取下来，放到母亲原来住的房间，把门锁起来。

那时，正是三年困难时期，我姐姐罗国香已去川西马尔康林场，姐夫徐德胜在那里当伐木工，我和弟弟妹妹都还小，只能靠两个堂兄罗国禄和罗国寿跑腿。在各方协助下，我父亲买了一口棺材，买布做一身寿衣，简简单单地下葬了母亲。

此后，我每到星期天回家，感到家里冷清了很多，父亲要下地做活，还要做三顿饭，既当爹又当妈，一下变得弓腰驼背，更加消瘦。弟妹们个个蓬头垢面，头上长满虱子，他们都用双手狠狠地抓头。而我，面临高中毕业考试，也要准备高考。

后来我才知道，那时的退烧药青霉素在中国上市不久，打青霉素之前必须做皮试，如果针眼处不发红发肿才能用青霉素。显然，黄医生没有事先给我母亲做皮试，错用青霉素。

门前老树发新芽

我父母由罗家迁到涂家后，并不比在罗家轻松，唯一的好处是成了涂家爷唯一的儿子，可避免抓壮丁。到涂家后，土地虽然有好几亩，但绝大部分是山坡地，非常贫瘠，每年的收成总是糊不了一家人的口，尤其到青黄不接时，经常有上顿没下顿。

就住房来说，涂家爷只有三间不大的旧房，老两口一间，我父母一间，中间的厅房放东西。两边各有一间小配房，已经去世的涂家舅舅涂永连的二老婆也姓罗，罗家大湾人，住左配房，大约一年后与在涂家湾打临工的姓黄的人结合，回罗家大湾娘家去了，临走时完全拆了小屋子，带走了每一片瓦、每一块木头。

老房子门前的左边，有一棵弓腰驼背的老桑树和一棵长得挺拔的杏子树。但这棵杏子树的周边因为堆放柴草，被涂志贵在一天晚上路过时失火完全烧了。屋后有竹林，有核桃树、皂葛树、菩提树，有一条羊肠小道可以牵着牛一直爬到后山顶上。山顶有两三棵老柏树，站在那里，可以把涂家湾的人和事一览无遗。

很快，看似平静的生活突然被打乱，那就是不久后两位老人相继去世，大约又过了一两年，左边的厨房、正房轰然倒塌，厅房半壁墙倾斜。全家人就只有右边一间屋，既是卧室又是厨房，晚上父亲都带着我去借住别人家。在这种情况下，不盖房已不可能，父亲很快从李子湾请来木工赵师傅及其徒弟黄世统，这个徒弟很胖，技术学得很好，常与我们几个小孩吹壳子（聊天逗乐），我们很喜欢他。

我不记得房子是怎么重建起来的，但记得挖地基、打土墙、搬木料，上过梁时，体力好一些的邻居都来帮忙，我也曾站到匣板上去夯土。房子建好后，可能是为了还债、还工、还人情，父母更加忙碌，种田种地、纺线织布、养蚕取丝、帮人榨油，没有任何时候空闲过。父母的纺车和织布机，直到20世纪90年代还存放在右屋门外的小木条阁楼上，大小各两把柏树条木椅至今保存完好。

母亲去世后，父亲的最大心愿就是养大几个孩子、保护好几间房子，让每个孩子都有所住。1978年1月17日和4月14日，我在驻瑞士使馆两次

第三章 姓氏溯源 枝繁叶茂

收到外侄徐庆按我父亲的口授写来的信，说老人病重。1980年11—12月父亲病危期间，徐庆又按老人的口授给我写信，依然是保护房子问题。这只能说明，建房时不知父母吃了多少苦，受了多少累，才如此刻骨铭心，终生难忘。

但是，随着社会的发展，以及在一定条件下人的思想的变化，房子没能保护好。大弟罗国武的儿子罗箫2006年要拆旧建新，这一年的8月和9月，我多次给罗箫去电话，希望尽可能保护旧房，考虑把旧房扩建成一个四合院。而且我告诉他，平房在农村更实用，进出方便，便于养殖和晾晒，如果一定要建楼房，可在旁边空地动工。但罗箫坚持不听，一是说农村已经时兴盖楼房，二是说老屋风水好，坚持要紧靠老屋建新楼。

我有一个女儿罗燕，中学时期曾被评为北京市三好生。在外交学院学习两年英语后又学德语，1995年4月去德国奥尔登堡大学攻读国民经济学，获硕士学位，2002年8月回国。罗燕的妈妈屈智淳，是我的川外同学，俄语专业，1965年分配到北京的国家对外文委宣传司，后为外交学院副教授，曾随我去德国波恩、汉堡，在驻德使领馆工作过一段时间。

我姐姐罗国香没有上过学，1954年春刚过17岁就出嫁到城郊西河坝徐家。姐夫病逝得早，姐姐养大三个儿子，大儿徐庆是中学英语、电脑老师，还是电器维修高手。妹妹罗彬曾是小学语文老师，她在梓潼两弹新城餐饮业工作的儿子王鹏及儿媳刘建蓉，近些年顺风顺水。我弟弟罗政学法律，曾在县检察院工作；侄儿罗定文毕业于重庆理工大学，所学专业为机械制造。

就罗家湾来说，在我的记忆中，我出生的屋门前有个小小的院坝，右边有一口水井，井边有一棵粗大的柏树。我母亲说，她就是在进城路过那里时，在那棵柏树下第一次与我父亲见面，她看到我父亲长得端正，也就

1992年2月5日（正月初二），作者同已进入外交学院英语系学习的女儿罗燕游览北京龙潭湖公园

第三章 姓氏溯源 枝繁叶茂

姐姐罗国香（右一）同爱人王大才（左一）、婆婆张俊华（前排左二）及三个儿子于1983年在西河坝家门口合影

103

潼江弯弯流远方——一个农家子弟的家国情怀

1991年7月，作者与妹妹、王国庆、王鹏、罗燕参观北京展览馆

第三章　姓氏溯源　枝繁叶茂

1999年7月，作者与弟弟和曹华游览北京天安门广场

潼江弯弯流远方——一个农家子弟的家国情怀

2010年7月,作者与侄儿罗定文在清华大学

第三章 姓氏溯源 枝繁叶茂

同意了。水井另一边的低洼处是个堰塘,大家在那里洗刷衣物家什,院坝边有一棵向堰塘严重倾斜但斜而不倒的柏树。

院坝左边有一两棵很高的脐橙树、一两块菜地,正前方三五十米远是一个长方形的茅草屋榨油坊。我父亲三弟兄秋冬时节,经常在那里为别人榨食用花生油,也榨照明用的桐油,换取几升几斗粮食。我小时候即便去了涂家,也常随父回罗家,看父亲怎么一声声地吼着"嗨——嗨——"榨油,也常为他做点什么小事。

过去的父辈给儿子取名,通常反映出的是传统文化思维,及其对孩儿们的传统期待,譬如我父亲给我们五兄弟取名"文、武、双、全、有",大爹罗治全给他的儿子及身边侄子取名"福、禄、寿、喜",与我父亲特别要好的堂叔罗治兴给儿子及身边侄子取名"孝、悌、忠、信、善",文化氛围很浓,寄望很高。

长江后浪推前浪,一浪更比一浪强。几十年过去了,现在罗家的后人到处生根发芽。侄儿罗定兴、罗定金也都有了儿孙,务农或者打工,个个风生水起。叔伯罗治兴的孙女罗丹定居北京,我们常有往来;罗丹的妹妹罗玲在德国汉莎航空公司工作,定居德国纽伦堡市,正常情况下常跑航班到京、沪等地,成为一个国际性人物。

在这里,真可谓"门前老树长新芽,院里枯木又开花,半生存了多少话,藏进了满头白发"。的确,我们已过花甲之年的人,有很多人很多事可以回忆。令人高兴的是,青山依旧在,前程更美好。

第四章
少年春秋　仰望星空

　　1949年12月梓潼解放，贫苦人家重见天日、获得新生，我们贫苦人家的子弟，从此得以幸福成长。1951年春梓潼开始土改后，我在村里开始上学，而后进城读书，1961年高中毕业。青少年时期我很喜欢放飞梦想、仰望星空，同时脚踏实地学习、锻炼，度过了一个写满诗歌的青春时代。

少年强则国家强

　　"少年强则国家强"这句话，是我后来才知道的一个命题，但父辈和学校老师从一开始就教育我们要有出息，让我至今记忆犹新。所谓"有出息"，就是要对国家、对人民有用。

　　戊戌变法失败后，国家和民族内忧外患、苦苦挣扎，这时梁启超写出一篇充满激情的散文，名为《少年中国说》，积极称颂少年朝气蓬勃，譬如他写道：

　　"故今日之责任，不在他人，而全在我少年。少年智则国智，少年富

第四章 少年春秋 仰望星空

则国富；少年强则国强，少年独立则国独立；少年自由则国自由，少年进步则国进步；少年胜于欧洲，则国胜于欧洲；少年雄于地球，则国雄于地球。"

在梁启超看来，少年自有少年狂，少年敢向天地试锋芒，敢将日月再丈量，热切希望出现一个"少年中国"，少年智则国家智，少年强则国家强，指出中国的前途要从培养娃娃开始。

使少年成才的关键是教育，首先是家庭教育，以及学校教育、社会教育。托尔斯泰有句名言，说"全部教育，或者说千分之九百九十九的教育，都归结在榜样上"，这个榜样可以是直接的、看得见的，也可以是间接的、看不见的。

教育首先是给人带来知识，带来书本知识和社会知识，让人养成自觉学习的习惯和能力，以及懂得如何自我塑造。由此也不难看出，教育的艺术在于如何善于传授知识，更在于如何唤醒、鼓励、激励人的学习积极性和实践积极性。让人发挥最大能力的方法，是赞扬和鼓励。

自古英雄出少年，20世纪的中国之所以"飞起玉龙三百万，搅得周天寒彻"，就是因为涌现出毛泽东、周恩来等爱国青年。著名诗人、作家萧三编述的《毛泽东同志的青少年时代》一书，曾经是我最喜欢读的书。

毛泽东17岁时，父亲毛顺生要他去经商，而他立志要去湘乡立新学堂继续求学，临行时给他父亲写诗说，"孩儿立志出乡关，学不成名誓不还"，明确表达了他忧国忧民、不创造一番事业决不还乡的志向。

青年毛泽东认真调查国情、民情，发现封建制度下的中国"地主重重压迫，农民个个同仇"。他有感于闽西工农武装割据的一片大好形势，填词曰，"洒向人间都是怨，一枕黄粱再现。红旗跃过汀江，直下龙岩上杭"。在长期艰难困苦的革命斗争中，毛泽东总是充满激情、斗志昂扬，"不到长城非好汉"，成了他矢志不移的目标。

1949年10月，中华人民共和国成立，在辽阔的中国大地上到处都可以看到，"山路上的少年一脸阳光，山路上的书声琅琅，山路上的书包装着未来，山路上的憧憬向着远方"。一个朝气蓬勃、积极进取的"少年中国"，从此在世界的东方出现。

鼓励青年、寄望青年，历来是党和国家最重视的事。1957年毛主席在莫斯科对中国留苏学生讲话时说："世界是你们的，也是我们的，但是归根结底是你们的。你们青年人朝气蓬勃，正在兴旺时期，好像早晨八、九点钟的太阳。希望寄托在你们身上。"

我记得40多年前有首歌，叫《年轻的朋友来相会》。歌词说："啊亲爱的朋友们，美好的春光属于谁，属于我，属于你，属于我们八十年代的新一辈，再过二十年我们重相会，伟大的祖国该有多么美。"这首歌唱遍大江南北，鼓舞许多人为之奋斗，而今，我们伟大的祖国的确变得更美了。

青年是一个社会群体，20世纪的中国青年志在报国、砥砺前行，无论花开花落，都无怨无悔。21世纪的中国青年，在中国特色社会主义新时代，同样有理想、有追求，意气风发、勇于担当，这样的中国必将青春永驻。

进城读书——城关一小

人最美好的年华，是青少年时代。在那个时代，知之不多，求知欲很旺。进了学校，尤其是进了一个有很多新鲜之处的学校，又会是另一种乐呵。这是人生回味无穷的一个阶段。

在村里读完初小后，我顺利考入县城里的城关一小（今文昌一小），读高小。从小山沟进城，至今一谈及，也总是乐滋滋的。村小只有一个老

第四章　少年春秋　仰望星空

师,天天在两个小山沟里转来转去,进城关一小等于进了一个大学堂,一切都发生了很大的变化。

历史悠久的文昌一小,起源于早在北宋时期就创立的潼江书院,清嘉庆四年(1799年)更名为文昌书院,并从县城南街迁至紧挨文昌宫的地方重建,清光绪三十一年(1905年)"废科举,兴学校",改制为县立小学,至今已有100多年的办学历史。

2015年5月,我应邀参加文昌一小建校110周年的庆祝活动,借此机会回顾了100多年来文昌一小的发展变化——由当初百多名师生发展到而今2600多名师生,成为誉满绵州蜀地的巴蜀名校。我自己能由一个农家子弟成长为一名外交人员,首先要感谢文昌一小对我的培养教育。

我同当年的谢树楷校长重逢,很是感慨。那时的一小包括幼儿园、初小、高小,校舍是梯院式结构,由下往上四层,每层都是一个院落,每个院落有教室,也有宿舍。住校生的吃住在上面第四层,可从北城门旁边的石阶爬上城墙。1953年9月我刚进校时,先是在一层左侧的房间上课,不久换到上面第四层,很惬意。

学问学问必须又学又问,喜欢学的人必然问题多,喜欢问的人必然思想活跃,必然有好奇心、有积极性。在庆祝文昌一小建校110周年的大会上,我讲到当年进一小后让我最感新鲜、印象最深的几件事。

第一,对马克思很好奇。在学校二层的大堂,挂了很多中国和各国共产党领袖们的肖像,尤其大胡子马克思、恩格斯让我很好奇。我回家告诉父亲说,有人的胡子比我的头发还多,他不相信,进城赶场时也到学校看。

此后,在我的人生途中,每到一个关键性的节点,都会自觉或不自觉地想到马克思。譬如上中学后有一段时间,每天中午都去书店看几页《马克思传》,高中毕业填高考志愿表时,想到也可以去学德语,并从此与德

1986年5月，作者和弟弟罗政（右一）看望在村里上初小时的老师杜正庭（右二）和师母周玉英

第四章 少年春秋 仰望星空

语、德国结下情缘，影响着我的整个人生旅途。

第二，争取老师表扬。那时一小的老师很重视鼓励学生，避免公开批评学生。还在一层的那个教室上算术课时，黄清云老师表扬我听课很专心，要我站起来一下，叫大家向我学习。那是我第一次在全班受表扬，第一次享受到同学们投来赞许的目光，此后只要别的同学受表扬，我都会想想自己哪儿不足，如何保持一个好的状态。

有一次，我晚上爬到学校一层院里的一棵樱桃树上摘樱桃，被查夜的老师发现，他轻声问我好不好吃，我说好吃，他叫我赶快去睡觉。第二天他看到我，我以为他要狠狠地批评我，正想躲开，没想到他摸摸我的头，笑了笑就走了，以后我再也不在学校爬树了。

第三，请老师写春联。1954年春节前放寒假的一天下午，走到校门口时我看到黄家培老师，他在那里摆个桌子凳子，为想带春联回家的学生写春联。我说我想要春联，他问我家里有几个门，我说有四个门，他看了看说纸不够，要我等他一会儿，他去买纸。

黄老师给我写了四副对联，并用草纸裹好后放到我的背篓里。回家后父母特别高兴，第二天父亲就打一大碗糨糊贴春联，还请邻居涂发明帮忙区分上下联。四个门都贴上大红春联后，全家人高兴极了，因为那是我们家第一次贴春联，特别喜庆。

过春节贴春联，是中国人千百年来的习俗。春节与中国二十四节气中的第一个节气——立春有关，意味着万物复苏、气象更新，无不寄予美好的愿望。历代文人墨客无不对春节十分关注，写下许多与春节有关的诗词，成为我们一笔宝贵的文化财富。

北宋宰相王安石的诗《元日》妇孺皆知，被誉为春节诗中的扛鼎之作。诗曰："爆竹声中一岁除，春风送暖入屠苏。千门万户曈曈日，总把新桃换旧符。"春节的快乐从诗句中畅快溢出，无论谁读了，都会被新年的热闹气氛所感染。如果联想到王安石变法，也寓有诗人希望政治上除旧布新的抱负与信念。

据目前能查到的资料，中国最早的一副春联产生于四川。公元964年，五代十国后蜀的末代皇帝孟昶一时兴起，写下中国历史上最早的第一副春联："新年纳余庆，佳节号长春。"这本来只是一副寓意美好的春联，没想到一语成谶，很快应验。

第二年（965年）宋灭蜀，孟昶被押往京城开封，宋太祖任命一个名叫吕余庆的人出任成都知府，正好应了上联说的"新年纳余庆"。下联"佳节号长春"更有意思，那时北宋有个节日叫"长春节"，即宋太祖赵匡胤的生日，等于孟昶是被押解到京城去给太祖祝寿。

时至今日，无论市民还是农家，无论是富豪还是贫民，都喜欢在除夕那天张贴春联，期待在新的一年万事如意。但有一点值得注意，那就是汉字春联一定是竖写竖排，上联一定在面对门的右边，下联一定在左边，横联也是面对门从右到左写，而不是相反。

第四，加入少先队。进一小后的第二个学期我加入少先队，不仅是新中国的儿童，而且成了少先队队歌说的"新少年的先锋"。又过了一学期，我被选为少先队中队长，左臂别上了有两道红杠的牌子。戴上鲜艳的红领巾格外高兴，即便星期天在农村参加劳动，我也总是戴着红领巾，舍不得摘下。晚上脱衣睡觉时，总把红领巾叠好放好，生怕弄脏弄皱。

1949年10月新中国成立后，随即建立全国统一的"中国少年儿童队"，1953年6月改称"中国少年先锋队"，并确定了"少先队队歌"。这首队歌的来头很大，它由当时政务院（后称"国务院"）副总理兼国家文教委主任郭沫若作词，中央音乐学院第一任院长、音乐家马思聪作曲。直到1978

第四章　少年春秋　仰望星空

年，共青团十大决定把故事片《英雄小八路》的主题歌作为少先队队歌。

教音乐的卿山德老师教我们唱这首队歌。每次过队日活动时，我们中队的所有红领巾队员都很准时，个个兴高采烈。这首队歌伴随我们走过了那段岁月，我们这些老少先队员，正是唱着这首歌长大的，至今刻骨铭心。歌词是：

>我们新中国的儿童，
>我们新少年的先锋，
>团结起来，继承我们的父兄，
>不怕困难，不怕担子重，
>为了新中国的建设而奋斗，
>学习伟大的领袖毛泽东！

>毛泽东，新中国的太阳，
>开辟了新中国的方向，
>黑暗势力已从全中国扫荡，
>红旗招展，前途无限量，
>为了新中国的建设而奋斗，
>勇敢前进前进，跟着共产党！

第五，领唱《三杯美酒》。1954年为庆祝新中国成立五周年，卿山德老师从高小三个班挑选二三十个学生唱歌，她教唱了几首歌，最后选定《三杯美酒》这首歌，计划国庆节那天给老师们演唱。

头杯酒献给领袖毛主席，二杯酒献给亲人解放军，三杯酒献给各族兄弟们。献每一杯酒时,都要有一个人领唱头两句,并上前一步做右手高高举起酒杯的动作,然后齐唱后四句。卿老师要我领唱头杯酒,当然我很高兴,机会可难得啊。那歌词我始终都没有忘记:

> 头杯酒,高举起,
> 献给领袖毛主席;
> 毛主席啊毛主席,
> 领导人民翻身起;
> 大山大海挡不住,
> 我们永远热爱你!

桂花飘香——梓潼中学

1955年9月我考入梓潼中学,入校后没过两天,少先队总辅导员安果全老师,叫了几个学生到他那儿去,其中有我,指定我们负责少先队大队,因为大家都不熟,无法选举。我被指定为大队委,换了一条新的红领巾,左臂上表明是少先队干部的白底红杠牌子,也由在城关一小时的两道红杠换成三道红杠。

开学典礼在学校桂花园举行。那是一个不大的院子,进院子后直接往前走,是一块菜园地;左边是几个老师的单间宿舍,薛昭繁校长和校团委书记刘以澄老师夫妇住那里的一号房间;右边石阶上的正前方,是一个旧式木质结构的大屋子,那是校图书馆和阅览室;在石阶中间的左边,有一棵茁壮的、略微向院内倾斜的桂花树。

谢汉杰副校长在开学典礼上讲话,他毕业于南京金陵大学中文系,很有文采。他说，这里是桂花园，有这么一棵大大的桂花树，在桂花飘香的九月，新老同学们齐聚这里，开始新的学习，希望每个同学都取得很好的学习成绩，年年都取得好成绩，就像这棵桂花树一样，每年都开满桂花，都飘散着扑鼻的清香。

那棵茁壮的、略微有点倾斜的桂花树，以及谢校长把对我们的希望，与年年飘香的桂花联系起来，给我留下既形象又深刻的记忆。无论此后到什么年龄，到什么地方，只要忆及梓潼中学，就会忆及那棵桂花树，也会忆及我经常在晚自习之后，别人都去睡觉了，我一个人还点着一盏小小的油灯，在教室里或者趴在床铺上写作。

从进梓潼中学活蹦乱跳的那天起到如今，九月飘清香的桂花，始终是我的至爱。我爱闻桂花香，爱喝桂花酒，更爱学习，总希望自己能给国家、给他人增添一点香气，用今天的话说，就是为国家的发展增添一点正能量，至少要为维护正能量发挥一点作用。

梓潼中学创建于1931年，时名"梓潼初级中学"，1949年改名"梓潼县立中学"，1958年定名为"梓潼中学"，同年开设高中部，并招收三个班。梓潼中学一直是梓潼名校，有丰厚的文化底蕴，有优异的办学业绩，2000年被定为省重点中学。2008年5月汶川大地震中，校舍受损严重，澳门特别行政区为其捐资重建。现在的梓潼中学环境优美，设施齐全，现代化程度很高。

中学是人生求学旅途中的一个重要阶段，人生观、世界观以及未来的大体走向，都在中学阶段基本形成。在梓潼中学的六年经历，校领导和老师的谆谆教导，无时无刻不启迪和影响着我的整个人生。每当我回忆起我的过往，或思考子女们应当学好什么、追求什么时，我都会情不自禁、充满感激地想到我在梓潼中学的那些年月。

在初中阶段，我读过不少有名的课外书，譬如《毛泽东同志的青少年

潼江弯弯流远方——一个农家子弟的家国情怀

1955年10月，梓潼中学少先队辅导员与少先队大队委合影（前排右一为作者）

1956年10月，梓潼中学初中五八届一班同学和老师合影（第四排右四为作者）

第四章 少年春秋 仰望星空

1957年2月，梓潼中学初中五八届一班团员和班干部与班主任蒋起钊老师（右二）和张潜老师（右四）在东操场合影，左四为作者

119

潼江弯弯流远方——一个农家子弟的家国情怀

2011年10月,作者与中学老师合影,从左至右:张旨耕、安果全、罗国文、谢汉杰(原校长)、蒋起钊(曾经的班主任)

2012年11月,作者(前排左四)回乡期间与部分中学同学聚会

第四章　少年春秋　仰望星空

时代》《马克思传》《钢铁是怎样炼成的》、郭沫若的自传《少年春秋》、《高玉宝》《卓娅与舒拉》《普通一兵》等，这些书里的主人公，都对我的思想和成长产生了重要影响。

记得《钢铁是怎样炼成的》一书是我在一个寒假内读完的，父母看我捧着一本大书很高兴，晚上不仅给我点好桐油灯，还给我弄个火笼暖手暖脚。书中保尔·柯察金的形象，包括他和冬妮娅的恋爱故事，至今还经常浮现在我的眼前。

书中有很多名言名句，影响着我们一代又一代人，譬如：人最宝贵的东西是生命，生命属于我们只有一次。人的一生应该这样度过，当他回首往事的时候，不因虚度年华而悔恨，也不因碌碌无为而羞愧。这样，他在临死的时候就可以说，我的整个生命和全部精力，都献给了世界上最壮丽的事业——为人类的解放而斗争。

又如：一个人要永远感到，祖国的土地总是稳稳地在你的脚下，要与集体一起生活，要记住是集体教育了你。哪一天你如果和集体脱离，那便是末路的开始。谁如果认为自己是圣人，是埋没了的天才，开始与集体脱离，那谁的命运就注定悲哀。集体什么时候都能提高你，并且让你的两脚都站得稳稳的。

入队、入团、入党，被我们看作一生中的三个政治里程碑。1956年纪念"一二·九"运动时，我在梓潼中学宣誓入团，随后按队章的年龄规定退出少先队。作为共青团员和学生会干部，当然要更高要求自己，更好学习，更好锻炼，更多为集体做事，树立比较明确的奋斗目标。

"把青春献给祖国"，这是我最早确立的理想，也是1958年夏初中毕业前学校组织演讲比赛时，我的很醒目的演讲题目。我说，我想以后当老师，因为老师是人类灵魂的工程师；我想以后到工厂当工程师，为国家生产最需要的机器；我想以后当作家，写出很多优美的诗歌、小说；我想以后……我想以后……总之，有很多很多想法。

我连续讲了好几个我想、我想，老师和同学都报以热烈鼓掌。是啊，还在学校读书，怎么能只讲一个以后干什么呢？也因为还在学校读书，以后会做什么就有多种可能性。我讲了多种可能性，而每种可能，又都是很有意义的。

学校给我颁发了"演讲比赛第一名"的奖状，拿回家挂到堂屋里的墙上，成了家人和亲朋言谈中的一个新话题，自然给了我不少鼓励。犹如保尔·柯察金所说，一个人只要把自己融入集体，也就是把自己放到国家的事业中，就一定会有广阔的前程。

到农村去

进入高中阶段，也是国家进入"大跃进"时代，我们既要读书学习，又要参加集体劳动，又红又专。而且，不管做什么事都要轰轰烈烈，红旗招展，锣鼓喧天。回首往事，我在那个时代，也没有因虚度年华而悔恨，没有因碌碌无为而羞愧。

1959年是新中国成立十周年，普遍都要力争以优异成绩，隆重庆祝十周年国庆。对我们农业地区的中学生来说，除了在校上课学习，每到春播秋收农忙时，还要集体下乡参加农活，或者去参加修水库。平时，要么去一些乡镇帮县粮食局背粮，或者为学校食堂挖红薯、背红薯。

秋冬时节，学校还鼓励城里的学生，到乡下同学的家里去住几天，参加家庭式的劳动，让城里学生真正体验农民的生活。与我同班的马淑华、陈英华两位女同学就曾下乡在我们家里住过几天，帮助刨花生、挖红薯，

第四章　少年春秋　仰望星空

我母亲很高兴地为她们两人腾出一个房间，整理得很整齐、干净。

我母亲还误以为，我带两个女同学到家里住，是想从中挑选一个对象。她说，陈英华的体质太单薄，马淑华很适合，但马淑华自己说是回民，饮食习惯不同，这不行。那时的农村父母，只要有儿子，随时都想给儿子娶个好媳妇，只要有女儿，随时都想给女儿找个好婆家。

1959年4月，全校师生首次分赴各乡进行劳动锻炼，第一次集体下乡战天斗地，个个精神振奋，斗志昂扬。我们高六一级一班40多个同学，学校分配去观义公社一周，由公社分配到各个生产队。行前我写了一篇名为《到农村去》的广播诗，同时登上学校的墙报和黑板报。我的诗文如下：

我们长长的队伍，
踏着崎岖不平的山路，
打着"春耕突击队"的红旗，
阵阵歌声响彻山谷。

青山绿水闪闪发光，
农家老少欢呼我们奔向前方，
雄赳赳，气昂昂，
我们每一颗心儿都在扑扑跳动。

红旗在空中呼呼作响，
脚下走过一个又一个山岗，
太阳啊你猛烈地晒吧，
我们正想把自己热炼成钢。

健步沉稳，前进前进，
热血在我们周身沸腾，
我们，年轻的新一代，
不打个生产漂亮仗，不离农村！

在乡下，我写过几篇诗，其中《一个姑娘在农村歌唱》返校后在学校的墙报和黑板报登出，特别受到女同学们的好评，而且都在猜想，我写的到底是谁。我的诗文是：

一个姑娘走在田间大道上，
她挑着一担粪筐。
她春风得意，笑容满面，
一边劳动，一边歌唱。

辽阔的农村，美丽的风光，
勤劳的社员们春耕忙。
我们，祖国新生的力量，
农村就是实践的最好课堂。

天空那么蓝，那么光亮，
望不到边的农村苍苍茫茫。
看，她像燕儿轻轻飞翔，
歌声又那么清脆、响亮。

第四章　少年春秋　仰望星空

　　小伙们把农肥挑到河谷、山岗，
　　她也不甘示弱，提出与小伙们竞赛：
　　帮助农民建起新的粮仓，
　　让高山低头、河道变样。

　　听，她还在那儿歌唱，
　　歌唱未来美好的希望。
　　她那么活泼、漂亮，
　　浑身焕发着青春的光芒！

　　也是从1959年起，农村发生巨大变化，普遍办起公共食堂，吃饭不要钱。在校学生的伙食费，也开始由公社支付，学校常派人下乡去收取学生伙食费，但行政人员极少，老师都要上课，于是派学生去。

　　在这种情况下，学校曾两次派我下乡收伙食费，一次去宝石、大兴两个公社，一次去兴隆、交泰两个公社。学校给开个介绍信，上面写着：某某公社，现派某某同学，前去收取哪些学生某年某月的伙食费，总计多少。

　　去程，学校一般都与县粮食局联系，问何时有车去哪去哪，让我搭车，因为县粮食局常有车去乡镇的粮仓拉粮，我们学生每年都要分批下乡为粮食局背几次粮，每次都是从早到晚一整天。回程，学校都让我自己与公社联系是否有车进城，如果没有车，就自己走路。

　　记得到交泰公社的那天已经很晚，大食堂已经关门，一位公社干部不知从哪里给我端来一碗饭。饭后就让我睡觉，实际上我没有睡着，听他们说，一个学生身揣现金，路远，又没有车可搭，万一路上遇到麻烦怎么办。

第二天早饭后，公社社长说，过几天他派人把钱送到学校去。我请社长给我写个纸条，写上过几天派人给学校送钱。回到学校后，我把社长写的纸条给会计，大约过了一个星期我问，会计说钱已经送到了，他很高兴。

除此之外，我还有两次"出差"，都是因为班上有同学几天没到校上课，也没请假，班主任派我去同学家里看看，是什么原因。一次是去兴隆乡的李同学家，没见到他本人，但见到他妈妈，他妈妈说，他爸爸因偷盗被公安局抓走了，他要给他爸爸送这送那。

另一次是去史家坝的史同学家，发现原来他已经结婚，老婆刚生孩子，说他打算退学。去史家需要过河，到了那里才发现没有桥，只有一个小船，而且船在对岸。我问在那里做农活的人怎么办，他们说等一会儿就有人划船过来，我再划过去。

等了一阵，对面的确有一个人要划船过来，我很注意看他怎么划船，他过来后我如法划船过去，还很顺利。那是我第一次独自划船过河，而且此前根本就没有见过。离开史家时，史安宇同学告诉我，可以另走一条有桥的路，只是稍远一点。

对在校学生来说，做做上面这些事，就是与社会相结合，与实际相结合，就是与人打交道，对培养我们的实践能力，以及对社会的了解，都很有好处。因此，我很感谢母校——梓潼中学，是母校具体培养了我独立自主的办事能力。

歌唱建国十周年

"三更灯火五更鸡，正是男儿读书时"，那两三年的我，除了上课学习

第四章 少年春秋 仰望星空

和参加集体劳动,还经常利用晚自习之后的夜晚,为学校的墙报、黑板报和广播站写稿,也向同学组稿、改稿,从那时起,加班加点就已成了我的习惯。

在此,我要特别感谢我的父亲,每学期开学前,他都会买一大卷纸,裁剪后为我制作很多笔记本。为了省钱,他自搓纸绳、用锥子钻孔,都装订起来,如本书中插图所示。他也为我准备几壶桐油,不管在家里还是在学校,我晚上学习时的照明从来都不是问题,不少同学很羡慕,为我有这样一位父亲而感到高兴。

1959年为庆祝新中国成立第一个十周年,我写过一些诗词,编写过诗歌联唱,也都在学校朗诵和表演过,当然受到老师和同学们的欢迎、鼓励。下面是我为十周年国庆而作的诗,题为《祖国啊,我为你歌唱》,诗文如下:

我们伟大的中华民族,
有英明的党在前面引路,
我们经历了千难万苦,
今天把建国十周年庆祝。

年轻的祖国旭日东升,
伟大的奇迹在蓝天建筑,
工厂、矿山到处建立,
江河发电、高山都让路。

我登上高山之巅,

把祖国的山水再数一遍，

有多少困难需要我们克服，

有多少任务需要我们承担。

新的奇迹靠我们创造，

受苦受难的人民靠我们支援，

千军万马奔腾向前，

超英赶美的目标终将实现！

1959年9月16日，县领导到校检查，由于当时把钢、煤、粮、棉四个方面的增长指标称作引领我国经济发展的"四大元帅"，所以我为学校的大型墙报、黑板报写了一篇以钢、煤、粮、棉四大发展指标为内容的说唱词，题目为《元帅比武 欢庆国庆》，经过多次修改并配曲，曾在多个场合多次演出。

这篇说唱词，反映当时的国家政治、经济态势，以及作为一个学生应有的态度。除当时在学校的墙报、黑板报登出，以及多次在校内演出外，未曾公开发表。这早已成为历史，但我们都是从历史走过来的，过往历史很值得回望。全文如下：

合：庆祝国庆十周年，

鞭炮锣鼓闹喧天，

全国人民齐欢唱，

歌唱响彻彩云间。

第四章　少年春秋　仰望星空

八中全会开得好，
增产节约浪潮高，
反对右倾和保守，
调整指标向前跑。

钢煤粮棉四元帅，
今日登台把礼献，
说说指标和干劲，
共度国庆人人欢。

钢：我的指标一千二百万（吨），
煤：我的指标三百三十五万（吨），
粮：我的指标五千五百亿（斤），
棉：我的指标四千六百二十万（担）。

合：我们指标经调整，
　　不是降低是上升，
　　要是美帝不相信，
　　事实将会作证明。

钢：钢钢钢，用处广，
　　各项建设必用钢，
　　修工厂，架桥梁，
　　哪里不用钢大王？

潼江弯弯流远方——一个农家子弟的家国情怀

煤：别看我，黑光光，
　　点燃立刻火焰旺，
　　各行各业少不了，
　　遍地开花往前闯。

粮：粮食元帅要升帐，
　　人称我是王中王，
　　人人天天少不了，
　　还换机器换工厂。

棉：棉织成布做衣裳，
　　也去国外加工厂，
　　换回机器千万台，
　　祖国各地隆隆响。

钢：两腿走路很稳健，
　　土洋结合搞得欢，
　　工人干劲赛猛虎，
　　学生炼钢也能干。

煤：山高地厚工人钻，
　　挖开矿井光闪闪，
　　指标三三又五万，
　　决心实现再翻番。

粮：谁说灾大难丰产？
　　农民干劲冲破天，
　　亩产万斤已见报，

第四章　少年春秋　仰望星空

　　　　不达目标心不甘。

棉：解放思想破迷信，
　　力争棉花把产增，
　　五打杀虫技术好，
　　实现指标有保证。

钢：钢花四溅钢水奔，
　　到处炼钢热腾腾，
　　放干银河装钢水，
　　钢筋钢条满乾坤。

煤：黑黑煤炭堆成山，
　　城乡工矿用不完，
　　国内国外多比较，
　　男女老少尽开颜。

粮：粮食增产定实现，
　　天上人间庆丰年，
　　吃饱喝足干劲大，
　　试与天公来比肩。

棉：棉朵娃娃当被盖，
　　织女纺线过河来，
　　昼夜穿梭忙不停，
　　喜庆丰产棉花开。

钢：中华民族意志坚，

敢教日月换新天，
　　　和平力量在加强，
　　　世界人民都喜欢。
煤：制度优越方向明，
　　　有党领导人齐心，
　　　多快好省搞建设，
　　　超英赶美奔前程。
粮：粮食总产居第一，
　　　压倒英国和美帝，
　　　社会主义就是好，
　　　丰衣足食同欢喜。
棉：各族人民大团结，
　　　且看东南与西北，
　　　红日东升妖雾散，
　　　晴空万里大飞跃。

合：庆祝国庆十周年，
　　　鞭炮锣鼓闹喧天，
　　　全国人民齐欢唱，
　　　歌声响彻彩云间。

　　　东风劲吹春满园，
　　　革命红旗都插遍，
　　　鼓足干劲争上游，

第四章　少年春秋　仰望星空

共产主义定实现！

那是轰轰烈烈的"大跃进"时代，不仅县领导经常到校检查，指导如何培养德、智、体全面发展，又红又专的接班人；省文教检查团也曾于1960年3月中旬到4月中旬光临梓潼中学，驻校一个月，为提高教学质量搞突击运动。

在那一个月，我写过五篇诗和词，4月15日为欢送省文教检查团离校，我写了这样一篇诗，老师修改并用毛笔书写后，让我在欢送会上面交检查团。诗文如下：

贵宾亲临我校，
检查评比指导，
明确教学目标，
掀起跃进高潮。

师生干劲提高，
统考成绩很好，
定将不断努力，
再接再厉赶超。

而今贵宾离校，
拜托向党汇报，
祝愿一路顺风，
万望继续指导！

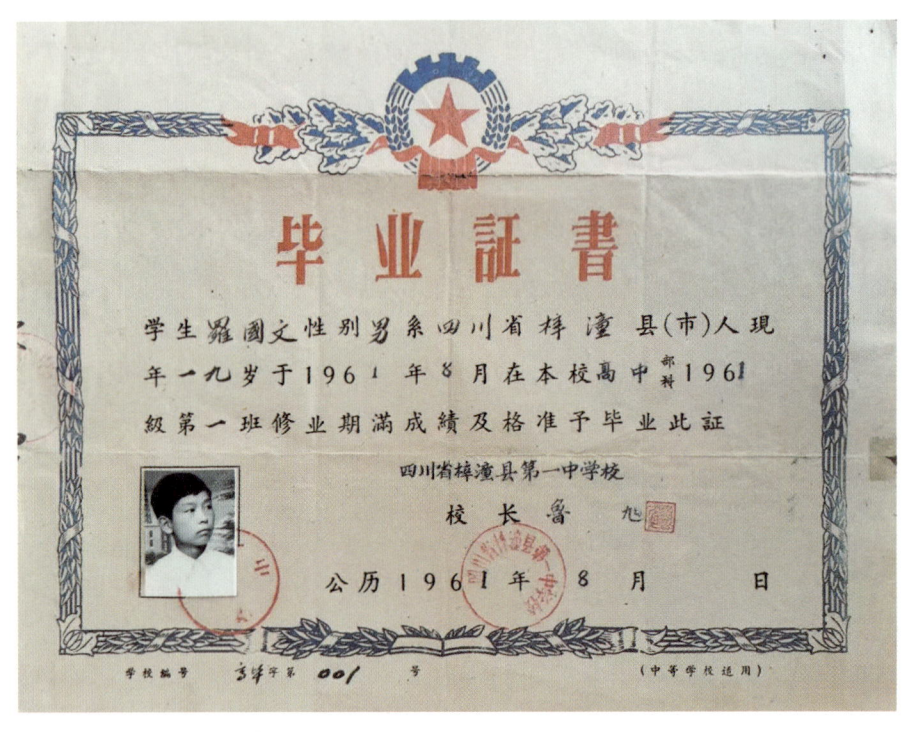

潼江弯弯流远方——一个农家子弟的家国情怀

作者的高中毕业证书

第四章 少年春秋 仰望星空

1961年7月29日，梓潼中学首届高中毕业生全体团员合影，后排左三为作者

1961年7月29日，梓潼中学参加文科高考的同学合影，第三排左四为作者

潼江弯弯流远方——一个农家子弟的家国情怀

领唱《黄河颂》

在梓潼中学，音乐老师刘季昌不仅教我们唱歌，还教我们音乐知识和作曲，同班同学白纪华作曲就学得很好。刘老师曾组织一个合唱队，排练《黄河大合唱》，我领唱其中的《黄河颂》，几十年过去，至今我依然能够独唱。可惜，刘老师1963年在一次车祸中英年早逝。

我很喜欢《黄河大合唱》，也花了很多时间了解创作背景，很受启发。词作者是不到26岁的青年诗人光未然（张光年），他在辗转吕梁山抗日根据地时，被黄河的气势所震撼。船工们光着膀子，在滔天巨浪中喊着惊天动地的号子，竭尽全力与河水拼搏。所有这一切让光未然心潮澎湃，产生要写一首长诗来歌颂母亲河的想法，书写民族的苦难，描绘斗争与光明。

作曲家冼星海到法国巴黎勤工俭学，学习作曲，回国后积极参加抗日救亡运动，在上海教唱光未然作词的《五月的鲜花》时，两人相识。冼星海到延安后创作了八路军战歌《我们在太行山上》，与他的《救国军歌》一样，深受军民喜爱。

1939年3月，光未然在为大家朗诵他五天写完的四百多句《黄河大合唱》歌词时，让坐在门边的冼星海激动不已，一把将稿子抓在手里，斩钉截铁地说："我有把握把曲谱好。"六天后，冼星海竟然谱出了《黄河大合唱》的全曲，简直是一个奇迹。

《黄河大合唱》在延安最大的陕北公学礼堂首次演出时，由著名音乐家周巍峙指挥，光未然披着半身多长的黑色斗篷，站在舞台中央朗诵：怒吼吧黄河，向着全中国受难的人民，向着全世界受难的人民，发出战斗的警号！演出一结束，台下立即爆发出热烈而持久的掌声。此后多次演出，毛泽东、朱德、周恩来等中央领导人都亲自观看，祝贺演出成功。

我翻开《黄河大合唱》歌本，由八个乐章组成，或者说有八首歌，《黄河船夫曲》、《黄河颂》、《黄河之水天上来》、《黄水谣》、《黄河怨》、《河边对口曲》、《保卫黄河》、《怒吼吧，黄河》等。不管其中哪一首，也无论词还是曲，都气势磅礴、扣人心弦、催人奋进。譬如第一首歌《黄河船夫曲》，以劳动号子的声调，展现在乌云满天、惊涛拍岸的情景下，船夫如何与暴风雨奋力拼搏，反映出来的是黄河精神，是永恒的中华民族精神。

刘老师安排我独唱其中的《黄河颂》，这是一首以黄河象征祖国的颂歌，充满了博大、豪放的情怀。开唱之前的朗诵词是："朋友，黄河以它英雄的气魄，出现在亚洲的原野；它表现出我们民族的精神：伟大而又坚强！这里，我们向着黄河，唱出我们的赞歌！"

按刘老师的设想，把这个大合唱练好以后，要作为一个重要节目在校内校外演唱，鼓舞斗志。但最后未能如愿，原因之一是教育部门要求学生自编自演，首先要自编，而《黄河大合唱》当然不是我们自编的。

另一个原因是，这个大合唱需要多种乐器伴奏，而学校的乐器和能够伴奏的人员都很少。加之当时我们的集体劳动很多，往往很难把挑选好的学生集合起来。大合唱没能搞成，但刘老师发给我们的简谱歌本，我却长时间保存着，有空就翻唱，让我终身受益。

编剧《党的女儿向秀丽》

我从上小学时起，就很崇拜伟人、崇拜英雄，凡是描写伟人、描写英雄的文章和书，我都尽可能阅读，从中获取精神力量，获取学习和锻炼的动力。

1959年4月中旬，也就是我进入高中的第二学期，校团委书记白老师给我两三份报纸，要我根据有关灭火英雄向秀丽的报道，编写出一个话剧，准备在学校演出。

剧本怎么写？这对我是个新问题。我去图书馆借了戏剧家曹禺描写一个封建家庭复杂关系的剧本《雷雨》，翻看了一部分，知道剧本是以对话形式来写的一种文体。每场对话要集中一个主题，至少要有两三个人出现，还要写明人物出场时的场景，即舞台如何布景。

我反复阅读白老师给的两三份报纸，向秀丽爱党爱国、临危不惧的自我牺牲精神，深深地感动我，这正是我追寻的英雄形象。于是，我厘清向秀丽事迹的主要节点，设想出几个场景，开始动笔。

当时学校对学生的作息时间有严格规定，该睡觉时必须睡觉，所有教室关灯、锁门。学生宿舍是双层床，我的床位在上层，头两天晚自习后睡觉时，我点个小油灯放到枕头左边，趴在被窝里写。这不影响别人，但很容易把油灯碰翻。此后，我征得班主任老师的同意，晚自习后可以留在教室里，自用油灯，想睡时才去宿舍。

向秀丽出身贫苦，9岁就给地主当婢女，12岁进火柴厂当童工，新中国成立后进广州市何济公制药厂当工人，加入中国共产党，多次被评为先进工作者。1958年12月13日晚上在与两个同事工作时，一个酒精瓶破裂起火，很快就会引爆只隔50米远的多达60公斤的烈性易爆物金属钠。

在这千钧一发之时，她全身扑倒过去，用自己的身体截住了燃烧的酒精，从而避免了金属钠爆炸，也避免了整个厂区及附近居民区发生重大火灾。工厂保住了，但向秀丽烧伤面积达67%，送医院后休克三天三夜，醒来时第一句话就问，工厂和同事们的安全怎样。她终因伤势过重，抢救无效，于1959年1月15日去世，年仅26岁。

第四章　少年春秋　仰望星空

三天后的1月18日，广州市中区举行隆重追悼大会，市政府授予向秀丽革命烈士称号，1月26日，《人民日报》《中国青年报》等纷纷报道向秀丽的英雄事迹，全国迅速掀起学习向秀丽的热潮。

党和国家及省市领导人董必武、林伯渠、陈毅、郭沫若、陶铸等写诗题词，都称她为"党的好女儿"。林老在诗中写道："磊落光明向秀丽，扶危定倾争毫厘，一身正比泰山重，风格如斯世所师。"庆祝新中国成立70周年时，向秀丽荣登新中国100位英雄模范人物榜。

我编写的话剧名为《党的女儿向秀丽》，主题歌名为《歌唱向秀丽》，由同班同学白纪华谱曲，旋律轻快优美，很快在学校传唱起来。白纪华同学高中毕业后，长期在梓潼从事教育工作，是一位优秀的音乐舞蹈老师，曾任文昌一小副校长。《歌唱向秀丽》的歌词是：

> 春风吹、柳丝长，
> 鸟儿叫、百花香，
> 光荣伟大的向秀丽，
> 英雄的事迹到处传扬。
>
> 不怕烈火烧身上，
> 不管自己的存亡，
> 一心灭火保护工厂，
> 年轻的秀丽死在病房。
>
> 她为党为民的崇高思想，
> 是我们学习的好榜样，

潼江弯弯流远方——一个农家子弟的家国情怀

> 她临危不惧的无畏精神,
>
> 我们永远高歌颂扬!

向秀丽的高尚品格和无畏精神,得到世代相传。她出身贫苦,新中国成立后才获得新生,因此总是爱憎分明、一身正气、先人后己。她为国牺牲后,很快就出现一首儿童歌谣,说"向秀丽,顶呱呱,熊熊烈火也不怕,英勇牺牲为国家"。

为使向秀丽的精神永留人间,广州市政府将当年何济公制药厂的楼宇命名为"秀丽楼"。新中国成立60周年时,向秀丽被中宣部、中组部、总政治部共同评选为"100位新中国成立以来感动中国人物"之一;新中国成立70周年时,在北京展览馆举办的成就展览上,向秀丽占有醒目位置。

编剧《少年英雄刘文学》

时隔一年后的1960年3月16日,校团委书记白老师又给我两三份报纸,要我以少年英雄刘文学的事迹为素材,尽快编写出一个剧本,25日前交稿,而且说是要交给县里,总计只给10天的时间。

刘文学是新中国出现的第一个少年英雄。他1945年2月生于四川省合川县(今属重庆市)渠嘉乡双江村一个贫苦农民家庭,从小受地主欺负,父亲死得早,母亲很严厉,挑水、喂猪、放牛、捡柴,什么活都干,新中国成立后才过上好日子。1952年刘文学上村里的小学读书,1957年秋加入少先队,实现了父母一直想让他读书的愿望。

1959年11月18日晚,刘文学参加生产队的劳动后,在回家的路上发现被管制的地主分子王荣学偷摘集体的海椒。王花言巧语加威胁都没动摇

第四章 少年春秋 仰望星空

刘文学维护集体利益的决心，于是两人开始扭打，刘文学终因年幼力单，被王活活掐死，年仅14岁。公安很快破案，王落入法网，坦白交代了作案过程。

刘文学牺牲后，合川县举行万人追悼会，江津地委追认刘文学为"模范少先队员"。四川省省长李大章题词"学习刘文学，做毛主席的好孩子"，团中央第一书记胡耀邦题写"刘文学之墓"五个大字，全国开始开展"学习刘文学，做党的好孩子"的活动。

有人说，刘文学做的事很普通，也就是阻止被管制的地主分子偷摘集体的海椒。问题是，每个时代有每个时代的英雄标准，看看当时的时代背景，国家需要什么样的精神品格，那么，刘文学就如同向秀丽，是一个真正的英雄。

"渠江水长又长，一颗红星闪闪亮，少年英雄刘文学，你是我们的好榜样。"这首歌，很快就在全国的少年儿童中传唱起来。1982年4月和1983年10月，合川县人民政府和国家民政部先后批准刘文学为革命烈士，2009年9月10日将其评为"100位新中国成立以来感动中国人物"之一。

1960年3月16日至25日，我按照校团委要求的时间编写出了剧本，名为《少年英雄刘文学》。我设想了六个场景，也就是说全剧分六场，每一场围绕一个主题，多个人物出现，以还原刘文学的思想成长和他的英雄表现。现将各场的内容简短介绍如下：

第一场 受苦的农民

刘文学家里，极为简陋。一家三口，父亲重病躺床上，母亲哀叹没钱抓药。三人商议如何向地主讨要母亲为其洗衣服的工钱。小小年纪刘文学，坚持自己去，出门。老两口相互诉说，唉声叹气,一筹莫展。刘文学喊"被狗咬了",进屋,说地主反诬他偷柑子,不给工钱,还放出狗咬他,左腿被狗咬一口。三人哭天喊地。

第二场 解放后土改

刘文学家门外一棵树下。围坐着土改干部、农会主席、治安委员、刘文学父母。交谈为什么要土改、如何土改,气氛热烈。幕后唱"东方红,太阳升",喊"打倒地主,分田分地"。刘文学出场,好奇地问东问西,父母要他好好听。土改干部继续谈,最后说,快办学校了。刘文学高兴得跳起来,父母说他早就想上学了。

第三场 加入少先队

渠嘉乡小学少先队队部。辅导员、志愿军叔叔、中队委、几个同学。刘文学等几人入队宣誓。志愿军叔叔讲黄继光、邱少云故事。新入队队员接二连三表示,向英雄学习,做队歌说的新少年的先锋。辅导员讲话,说入队是新起点,大家要好好学习,好好锻炼,要爱国爱集体。送志愿军叔叔先走。

第四场 关心集体、维护集体

公社食堂,墙上贴有喜报、奖状。两三个小桌子,凳子。生产队长、炊事员、治安委员、刘文学妈妈、一个好友,有进有出。交谈生产、生活、养猪养鸡。刘文学上场,背着书包,报告说被管制的地主分子王荣学在街上卖海椒、柑子,都没自留地,哪来的？生产队长要大家关心集体、维护集体。众人称好。

第五场　刘文学不幸被害

公社海椒地，海椒有红有绿，长势喜人。地里冒出人头，挎背篓，鬼鬼祟祟摘海椒。刘文学回家，路见海椒地里有动静，上前看，发现地主分子王荣学，质问为啥偷摘。王要刘别说，可把已摘了的海椒都给刘，并给刘一块钱，想封口。刘拒绝，拉王去见治安委员。两人扭打，王掐死刘。王慌张，如何处理刘尸体，左思右想，扔进堰塘。

第六场　学英雄、做英雄

双江村小学。老师、学生数人，相互问这问那。校长、辅导员上，校长悲痛地告诉说，刘文学死了。大家表情震惊、难过。县委书记、县公安局局长上，局长说掐死刘文学的凶手已经被抓，必将受到严惩。书记说，刘文学是为维护集体利益被地主分子掐死的，他死得光荣，是合川县人民的骄傲。

一学生上。翻到刘文学在学校的笔记本，说里面有这样一句话："我们全国各地的小孩，都要做毛主席的好孩子。"辅导员说，刘文学完全实现了他的诺言，他的确是毛主席的好孩子，是英雄的模范少先队员。大家纷纷表示，要向刘文学学习，做热爱党、热爱毛主席、热爱社会主义的好学生。（剧终）

第五章
嘉陵校园　放眼世界

　　山城重庆是我上大学的地方，那里有山有水、山高水急，可以登高眺望、放眼世界。那里曾经是国共两党的第二战场，黎明前的国共较量在那里上演。革命传统教育、政治思想教育贯穿学校教育的始终。好好学习、放声歌唱，成为我大学生活的主旋律，为我此后的职业生涯奠定了良好基础。

从小山沟到大山城

　　1961年7月高考之后，我对自己能否考上大学，并无把握。我找到已经离开梓潼中学出任县委宣传部长的原校长张正华，请他给我找个工作。他答应，说万一我没有考上，就安排我去县委宣传部主办的《梓潼报》社工作，他夸奖我会写诗写文。

　　利用高考后完全放松的时间，我与几个同学相互走动，有一天在仇本堂同学家时，他说应该到学校去看看有没有录取通知书。我说你去吧，我就在你家看书，下午他回来高兴地说，他考上了西安交通大学，把录取通

第五章　嘉陵校园　放眼世界

知书给我看。我问他有没有给我的通知书，他说没有看到，我沉默不语，他突然拿出来说"这就是给你的通知书"。

我打开一看，啊，四川外语学院德语专业录取了我，我高兴得起身就与他告别，跑十多里路回家去告诉父亲。父亲喜出望外，又去生产队又去公社，走家串户，到处说他儿子考上了大学。与我父亲特别要好的堂叔罗治兴，一定要我进城和他照个相，他父亲和我爷爷是亲兄弟。到城里，我也去告诉了县委宣传部张部长，他也很高兴，问我哪天去重庆，他可以派车把我送到绵阳火车站。

那时正是困难时期，父亲为了给我准备路费，又是卖鸡蛋、卖鸡、卖韭菜，又是找人借，好不容易筹集了二十一块钱。随即，我和考上重庆邮电学院的陈元江同学，花一块五毛钱买公共汽车票离开梓潼去绵阳，再花五块钱买从绵阳去重庆的火车票，在成都转车。我们感到一切都新鲜，感到前程美好。

有趣的是，到绵阳火车站买好票后，很快就来了一列车，车上坐着几个人，我们以为那就是我们的车，很快爬上去，结果那是一列拉煤的货车，但车站并没有人阻止我们上车。我们坐在煤堆上，一路风吹日晒，到成都火车站转车时，检票员要我们别急，说还有时间，要我们到外面去把身上的煤灰抖掉，到厕所的水龙头那里去把脸洗一洗。

在成都站上了火车后，我们发现很干净，还有座位，问乘务员我们是不是上错了车，要不要加钱。乘务员说，我们的票就是这个车，没有上错，就是五块钱，不加钱。那时的成渝线还是蒸汽机车，整夜轰鸣，但很有节奏，很好听。

第二天早晨我们到了重庆菜园坝车站，第一次坐缆车，直接上坡到两路口，再去牛角沱长途公共汽车站，买去北温泉的汽车票，但当天的票已经卖完。我在牛角沱车站找到一个小旅店,花一块钱定了一个床位。陈元江同学还一直陪着我,旅店的人告诉我们,可以去劳动人民文化宫看看。

在劳动人民文化宫,我们看到了许多从未见过的现象,有的男女当着很多人的面搂抱在一起,还当众亲嘴;有人吊儿郎当地吹奏唢呐,或者敲打乐器;有人推着鸡公车,在公园里边走边卖糕点。这些新鲜现象在梓潼小县城,是我们从来没有看到过的。

从小山沟到大山城,对我是一个巨大变化,这个大山城为什么叫"重庆"?据考古发现,200多万年前的旧石器时代早期,就有古人类在此活动,夏商周时期,这里就有了奴隶制的部落联盟,统称"巴"。其后时分时合,名称几经变化,江州、荆州、益州、巴州、楚州、恭州等,都曾经是指重庆。

光宗于绍兴三十二年(1162年)年受封恭州王,乾道七年(1171年)被立为皇太子,淳熙十六年(1189年)受孝宗禅让即位皇帝。光宗自诩"双喜临门"、"双重庆祝",遂将恭州升格为"重庆府","重庆"由此得名。隋朝时曾将重庆简称"渝",沿用至今。

重庆、武汉、南昌、南京被认为是中国的"四大火炉",我们八月底到重庆时,正是一年最炎热的时候。我第一次看到,晚上的重庆街上睡满人,都铺个凉席,点着蚊香,摇着扇子,大街小街的两边,到处有男人袒胸露肚。

重庆很美,主要是山水分明,立体感很强。最突出的是,城里也有悬崖陡壁,看不到自行车。到长江、嘉陵两江交汇处的朝天门,可以看到长江浊浪滚滚,嘉陵江清澈如许。两江交汇处漩涡迭起,大浪排空,江水开山劈岭,势不可挡地东奔而去。

有一次我从重庆乘邮轮游长江三峡,就在"两岸猿声啼不住,轻舟已过万重山"时，讲解员说，七千万年前的长江由东往西流，注入印度洋，后来印度板块向北漂移，与亚欧板块剧烈碰撞，隆起喜马拉雅山脉，从此长江由西往东，发生震撼人心的自然变故。

富有光荣革命传统的高校——四川外国语大学

1950年4月，在邓小平、刘伯承、贺龙等老一辈领导人的亲切关怀下，成立中国人民解放军西南军政大学俄文训练团，学员411人，分3个队，这就是四川外国语大学的前身。

1953年5月，改名为"西南俄文专科学校"。1959年5月，改称"四川外语学院"，郭沫若题写院名，同年开设英语专业。1960年设立英语系，增加法语专业。1961年增加德语专业，我们是第一届德语班学生。2013年4月经教育部批准，正式更名为"四川外国语大学"。

校址也几经变更。最早的俄文训练团在杨森公馆，即原国民党重庆市市长杨森的府邸，1953年作为西南俄文专科学校搬到北碚北温泉。1963年6月，英语系和法德系因教学楼亟须维修加固，临时搬到北碚歇马场的农机校，半年后搬回北温泉。1966年12月，搬到北碚文星湾西师速成中学。1970年11月经四川省革委会批准，迁到沙坪坝西南政法学院部分校区，最终固定下来。

1992年出任中央军委副主席的刘华清，在1950年成立西南军政大学俄文训练团时，为党委书记兼政治部主任，是川外最早的奠基人。1990年5月，刘华清为川外40周年校庆挥毫题词："发扬革命传统，把学校办成培养社会主义事业的建设者的坚强阵地。"1999年11月，刘华清在家中会见川外代表时，又欣然为川外50周年校庆题词："继承传统五十载，再创辉煌映千秋。"

70多年来，川外一直继承光荣革命传统，不断奋力进取。而今，已由当初411名学员发展到有教职工1300多人，专职教师863人，其中教授、副教授占师资总数的52.72%。目前学生15000余人，22个外语语种，23个非外语类专业，譬如外交学、法学、新闻学、金融学、国际经贸、国际政治等，其中有5个为省级重点学科。除本科教育，川外还有硕士生教育、博士生教育、留学生教育、成人继续教育、强化培训等，已形成多形式、多层次的办学体系。

70多年前的川外教学设备一无所有，连必不可少的俄文词典都很难找到，到而今，成套成套的自动化、电子化教学设备应有尽有。学生也由当初自己动手开荒种地，自己养猪、磨豆腐，甚至步行到几十里外的地方去运煤、背米。

现在，川外以"立德树人"为根本任务，以"双一流"建设为引领，以提高人才培训为核心，不断优化学科专业结构，深化教育教学改革，扩大国际交流力度，朝着加快建设特色鲜明的、高水平的、应用研究型的外语大学的目标，不断迈进。

我很喜欢川外现在的校歌，它集中表达了川外所遵循的革命传统，所坚守的办学宗旨，以及要达到的长远目标。校歌歌词如下：

> 歌乐山下，嘉陵江边，
> 我们谱写抗大的新篇。
> 团结、勤奋、严谨、求实，
> 时刻准备奔赴外语前线。
> 胸怀祖国，放眼世界，

第五章 嘉陵校园 放眼世界

现坐落于重庆市沙坪坝区歌乐山的四川外国语大学

2009年5月21日，作者应邀回母校四川外国语大学为师生讲课

第五章 嘉陵校园 放眼世界

2019年11月25日，川外李克勇校长在校党委会客室会见作者

潼江弯弯流远方——一个农家子弟的家国情怀

2019年11月25日，川外德语系主任李大雪教授（右二）和系党总支书记廖峻（右一）陪同作者和夫人参观德语系

第五章　嘉陵校园　放眼世界

> 伟大的目标，频频向我们召唤。
> 振兴中华，无私奉献，
> 朝着更加美好的明天！

嘉陵校园——松林坡

1961年8月29日，我到川外报到，离9月1日开学还有两天，接待新生的老师说，我是最先到校的新生之一。那时的川外如同现在的川外一样，面临嘉陵江边。不同的是，那时川外离嘉陵江边很近，出校门过一个很窄的马路，弯弯曲曲下坡两百多米，就到了嘉陵江的水边，真正的是一所嘉陵校园。

那时，川外在重庆北碚区北温泉，背靠缙云山松林坡，标志性的建筑是俄语系教学楼。这栋楼不高，两层，白色，左右跨度大约100米，中间一道门，进门有过厅，还很气派。楼前有一块大坝，可容纳全院学生做广播操，搞联欢活动。右边有一个八字形的两层楼女生宿舍，穿过此楼是学生食堂和厨房，厨房紧靠石崖，无路攀爬。男生宿舍几乎都在出校门过马路到嘉陵江水边的斜坡上。

当时川外设施的大体布局是，面对俄语系教学楼的左边是礼堂，低于礼堂的是操场，高于礼堂的是英语系教学楼，再高一些的都是零星小建筑，有院系领导和多数教员的住房、行政用房、教师食堂等，都随坡而上、依山而建。法、德语专业在英语系教学楼的二三层，位置最高。从教室窗户往下看，是礼堂、操场，往上看，是嘉陵江对岸的高山，左右两边都是嘉陵江山沟。

嘉陵江发源于陕西凤县代王山的嘉陵谷，流经陕西、甘肃、四川、重庆四省市，在重庆朝天门码头汇入长江。主要支流有八度河、西汉水、白龙江、渠江、涪江等，全长1345公里，流域面积16万平方公里，在长江支流中流域面积最大。川外所在的位置，是嘉陵江最美、最幽静的一段，两岸峰峦叠起，松柏青翠，飞鸟不绝。在这样一个校园学习外语，没有城市里的那种喧闹，无须避让车辆和人流，能听见的只有风声、雨声、读书声。

我从小有个习惯，每到一个新地方都首先到处看看，能登高就登高，站到高处看看四周，会有稳妥、安全的感觉。入校不久，我就曾与几个同学在星期日从北泉江边，花几毛钱坐上农民用竹竿划动的小木船到对岸，爬上对岸的山顶去观山望水。

从对岸山顶往下看，嘉陵江时隐时现。往左可看到北碚市，往右可看到合川县的澄江镇，对岸是云雾缭绕的缙云山。散落川外校舍的松林坡，是缙云山缓慢伸向江边的一个余脉。山顶上有一大片高低不等的农耕地。

爬上对岸山顶观山望水，与站在校门口的所见完全不同，视野开阔很多，顿有脚踏山川、头顶青天之感。开学后不久，我写了一篇《嘉陵江啊你多么美丽》的诗，作为新生的投稿交至广播站。诗文如下：

> 多少人把你歌唱啊嘉陵江，
> 愈唱愈悦耳，愈唱愈响亮。
> 我第一次来到你的身边，
> 激起我千思万绪，百般浮想。
>
> 你玉带般从秦岭飘入长江，
> 你又像一道彩虹从天而降。

第五章 嘉陵校园 放眼世界

你碧绿如蓝，洁净清凉，
不含一点杂质，像甘露一样。

晨雾蒙蒙时，你迎接朝阳，
两岸松柏，披上灿烂的霞光。
姑娘把你当镜子，梳头化妆，
小伙把你当棋盘，推演攻防。

啊嘉陵江，你也曾给人们带来苦难，
多少人曾在你周边乞讨、流浪。
到而今，历史的辛酸一去不返，
美丽富饶的两岸，前途无量。

听吧，拖拉机在你周边轰响，
看吧，厂房林立，工人们日夜奔忙。
富庶的四川，你有一川的名望，
川南川北，就你承载着南来北往。

你上下运输钢煤粮棉、日用百货，
穿梭般的白帆，撒满你这江上。
川外学子们的读书声、笑声，
也伴随你滚滚东流，回荡四方。

嘉陵江啊你仙女般文静、秀美，

又气势雄壮，挺拔倔强。

川外学子都在学习你的榜样，

努力把自己摆渡到知识的海洋！

当然，后来我才知道，曾经爬过对岸山顶的同学极少极少。同学们有时间时，通常都是步行二三十分钟去北温泉。那是一个很有名的疗养胜地，有着错落有致的各式建筑，有各种各样的花坛草地，有大小不同的餐厅，有大小游泳池和室内浴盆，还有个乳花洞通到江水边。到大游泳池学游泳，是川外的体育课之一，还要考试记分。

时间比较充裕时，不少同学要么沿马路上行一个半小时去合川，要么花一两个小时下行，走崎岖不平的坡路去北碚。北碚，当时是重庆最美的一个区级市，有西南师范学院、西南农学院等高等院校。嘉陵江下行到北碚，江面开始由窄变宽，江水由急变缓，纤夫们也从北碚开始，逆水拉纤顺水摇，踏波踩浪任逍遥。

最让我感动的，是嘉陵纤夫们逆流而上的那种拼搏精神。只要到了江边，我就常与同学坐到石头上，看纤夫们如何拉纤。一年四季，特别是夏季，上行进入小三峡时，纤夫们少则三五人、多则十几人，要么赤身裸体，要么只穿裤衩，肩臂上套着很粗的绳索，吼着"哎哟哎哟"的川江号子，一步一步地往上蹭。为突破下行水流的冲击，他们用尽全力，可是还常常在原地踏步，这个时候不退就是进！

川外俄语系的周成堰老师，曾经写过一篇名为《嘉陵纤夫曲》的七言律诗，我认为，他对嘉陵纤夫的描述很到位。诗曰："嘉陵纤夫五更早，步量长流壮志高。袒臂赤足千斤负，不到合川不直腰。陡峭山石无足道，冰雪裸体进碧涛。盛夏烈日汗作雨，深冬寒霜浑身浇。虎胆精力何曾尽，逆水拉纤顺水摇。"

我们第一届德语班20人，来自农村、出身贫下中农家庭的人超过一半。有两三个同学是穿着草鞋进校的，张烈才同学经常打着赤脚。年龄差距也大，最大的生于1938年，最小的生于1944年，相差6岁。德语老师最初4人，来自不同地方，李广牧老师既教德语，又做思想政治工作，我们视他为班主任。赵天锡老师年龄最大，他把我们都看作孩子，我们视他如父。

老师中有一位外教，那就是李曼娜老师。她是英语系罗世清教授在欧洲留学时认识的一位德国汉堡小姐，二战期间来中国。他们有一儿一女，儿子取名罗华德，女儿取名罗德华。罗华德也进入我们第一届德语班，是那时川外唯一的一位混血学生。

1986年夏天，我在驻汉堡总领事馆工作时，李曼娜老师和罗华德同学已回德定居，他们从李承言同学那里得知我的地址，到汉堡找我。师生同学21年未见，分外高兴，我请他们到我家叙谈，共同入厨做午饭，而后开车带他们游览市容，晚上到"亚洲酒家"共进晚餐。此后联系过几次，留下一些美好记忆。

校园日记

1961年9月1日第一学期开学时，老师指定彭素华同学为临时团支部书记，她在中学时期曾被评为遂宁专区的优秀团员。一个月后进行选举，我被选为团支书，第二学年起被选为团总支委员、学生会宣传部长。团内我分管德、法两个专业各个班团支部，对英、俄专业各个班只与通讯员保持联系，目的是为广播站组稿。

我有记日记的习惯，但并不是每天都记，也不记生活琐事，而主要是记那些与自己和同学们的专业学习及与政治、思想成长有关的事。回首往事，翻翻五六十年前的"校园日记"，不免心潮澎湃，既记有当年所怀有的梦想和奋斗，也记有很多的不足和缺失，说不上无怨无悔。

1961年10月16日（周一）下午，几天前进行团支部和班委会选举，第一次开全班会。我被选为班上团支书，当然主要是我讲。我讲了支委会和班委会的组成，讲了一些要立即开展的工作，希望大家团结友爱、互帮互学。

对支部和班委会的工作，我说，我们将密切合作，支委开会时班长都参加，全班性的活动，班长要提前告诉支部，避免因为没有通气而受影响。对支部和班委会的工作有什么想法和建议，任何时候都可以提出，可以向任何支委和任何班委会成员提出。

大家关心的助学金问题，本周就会按每人已经填写的家庭情况进行全班评议。按规定，家里有固定收入的同学，所有费用自理；家里没有固定收入但有劳动力的同学，可以免交学费和每月12.5元的伙食费，但学杂费自理；家里没有固定收入也没有劳动力的同学，除免交学费和伙食费外，每月还可补贴学杂费3元钱。

此外，我还谈及一些想法，商定一个集体读报的时间，每月出一次黑板报，把文娱活动开展起来，每两周学一次团知识，成立一个团知识学习小组，组长由非团员担任。

我还说，学校将给我们每个同学发一个记分册，记录每学期的期末考试成绩，希望每学期我们每个同学，都能得到最好的分数，都应该为此而努力学习。

1961年10月26日（周四），第一期黑板报出来，全班同学都参与写稿、

第五章 嘉陵校园 放眼世界

改稿，最后选出11篇，以后每月更换一次。我写了一篇题为《大学青春》的诗，诗文如下：

> 列车飞驰，把我载向远方，
> 我的心啊扑扑跳动。
> 故乡的影子渐渐逝去，
> 新生活的到来令我神往。
>
> 翻过山岭，穿过隧洞，
> 只见一片幽静的风光。
> 在这青山绿水的嘉陵江旁，
> 实现了我久怀的理想。
>
> 老师、同学如同父母、兄长，
> 热情迎接，好像我是贵客一样。
> 宽敞、洁净的川外校舍，
> 为我们传授知识，提供精神的食粮。
>
> 开学以来我总是兴奋、激动，
> 经常难以入睡，通宵回想。
> 在那万恶的旧社会，
> 我祖宗几代都没进过学堂。
>
> 在我刚刚懂事的时候，

潼江弯弯流远方——一个农家子弟的家国情怀

1962年元旦,川外首届德语班全体师生第一次合影(第二排左一为作者)

新中国文坛领袖郭沫若为四川外语学院题写的校名

第五章 嘉陵校园 放眼世界

1964年5月27日，川外首届德语班师生在北碚歇马场农机校合影（后排左二为作者）

川外德语系创建人之一、首届德语班班主任李广牧老师1965年5月在家中的工作照

父母就要我放牛、拾粪、耕种。
看到有人读书、背诵，
父母又为我流泪，黯然神伤。

啊，天空出了红太阳，
土改办学，让我从此幸福成长。
而今，党又送我上大学，
怎能不叫我放声歌唱？

党对我们寄托无限期望，
要我们争做祖国建设的栋梁。
努力学习吧同学们，
又红又专是我们奋斗的方向！

开学四个多月来，我和同学们身处嘉陵山沟，学着外国语言，但好像并不是在山沟，而是在山顶瞭望世界。望罢世界，我们又想念着家乡、父母和亲朋。

1962年1月14日（周日），写了三封信，给爸爸和弟妹一封，给梓潼中学鲁旭校长一封，给县委宣传部张正华部长一封。

我告诉爸爸和弟妹，几个月没写信是我的不是，我到了川外既高兴又难过，高兴的是进了大学，难过的是离开了爸爸，离开了弟妹，离开了和蔼可亲的乡亲。我时常想念他们、梦见他们，梦见在家里、在生产队、在梓潼中学。

我告诉鲁校长、张部长，我几个月来的学习和工作还好，不会辜负他

第五章 嘉陵校园 放眼世界

们的希望。把我写的《嘉陵江啊你多么美丽》和《大学青春》两篇诗,都给他们各抄一份,祝他们春节快乐。这样忙了一整天。

大约两个星期后,收到爸爸寄来10块钱、4尺布票、4斤粮票,这都是我最想要的。也收到鲁校长、张部长的信,他们希望我不断努力,做到又红又专。鲁校长说他把我的两篇诗都给所有语文老师们传看,还登上了学校的墙报和黑板报。张部长的信很短,只两三句,另有一页不是他的字迹,上面写了几条名人的格言:

> 历史认为,那些专为公共谋福利而自己也高尚起来的人,是伟大的人。经验证明,能使大多数人得到幸福的人,他本身也是最幸福的。
>
> ——(伟大革命导师)马克思

> 只有从喷泉里流出的才是水,只有从血管里流出的才是血,只有革命者才能写出革命的诗篇。
>
> ——(中国文联主席)周扬

> 人类,是用忍耐、顽强、血汗甚至生命,来追求美好的、打倒丑恶的,始得生存和发展。追求与斗争的并行,愿望与经验的积累,就是美丽的诗篇。
>
> ——(苏联作家)奥斯特洛夫斯基

1962年暑假,回梓潼一个月。时隔一年回去,爸爸和弟妹喜出望外。爸爸内外忙乎,当爹又当妈。不到十岁的妹妹和七八岁的小弟弟,头发都很长，头痒难忍，我带他们进城理发、洗头。在家里时，小弟弟曾在地里抓到两只小老鼠，用火烧熟了给我吃，味道不错。

探亲访友少不了，去了堂叔罗治兴和两个堂兄罗国禄、罗国寿家，去了南桥魏家坝的大姐和潘家沟的二姐家，见了生产队长和公社社长，见了几个同学、几个老师和县委宣传部张部长，无不为我高兴。与邻居们随见随聊，农村很困难，又东奔西走，感到很累。

回家期间，读完小说《红岩》，更深入了解重庆黎明前的黑暗，了解新中国来之不易，理解院系领导为什么不断教育我们，要我们别忘新仇旧恨，学好本领。

离梓潼返校，在南街邮局买一张到绵阳火车站的卡车票，妹妹罗彬要跟着我去重庆，我说卡车又慢又不稳，过几天到邮局买张邮票贴到额头上，邮局就会把她寄到重庆，她竟然相信了。卡车开动后，小弟弟罗政还追着卡车跑，不想让我走。

1962年8月28日（周二），下午回到学校，休息几天，也准备开学后的事。给爸爸、梓中张旨耕老师、县委宣传部张部长写信，告平安返校。

9月10日（周一），下午四点，开支委会，接着开全班会。我说，漫长的暑期过去了，大家精神饱满地回到学校，艰巨的学习和工作任务等待着我们完成。有的同学在假期还总结自己一年的思想、工作、学习和生活，制订出改正缺点、争取新进步的计划，这很好。

我说，从个别交谈来看，暑期生活都很丰富，走亲访友、游山玩水、复习专业、读课外书，收获都不少。有同学假期相互写信，比如张烈才同学给我写信，我给他回信，这对增加彼此了解、更好相互帮助很有好处。

在过去的一年，班上刻苦读书成风，也都团结友爱、尊敬老师，绝大部分团员、同学的成绩都在提高。但问题也不少，有两个同学留级，一个

第五章 嘉陵校园 放眼世界

男同学一个女同学,占全班人数的10%,比例太高。还有同学经常无故缺课,不出早操,这有健康原因,也有不刻苦的问题,还有思想问题。

民谚说"好的开头就是成功的一半",刚刚开学,在新的一年也许会好些,也许没有变化,都应该以好的、先进的同学为榜样,争取有好的开始。团员,要从各方面严格要求自己,永远向上看,向更好的一面看。

如何对待经济困难?农村很困难,物价很低,本来粮食就少,我的路费还靠父亲卖粮。现在开学了,要缴书本费,希望身上有点钱的同学尽快缴,团员要带头,没有钱的同学要自己想办法,上学期我们班缴书本费最整齐,应该保持下去。

我说,有同学也许有钱,但不缴,想申请助学金,或者想再增加补助一点零花钱。有人反映,有同学公开叫苦,说腰无分文,背后什么东西都买。这里我要说明,评助学金及其他费用,是根据家里有没有固定收入、有没有劳动力,不是看进过饭馆、买过什么东西,只要不是浪费,不必过问。

现在有了一个新的德语班,今后开展各项活动,如文体活动、口语会话活动,会更容易一些。我们要处处给新同学们做表率,语音阶段最重要,只要新同学问,就耐心帮助。开学以来,陈世斌同学接待新同学、为新同学服务,都做得很好。

为开阔眼界,多了解城市、乡村,在这个全班会上,都简单谈谈自己的暑假见闻,相互交流,话多话少都可以,长短不限。

1962年9月16日(周日)上午,院团委书记卢开运作形势报告,讲国内形势,在此形势下如何开展团的工作。院党委和院团委,很重视形势教育和政治思想教育,总是根据国内、国际形势的发展变化,及时讲解,抓得很紧。

卢书记说，国内问题多、困难多，主要是原材料缺乏，工厂开工不足，工商业继续亏本，国家收入下降，行政经费紧张。以重庆为例，全市110多个工厂，全开工只有45个，开工不足47个，没开工17个，一半多工厂亏本。市内近10万人没有工作，没有收入，这些人以买卖票证维持生活，真正投机倒把的人很少。

但是他说，我们还能保持局面，保持政治形势稳定，人民还保持团结，所以形势大好。因为，贯彻调整的方针取得成果，缩短了工业战线，集中了原材料，更便于发展工业、安排人民生活。另外，压缩了在编人员，比如重庆压缩34万人，其中18万人直接回农村，加强了农业战线。重庆有三个县从压缩人员省出来的吃粮，等于一个县的征购任务。

他说，商品供应质量提高，人民币更值钱，物价降低，高级食品的销路小了。但也要看到，每出台一项措施都有一些副作用。党中央的指导思想是，想尽办法缩短困难时期，尽力把全国人民团结在党的周围。同学们要多了解形势，了解国家的政策和发展方向，首先团员们要认真学习，改进团干部的工作作风。

怎么改进团干部的工作作风？卢书记说，一是学习和贯彻《工作方法六十条》中第38条的精神，从实际出发，多做调查研究，恢复艰苦朴素的优良传统，做点点滴滴的工作；二是实行民主集中制，遇事多与团员和同学商量，团内的选举要坚持由团员提名，并进行讨论和无记名投票，让大家口服心服。

本学期团委的工作计划是，多进行形势教育和学习，特别是战备问题，我们一有困难，二有敌人，敌人一是美帝，二是蒋介石，我们必须提高警惕，别忘新仇旧恨。同时，要进行团的基本知识教育，计划10月作一次团知识报告，增加团员的光荣感和责任感。

第五章 嘉陵校园 放眼世界

1962年10月9日（周二）下午两点半，王丙申院长在大礼堂作报告，根据市委的传达再传达9月24日至27日党的八届十中全会精神，突出讲国际国内形势、国际国内阶级斗争，指出全会有重大历史意义，解决了国际国内一系列认识性问题。

国际形势，王院长说，总体是东风压倒西风，争取民族独立和解放的运动还在高涨，这是世界形势的主流，古巴、阿尔及利亚的武装斗争已经取得胜利。古巴革命的胜利动摇了美国在拉丁美洲的统治，而且古巴根本不惧怕美国断交、禁运、封锁。三月法国被迫承认阿尔及利亚独立，为非洲人民树立了武装斗争的榜样。他们都是学习了我们武装斗争和游击战争的经验，最终取得胜利。

对我们的最大威胁是美帝、苏修。美帝及其帮凶坚持对我国封锁、禁运，支持蒋介石反攻大陆。肯尼迪也在研究游击战和有限战争，要警惕他对我们不宣而战。苏联赫鲁晓夫主张放下武器、和平共处，通过东欧国家攻击我党，援印反华，从我国撤走全部专家，157个大项目全部停工。苏修还向我们逼债，要我们尽快偿还欠苏债款，进一步加大我们因自然灾害和工作失误而出现的经济困难。

党的八届十中全会讨论了国际形势和国内形势。国际形势朝着更加有利于各国人民的方向发展。我们应当继续贯彻实行我国对外政策的总路线，高举反对帝国主义、保卫世界和平的旗帜，高举革命的旗帜，高举无产阶级国际主义的旗帜，高举马克思列宁主义的旗帜，坚决地同帝国主义、各国反动派和现代修正主义进行长期的斗争。

我国人民当前的任务是：贯彻执行毛泽东同志提出的以农业为基础、以工业为主导的发展国民经济的总方针，把发展农业放在首要地位，正确地处理工业和农业的关系，坚决地把工业部门的工作转移到以农业为基础的轨道上来。我们生产的物资仍然不能满足城乡人民的需要，必须努力发展生产，同时注意勤俭建国、勤俭持家。目前还存在的一些困难，是完全可以克服的。我们的前途是光明的。

报告结束后，各系各年级各班进行认真学习和讨论。英法德三个专业的各班团支书和宣教委员10月13日（周六）下午向系党支部汇报，普遍认为深受教育，对国际形势有了明确了解，进一步鼓舞大家努力学好外语，将来更好地参加反帝、反修斗争。

1962年10月22日，美国宣布武装封锁古巴。第二天，古巴领导人菲德尔·卡斯特罗对美国进行了谴责。世界各地掀起反美浪潮、声援古巴，全院师生也义愤填膺，在俄语系楼前集会，声讨美帝。我夜不能寐，写诗《致菲德尔·卡斯特罗》一篇：

  菲德尔·卡斯特罗，
  你的祖国屹立西半球加勒比海岸，
  哈瓦那—北京两地连成一片。
  我们彼此相隔千山万水，重洋之远，
  共同的事业却把我们紧紧相连。

  我知道，是你英勇拼杀、奋战，
  从黑暗中拯救了古巴人民，
  让古巴站起来，站在反美斗争最前线。
  你是拉丁美洲的太阳，光辉灿烂，
  照亮美洲大地独立解放的明天。

第五章 嘉陵校园 放眼世界

我知道，罪恶的美帝国主义，

处心积虑要把你推翻，

而你，却把熊熊的革命烈火在它后院点燃。

狂风暴雨阻挡不了历史车轮的前进，

是你，正确指引古巴前进的航线。

啊，菲德尔·卡斯特罗，

愿你永远像山鹰般勇猛、矫健，

永远像加勒比海上空翱翔的海燕。

愿你在革命征途，不断鼓风扬帆，

把人间天堂在黑暗的美洲创建！

从那时以来，强大的美帝始终容不了一个小小的古巴，始终对古巴进行封锁、制裁。中国音乐工作者为声援古巴人民的反美斗争，曾创作出经典歌曲《美丽的哈瓦那》（*Beautiful Havana*），至今为中古人民喜欢。这首歌的歌词是：

"美丽的哈瓦那，那里有我的家，明媚的阳光照新屋，门前开红花。……黑暗的旧社会，人民做牛马，万恶的美国庄园主，逼死我的妈。妈妈她刚死，爸爸又遭毒打，爸爸被迫闹革命，拿枪打天下。跟着英雄卡斯特罗，打回哈瓦那，握紧拳头打美帝，保卫新古巴！"

这是叙事性、抒情性很强的歌词，如果唱起来，还会知道，那音乐旋律取材于拉美民歌。这首歌轻快、优美，唱响大江南北，唱响川外校园，是校广播站以及同学们联欢时，必选的歌曲之一，也是我个人哼唱的最爱。

在那个内外形势严峻、多变的年代，我和几个同学感到，有必要创建一个创作园地，以反映同学们的学习、生活和家国情怀。我们商量，办一个定期或不定期的油印刊物，取名《嘉陵》，计划1963年元旦出第一期，从英法德三个专业挑选几个文笔不错的同学为通讯员。

一切设想初步就绪时，我向团总支书记杨绍林老师汇报，并把编委会和通讯员名单给他。我原以为他会很高兴地表示支持，没想到他没有表态。过了两三天，他找我谈话说，学生不能办刊物，而且我没有事先请示，名单也有问题，不能只看文笔好，重要的是政治表现，要我做思想检查。

1963年1月12日（周六）晚上，我就创办《嘉陵》刊物出现的问题进行深入思考，写出几点自我检查：第一，没有事先请示，自作主张，违反组织纪律；第二，指导思想错误，只突出文艺性，淡薄了政治思想；第三，对撰稿人只考虑写作能力，没考虑其他表现，实属片面。杨老师看了之后，说我检查得不错，他要转交院团委，希望我吸取教训，继续做好日常工作。

那些年，院系领导当然也很重视对学生的专业教学。我知道德语是很难学的语言之一，主要是语法复杂。名词有性、数、格的变化，动词有时态、情态变化，句子为框型结构。有些动词还有好几个前缀，前缀不同，意思相反，而前缀又要在句尾出现，如果句子长，最后搞错前缀，还会闹出笑话。

再如，我感到学好德语中的数字很难，在写和说时都要花点时间换算。德语数字有"个、十、百、千"，但没有"万"，"一万"要说"十个千"，"六十六万"要说"六百六十个千"，如此等等。

德语数字中有"百万"（Million），但没有"千万"、没有"亿"，"一千二百万"要说"十二个百万"，"一亿"要说"一百个百万"，"两亿五千五百万"要说"二百五十五个百万"，如此等等。

第五章 嘉陵校园 放眼世界

有"十亿"(Milliarde)和"万亿"(Billion)这两个数字,"十五亿"要说"十亿和五百个百万","一百五十亿"要说"十五个十亿","九千九百亿"要说"九百九十个十亿",而后出现"万亿"。

如果谈话人不断讲很多大数字,翻译时很容易失误,有时还会弄得头昏脑涨、手忙脚乱。鉴此,我曾花很多时间来折腾数字,在德语、汉语间不断倒换,看德语说汉语,看汉语说德语,多练反复练,就会临阵不慌。

除了数字,有时好几个单词连在一起,中间没有任何介词,不了解情况就很难翻译成中文。工作中我曾见到过两个很长的文件名称:"Grundstuecksverkehrsgenehmigungszustaendigkeitsuebertragungsverordnung"(土地交易转移审批责任条例),多到有69个字母;又如"Rindfleischetikettierungsueberwachungsaufgabenuebertragungsgesetz"(牛肉标签监控委托移交法),有65个字母。我曾把这两个可能是世界上最长的文件名称念给德国朋友听,他们一听就懂,而我们很费劲,原因是我们不了解其社会背景。

此外,德语的读、写很一致,词尾的发音必须清晰可辨,句型排列有序,朗读起来很有韵味。譬如海涅的诗:"一首新歌,一首更好的歌,哦朋友们,我要为你们写歌,我们要在地球上建立起一个天国。"(Ein neues Lied, ein besseres Lied, O Freunde, ich will euch dichten! Wir wollen hier auf Erden schon, Das Himmelsreich errichten.)这该是何等优美的诗句!

又如,共产国际总书记季米特洛夫1933年9月在莱比锡法庭上就"国会纵火案"的辩护词,又是何等义正词严、气壮山河,读起来既给人语言美的享受,又鼓舞人的斗志。据记载,当时在法庭作伪证的纳粹头目戈林元帅,在法官提问时竟然变得语无伦次。这些都是我最喜欢朗读的选读文章。

在那四年,我为团组织和学生会的工作花去很多甚至是更多的时间和精力。翻看那几年的有关日记、笔记，耗时最多的，一是为校广播站写稿、组稿、改稿；二是团总支经常开会，分析各班团员的思想动向，还要排列名单，确定重点工作对象；三是具体安排各支部的政治学习，重点学毛主席的哪几篇著作，布置写学习心得，并收集起来上报；四是讨论一些同学的入团申请，在认为没有问题时，才让有关支部开会讨论。

为促使大家胸怀祖国、放眼世界，我曾发起并组织两次国际时事测验，每次出十来道填空题。结果发现不少笑话，譬如古巴在欧洲还是在美洲，有同学填写在欧洲；金日成和霍查，谁是阿尔巴尼亚领导人、谁是朝鲜领导人，有同学填写的正好相反；从中国撤走苏联专家的是斯大林还是赫鲁晓夫，有同学填写是斯大林；等等。

院系领导知道后，也都感到吃惊，认为学外语就得多了解世界，指出"胸怀祖国，放眼世界"不能是空谈，要落到实处，指示各支部各班都要加强时事学习，坚持集体读报，经常讨论和互相问答。

1963年11月10日（周二），英语系三个专业团总支改选后第一次开会，讨论不准学生谈恋爱。团总支书记杨绍林，总支委员谭少青、罗国文、陈于忠、豆必安，以及李代琴、傅佩生等参加，系主任程文也到会。程主任说，不准学生谈恋爱是高教部的指示，王院长要作报告，需要先了解情况。

根据已经提前布置并收集到的情况，总支会议进行了汇总，委托我整理出一个书面材料，交程主任报王院长。会后我整理出了材料，主要是以下几点：

第一，同学中对谈恋爱有不同看法。有同学认为，规定不谈恋爱很好，可以集中精力学习。另有同学认为，这是领导管闲事，不如多管一点别的事。还有的认为，不准谈恋爱让婚姻法规定的自由恋爱成了空话。学习成

第五章 嘉陵校园 放眼世界

绩好的同学认为，谈恋爱不影响学习，还会学得更好。

第二，承认与不承认谈恋爱的同学兼有。有的同学明确承认有恋爱关系，认为同专业的人走到一起最理想，参加工作后找对象不容易。多数谈恋爱的同学不承认在谈恋爱，甚至有的经常出双入对、一起钻树林草堆，也只承认他们在生活、学习上更接近一点。

第三，年级差别明显。四年级有两种倾向，一是赶快找个对象，二是一点不急；三年级处于高潮，都在眉来眼去；二年级比较平静，但苗头很多；一年级主要是外面求爱，尤其女孩上了大学，追求的人很多。德语一年级的同学杨刚红回信都忙不过来，还请人帮她写回信，法语一年级有个女同学有时一天收到的求爱信多达七封。

第四，专业内和跨专业的情况差不多。以德语专业为例，专业内相恋明显和不太明显的有八对，与其他专业的同学相恋明显和不太明显的有九对，有的内外都有动静，一变二甚至变三。其他专业的内外情况也大体各占一半。这说明，青年男女之间有好感就会有接近，有接近就可能相爱。

过了几天，程主任看了我写的汇总材料后，又召集总支委员开会。他说，男女同学间的关系的确是个人的事，别人看见了可以藐视，但不能仇视，只能个别做工作，劝他们在学习期间不要接近太多，英语专业有两个同学因恋爱怀孕被迫退学，俄语系要开除一对学生和一个老师，希望每个同学都重视，不要无所谓。

1964年1月31日（周五），英语系三个专业所有团干部到北温泉开会，院团委介绍即将去沙坪坝一周，参加市团委组织的团干部学习会，一要做到学习时安心、专心、虚心，达到学、赶、帮的目的；二要在学习期间严格遵守有关规定，不能中途缺席，学习要刻苦，生活要艰苦，休息要安静；三要准备几个文娱节目，以备与其他院校的团干部联欢；四要带够用具，特别是衣服、被褥不能少带。会上讨论，发言积极，一致表示严格遵守上述要求，委托我代表大家给院团委写一份保证书。

1964年2月1日（周六），全体院团委委员和各总支委员在团委办公室座谈，交谈工作情况及对团委的意见和要求，我把写好的十点保证书递交院团委卢书记，要点是：将怀着激动心情参加市团委组织的学习和经验交流大会；首要目的、任务和意义是使团干部的思想革命化；坚决做到安心、专心、虚心，不开思想小差，不自以为是；认真做笔记，积极发言，把大会精神记下来、带回校、传开去，坚决贯彻执行；为别人着想，把方便带给别人，不向大会单独提任何要求；为集体为别人做好事，有求必应，无求伸手；相互关心，相互照顾，发扬团结友爱精神；做到对自己负责，相互负责，顺利完成学习任务。

1964年4月4日（周六），晚上写好给德意志民主共和国洪堡大学笔友尤塔·乌尔苏娜·特尔托夫（Jutta Ursula Teltow）小姐的回信。3月30日上午，收到她的来信，要我同她多谈谈目前我们时代面临的一些重大问题，要我给她寄几张我们学校的图片和我的照片。在写信的过程中，我发现自己的知识太贫乏，许多词汇不知道，许多句型用不上来，可怜得很。我买了六张歇马场农机校校景的图片，一张我自己在北泉公园的照片，希望她从中了解我们学院的生活——今天这美好的生活。

1964年4月11日（周六），下午两点半，礼堂，法德语系建系大会，院领导都参加。会场装饰朴素、庄严，乐声四起，全体师生衣着整齐，笑容满面。院党委马书记和法德系于主任讲话，把国内外形势和任务讲得一清二楚，要求我们全体师生鼓足干劲，力争上游，不断提高政治思想觉悟，努力学好专业知识。我受委托，代表英语系法德系团总支发言，全文如下：

第五章　嘉陵校园　放眼世界

敬爱的马书记、王院长，敬爱的各位院系领导，亲爱的老师们、同学们：

今天，我们法德语系正式成立，这是一件令人振奋的大喜事，我们共青团英语系法德系第一届总支委员会，对此表示最热烈的祝贺，对院党委的辛勤教导和亲切关怀，表示最衷心的感谢！

法德语系的成立是我们院不断发展壮大的结果，也是今后更加发展壮大的里程碑。而最重要的，是让我们进一步认识到，随着我国国际地位的日益提高及社会主义建设的蓬勃发展，党和人民对我们的要求更高更迫切，我们的学习任务更繁重更光荣。

目前，我们正处在全民大学毛主席著作、大学解放军、广泛开展比学赶帮超、促进思想革命化和推动工农业生产大发展的群众革命运动中，到处风和日丽、鸟语花香。在这样大好的形势和美丽的季节，我们团总支一定在院党委、院团委和系党支部的领导下，更加认真地组织广大同学学习毛主席著作，积极开展文娱体育活动，促使同学们的思想觉悟迅速提高和增强体质健康，更好完成学习任务。

本学期开课以来，我们法德系的同学在毛泽东思想的光辉照耀下，有了很大变化，好人好事层出不穷，系风班风天天改变，争取政治进步、努力提高学习成绩已蔚然成风。我们一定要在这样的基础上，更加坚决地依靠党的领导，进一步做好团的工作，使每个同学都"读毛主席的书，听毛主席的话，做毛主席的好学生"。

最后，祝法德系成立大会圆满成功，祝各位领导、各位老师、各位同学工作、学习顺利！

共青团四川外语学院英语系法德系总支委员会

一九六四年四月十一日

1964年4月17日（周五），上午10点课外活动，张哲文书记同我沿操场边散步，谈及学生会和团总支工作。他有几句话很精彩，他说：做事要认真，要说干就干，干就干好；没有行动的口号一文不值，言行一致才是无价之宝。接着，他说：学毛主席著作、学解放军的目的，是为了提高思想，而提高思想则是为了搞好专业学习，毕业后更好为人民服务，因此，学生的主要任务还是要学好专业，要把解放军那种苦干硬干的精神用到专业学习上来。

1964年4月18日（周六），我们德六一届被评为三好团支部，团总支要求支部总结工作经验，支书张烈材、班长苏吉儒问我，这个总结应当怎么写。我写了一个提纲给他们，题目可以是"团结奋斗，向又红又专努力"，可包含这几点：（一）支部简要情况，全班16人有哪些新气象；（二）重点讲怎么围绕开展三好活动学习主席著作；（三）怎么健全支部组织生活，既集体领导，又充分民主；（四）怎么密切干群关系及团员和青年的关系；（五）好人好事，比如班长苏吉儒给生病的同学姚学渊送水送饭，支委刘桂荣关心经常生病的同学张鸿萍，支书张烈材在农村社教运动中，多次同怕狗、怕鬼、怕走夜路的王满玲同学谈话，鼓励她工作；（六）提几点新的工作计划。

1964年4月24日（周五），川外1958年建院后第二届院党委召开第一次党员大会，院党委要求团总支写贺信，总支委员们委托我执笔。经过几天的思考和琢磨，我写好了贺信，摘要如下：

第五章　嘉陵校园　放眼世界

敬爱的四川外语学院第二届党委第一次党员大会主席团及全体党员同志：

今天你们的大会隆重开幕，这是我们全院师生政治生活中的一件大喜事，我们英语系和法德系团总支并代表两系全体团员，向你们致以最衷心、最热烈的祝贺！

在院党委和系党支部的直接领导、亲切关怀下，我们团总支的工作一年比一年好，成绩越来越显著，全体团员和青年在德、智、体方面，都进一步得到全面发展，思想觉悟和专业成绩都有明显提高。尤其是本学期广泛、深入开展学习毛主席著作、学解放军的运动，思想面貌和读书风气有了很好的变化，好人好事层出不穷，好的系风班风正在形成，团结、紧张、严肃、活泼的新气象正在出现。

敬爱的大会主席团和党员同志们，我们坚信，通过这次党员大会的召开，全院的政治思想和教学工作将会出现一个崭新局面，我们会继续组织全体团员和青年坚持学习解放军，活学活用主席思想，认真运用解放军四个第一的政治工作经验，教育团员和青年真正做到"读毛主席的书、听毛主席的话、照毛主席的指示办事"；教育团员和青年勤奋学习，刻苦读书，树立为革命奋斗到底的雄心壮志。

最后，让我们预祝大会圆满成功，祝同志们身体健康，致崇高的革命敬礼！

共青团四川外语学院英语系、法德系总支委员会
一九六四年四月二十四日

1964年5月初的一天，上午下课后，我去北碚第九医院看病（皮肤过敏），门诊处有一个病人因疼痛，大声呻吟，但无人过问。我建议护士尽快安置好这一病人，病人要求护士到北碚市内的中山路去通知家人，但护士没有空。我主动帮助护士去做这一工作，当我把病人的家人领到医院时，虽然跑累了，但心里很高兴，护士已帮我挂了号。病人看着我也很高兴，问我是做什么事的，我说我是北温泉外院的学生。

为维修、加固英法德三个专业的教学楼，1964年5月中旬，这三个专业的师生搬到北碚歇马场原农业机械学校上课。那里与农村直接相连，随时都可看到农民在田间、地里劳作。离校不远有一条不大的河叫磨滩河，还有一个小瀑布，成为师生们观赏的新景点，有时还能在那里抓到鱼。此外，校内有很多蟠桃树，蟠桃成熟时可随手摘取，我们正好赶上一个蟠桃成熟期。月底，在歇马场的磨滩河畔，我为庆祝建党43周年写了一篇广播诗《七一献礼》，诗文如下：

> 党啊，亲爱的母亲，
> 今天是你伟大的43岁生辰，
> 应该给你献上什么礼物，
> 才能表达我们对你的忠诚？
>
> 我们都知道，最感恩的亲人，
> 莫过于生身的母亲，
> 但母亲又怎能和你相比？
> 是你哺育我们成长为真正的人。

第五章　嘉陵校园　放眼世界

我们曾经度过的美好时辰，

是春日傍晚与朋友交谈第二天的黎明，

但这远远比不上你每次的谈话，

字字入肺腑，句句动心灵。

我们寻找着宇宙间最宝贵的事物，

寻找着人世间最光明的象征，

但总没有让我们称心如意的礼品，

就是太阳也不能和你相提并论。

是你，让中华民族获得独立解放，

是你，为我们指出光明前景，

你，世界上最伟大的政党，

各国被压迫人民，都希望得到你引领。

伟大的党啊，亲爱的母亲，

为你的生日献上什么礼物最好？

收下吧，我们不停跳动的一颗红心，

我们永远对你的赤胆忠诚。

是的，不管海枯石烂、地裂天崩，

也无论抛洒热血、献出生命，

我们都会像雷锋那样忠心耿耿，

潼江弯弯流远方——一个农家子弟的家国情怀

时刻准备着，迎接战斗的来临！

1964年7月4日（周四）晚饭后，去找李广牧老师，汇报我对本班团支部的看法，他基本同意。他说，支部没搞好的主要原因是没有核心，没有一个得力的人。他的这个看法是我没有预料到的，他说，下学期的班团干部该如何安排，可以早点考虑。

李老师说，今后我有什么想法一定要及时汇报，有不对的或错误的可以立即得到纠正，一年前办《嘉陵》期刊的事，汇报就不及时。他希望我处处听党的话，尽量团结同学，少开不必要的玩笑，有同学之所以对我有意见，就是因为玩笑开得不合适，比如我把穿黑白条纹T恤衫的同学叫作斑马，让人反感。

不准学生谈恋爱，不准师生谈恋爱，不准在读书期间恋爱结婚，曾经是高教部要求给师生做工作的明确指示，当然是川外党团组织重要工作之一，目的是引导、鼓励学生集中精力和时间学政治、学专业，做又红又专的革命事业接班人。

新中国成立后，中央提出逢五小庆、逢十大庆。1964年国庆具有特殊意义，因为逢五，更因为全党全国人民度过了困难时期，出现欣欣向荣景象，国际上也取得反帝反修斗争的重大胜利。在此形势下，院党委早早指示准备庆祝国庆十五周年，举办师生联欢活动。

1964年9月一开学，为喜迎十五周年国庆佳节，院党委号召大唱革命歌曲、大跳革命舞蹈。法德语系各班互教互学，在草坪、礼堂、过厅，随时都有人教唱歌曲、排练舞蹈，课间休息时同学们也互拉互唱，歌声四起。大家学唱的都是革命歌曲，有效抵制了那些咿咿呀呀、卖弄风情、追求虚荣的资产阶级靡靡之音，有利于清除那些诱使青年消极颓废、悲观厌世的

第五章 嘉陵校园 放眼世界

肮脏东西。

十五周年国庆期间，德六一、六二届两个班，在系党支部的具体指导下，用表演唱形式演唱毛主席诗词，我朗诵毛主席的《沁园春·雪》。通过排练和演唱，大家对毛主席开阔伟大的革命胸怀、磅礴凛然的英雄气概和坚定必胜的革命信念，有了进一步体会。许多人都感到"唱一次革命的歌，等于上了一堂政治课"，要永远高唱革命歌曲。

国庆后，院党委马书记讲话强调，文体活动是思想革命化的重要阵地之一，要加强对教师业余和学生课外活动的组织和领导，并亲自召集曾经参加"跑北京"象征体育赛的师生开会。大家都充分认识到，要唱歌就唱反映革命斗争和生产建设的歌，要跳舞就跳体现人民勤劳、勇敢、战胜困难的舞，振奋革命精神。

1964年10月13日（周日），英法德三个专业的师生200多人，到磨滩公社参加农民的秋收秋种。我们班分四个小组，我和李翼康、罗华德三人一组，天黑时才到指定的生产队，分住在社员家，吃饭交钱交粮票。队长很热情，说社员们积极性很高，生产形势很好，阶级斗争也开展得不错，有个犯罪分子无人不控诉。

为时一周，我们主要帮助劳力较少较弱的社员家干活，收红薯、挖水沟、种小麦、种大蒜、翻晒粮食、挑水等。晚上，参加社员大会，或组织社员学习党的政策，比如学公社工作条例60条，或参加社员的文娱活动。有一次，几个姑娘坚持要我们讲故事，罗华德讲了一个"美国传教士和渔夫"的故事，我讲了我母亲曾给我讲"傻女婿"的故事，逗得大家哄堂大笑。

到10月19日，最后一天，下午乔队长组织社员与我们座谈，他全面表扬我们，说我们六天每天都干得很好。姓李的老社员说："读书人都是斯文人，但你们这三位不是斯文人，很像做活路的把式，见事就做，从没闲过，天天早晨社员还没起来，你们就把水挑到门口，不辞辛劳。"下午四点半，全队的男女老少欢送，把我们送到大路旁、小河边，我们走出很远了，他们还高声要我们慢慢走、常去玩。

返校后，有两个姑娘来学校找李翼康同学，后来一个姑娘又来找他，我告诉他，思想上别开小差，要把精力集中到学习上。德语专业三个班就下乡与社员同吃同住同劳动的收获，合办一张名为《收获》的墙报，不少同学写诗写文谈感想，从不同方面讲述自己的几天经历。我写《致读者》诗一篇，作为墙报的序言：

我们，川外的德语学生，
在这金色的秋季到了农村，
参加收获丰硕的果实，
更为来年的丰收耕耘。

无论天晴、秋阳似火，
还是绵绵细雨、路滑泥泞，
起早贪黑与社员一起，
处处响起我们欢快的笑声。

社员与我们互为亲人，
天天商量办事、促膝谈心，
在晾晒场上，还是小路田埂，
或者晚上点着一盏油灯。

第五章　嘉陵校园　放眼世界

老大爷以"生产好把式"，
竖起拇指称赞我们，
老太婆笑得两眼一条线，
说我们是能文能武的好学生。

短短的六天一闪即过，
收割、播种、宣传、访问，
你讲故事、我唱歌，
明月高照，热血沸腾。

快走了，水缸是否挑满，
院子是否打扫干净？
纯朴、可亲的社员，
立刻为我们举行座谈、饯行。

小孩子拉着衣角不放，
姑娘嘟着嘴，有话又不吭声，
大嫂子端来橘子、花生，
队长说"这是给外院的感谢信"。

告别了，都有点难舍难分，
直到磨滩河边，社员还目送我们，
我们深情回望，写诗写文，

潼江弯弯流远方——一个农家子弟的家国情怀

这里汇集一部分，敬请批评指正！

  1964年12月9日（周三），全院举办纪念"一二·九"爱国学生运动29周年大会，院团委书记卢开运讲话。他说，1931年日本制造"九一八"事变、侵占我国整个东三省后，又对华北虎视眈眈，于1935年挑起华北事变，强行要求获得对北平的管辖权，南京国民政府节节退让。

  在黄敬、姚依林等共产党员的领导下，1935年12月9日，数千名北平爱国学生上街游行抗议，高呼抗日救国口号，遭到国民政府疯狂镇压。随即，北平学生南下天津、南京、上海、杭州、武汉、广州等地广泛宣传，引发全国性大游行，唤起中国人民新的觉醒和反抗。

  这是一次伟大的爱国学生运动，值得我们永远纪念。按惯例，凡有重大活动时，我都会写诗写文，这次写的诗题为《沿着"一二·九"青年的道路前进》，最后三段是：

> 嘉陵江的流水昼夜奔腾，
> 嘉陵两岸的松柏万年长青，
> "一二·九"青年的革命精神，
> 激起中华儿女新的觉醒。
>
> 你们高喊"打倒日本帝国主义"，
> 你们对蒋介石的妥协退让满腔愤恨，
> 你们南下北上、东讨西征，
> 成为中国青年浴血奋战的典型。

第五章 嘉陵校园 放眼世界

> 毛泽东时代的我们川外学生，
> 今天纪念你们，个个热血沸腾，
> 为建设更加美好的新中国，
> 我们也会前仆后继、英勇奋进！

1965年2月24日（周三），上午10点，礼堂，法德语系金书记（王院长夫人金辉）作上学期工作总结报告。她说，取得的成绩是：敢于暴露思想，进行自我革命；提高了阶级觉悟，增强了阶级观点；组织性和纪律性加强了；学习成绩普遍提高，阅读能力加强。

对新学期的要求，金书记讲三点。第一，要有正确的学习目的，为家庭为父母学、为成名成家学、为金钱美女和个人享受而学、为不"修理地球"而学，都是错误的。有这些思想的人，贪图安逸，畏惧困难，学习上得过且过、马马虎虎。只有有了正确的学习目的，才能端正学习态度，也才能刻苦钻研。第二，要培养劳动观念、热爱集体劳动，只有与社会劳动结合才能思想革命化。第三，要有正确的幸福观，有什么样的世界观就有什么样的幸福观，世界是劳动人民创造的，通过劳动来创造一切是最大的幸福。

金书记的讲话让我更加明白，在学生时代的最后一学期，一定要过一天就有一天的收获。这一学期，既要做好毕业考试和毕业鉴定，又要做好服从毕业分配的思想准备，对社会工作要保持积极热情，但要更合理地分配精力和时间。

1965年3月，院党委对班团干部进行集体培训，主要是集中学习文件，组织讨论，相互交流。3月6日（周六），法德系金书记作报告，指出班团工作是最基层、最光荣的工作，要做好这一工作，第一要认识到它是革命工作的一部分；第二要认识到，担任社会工作可以使我们个人更好地成长，有助于提高我们的政策水平和组织能力，到了实际工作岗位后，就可能很明显地表现出来。

对于专业学习，金书记说，上课一定要用心听，自习时认真复习，抽一些零星时间考虑社会工作，这样就会做到学习、工作两不误。当干部，如果犯点错误，认真检查改正就行了，不要因为怕出错而不愿当干部。当干部要坚持原则，坚持原则不一定会得罪人，言教不如身教，只要自己处处带头，就会起好作用。思想工作和事务性工作是不可能截然分开的，重要的是改进工作方法，学会弹钢琴，抓主要矛盾，抓中心工作。

金书记说，通过这次培训学习要解决三个问题，一是建立班团一级的领导核心，二是了解经常性的工作方法，三是如何对少数后进同学做工作。最后，程文主任作五点指示：一是支部抓政治工作时要坚持四个第一；二是班委会要抓好专业学习，本学期要对教学方法进行改革；三是要尊师爱友，不能认为老师有缺点就不礼貌；四是班团要共同抓好各种课外活动；五是各班团要安排两个周六下午的讨论。

1965年4月13日（周三），全院师生举行攀登缙云山最高峰狮子峰的登山活动，我们德六一届全班男生精神饱满、斗志昂扬，用时40分钟左右首先到达终点站，获得第一名的光荣称号。就此，我给广播站写了一篇广播稿《我们是怎么登上狮子峰的》，全文如下：

> 4月13日，最难忘的一天，这一天风和日丽，学校举办建院以来最大规模的登山比赛，路远人多，热闹非凡。我们德语六一届全班男生，在强手并列的登山竞赛中，获得第一名的光荣称号，大家兴高采烈。许多兄弟班也对我们表示热烈祝贺，周围那

第五章　嘉陵校园　放眼世界

些苍松翠竹，在春日的微风中，仿佛也在为我们欢呼，掀起阵阵松涛。

按院办规定：每个班的男同学都必须参加；每人都必须背一个不少于五公斤的背包；按集体到达山顶的时间先后，确定第一、第二、第三名，颁发大红奖旗；从第四名起，按集体到达山顶的时间排序，在全院张榜公布，以示鼓励；如果有的班到了山顶，但有人掉队，那就由各班自行表扬登顶的同学。

我们班是怎么遥遥领先、勇夺第一的？我们都采取了哪些措施、并引以为豪？常言道"胜利和欢乐是斗争而生的双胞胎"。第一，我们班对这次登山比赛特别重视，半年前院办一公布这个计划，我们就鼓励全班同学加强体育锻炼，苏吉儒、张烈材、李翼康等同学天天坚持长跑或冷水浴，体质不断增强，成为这次登顶的骨干力量。

第二，登山之前我们反复动员，要求大家做好克服一切困难的思想和精神准备，抱着"为革命而登山"的意念，决心把缙云山上的狮子峰当作"与敌人争夺的据点"，非拿下不可。赛前个个摩拳擦掌，充满必胜的信心，体力最弱的徐云涛同学也说："大家放心，我一定拿出解放军和敌人作战的精神登上去，绝不掉队。"

第三，登山时我们做了周密的组织安排，按体力强弱搭配，把十人分成三个战斗小组。从一出校门到登上山顶，组与组之间、个人与个人之间，一直相互帮助、彼此鼓励，姚学渊、杨兴正同学沿途一直互换着为体弱的同学背行李。姚学渊同学还一路呼唤后面的同学"赶快追上来"，要中间的同学往前追，要前面的同学"加油,继续前进",个子最小的邓应祥同学一直尾随身材高大、体格健壮的"大胡子"罗华德,没有落后一步。

通过这次登山比赛,我们十个男同学进一步认识和体会到三点:一是开展任何集体活动之前,都必须做好思想动员,战略上藐视困难,战术上重视困难,首先从精神上把大家武装起来。二是付诸实际行动时,要强调组织纪律性,并充分考虑到可能出现的具体问题,做好组织安排,以便途中及时排忧解难。三是在活动过程中,必须要有人不断吹冲锋号,不停地为大家鼓劲、加油。

登山比赛之后,我们立即召开全班会议进行总结,大家畅谈心得体会,有同学十分激动地说:"我不是登上山来的,我简直就是被同学们用力推上山来的。"是的,通过这次比赛,我们才又一次深刻体会到雷锋说"胜利从团结中来,力量从集体中来"这两句话的真实含义。我们要在毛泽东思想的指引下,更好地向雷锋同志学习,决心在最后一学期以优异的成绩向党汇报。

1965年5月4日(周二),全院举行五四青年节四十六周年纪念大会,院党委马矶亭书记出席并讲话。会上表扬一批学习毛主席著作的积极分子,为一批同学加入共青团举行入团宣誓仪式。在学习《五四运动》和《青年运动的方向》这两篇主席著作时,大家知道了共青团员应当起模范作用,那么什么是模范作用?毛主席说:"模范作用就是带头作用,就是走在革命队伍的前头。"

1965年5月15日(周六),下午两点,出校门左边过一个山沟小桥,右边斜坡上的"重庆市北温泉煤炭工人疗养院"。这一天,在该院疗养为

第五章 嘉陵校园 放眼世界

"模范残疾军人"举行表彰大会。李广牧老师的夫人苏医生和朱雁冰老师的夫人何医生,都在该疗养院工作,李老师和朱老师也都住这所疗养院,与疗养院的领导和医护人员很熟。

一个多星期前,李广牧老师找我,要我代表外院学生为在疗养院举行的这个"模范残疾军人表彰大会"写一篇贺词,主要赞扬残疾军人们一生忠于党忠于人民,为党和人民流血流汗,身残志不残,始终在为党和人民默默奉献。而且李老师说,残疾军人们想听听外语到底是什么味,因此李老师要我一稿两用,既用中文也用德文朗读。

我写了一篇朗诵诗,中文写好后请李老师修改,译成德文后,李老师让我请朱老师修改。疗养院的礼堂座无虚席,二十多个在该院疗养并练就一身特殊技能的残疾军人受到表彰,我先用中文后用德文朗诵同一篇诗:

一颗永远忠于党的心——献给北泉疗养院模范残疾军人(Ein Herz bleibt der Partei ewig treu—den vorbildlichen invaliden Soldaten vom Erholungsheim Beiwenquan gewidmet)

疗养院模范残疾军人们,
我代表外院同学,向你们举手致敬,
你们个个身残、志不残,
为我们展现了特殊的伟大人生。

你们,是祖国的优秀儿女,
你们对毛主席无限热爱、无限忠诚,
战场上,你们用刺刀劈杀敌人,

残疾了，你们仍然是无畏的士兵。

爱祖国恨敌人，是你们独有的特性，
征服困难，是你们最擅长的本领，
你们的热血，始终在周身沸腾，
你们的精力，像松柏一样永远旺盛，

没有眼睛，你们照样读书看报，
没有双手，你们一样写字弹琴，
失去耳鼻，你们同样能分辨好坏香臭，
失去两腿，你们也能疾走飞奔。

这是什么？这是钢铁般的意志，
这是永不残废的一颗红心，
残疾带来的困难算得了什么？
你们创造的人生奇迹，石破天惊。

英雄模范的残疾军人们，
你们无穷的力量和信心，
鼓舞我们外院学生决心学好本领，
像你们一样永远忠于党、忠于人民。

而今，社会主义建设正在巩固调整，
全国人民意气风发、团结奋进，

第五章 嘉陵校园 放眼世界

> 祝愿你们，模范残疾军人们，健康长寿，
> 祝愿我们伟大祖国繁荣昌盛！

会后，李老师让我到他家一起做晚饭。我不是第一次去他家，并不陌生。他家就一间长方形屋子，除了他和苏菲医生，还有两个女儿。一家四口，两张床，一个小方桌，几个独凳子，靠门边一个窗子，一张写字桌，一个藤条椅。所说厨房，就是在屋外的小台阶上有一个炉子，可以烧煤，也可以烧木柴。我洗菜、递水，李老师操刀掌勺，不一会苏医生回家，我们边吃边聊。

到重庆巴县参加农村社教运动

中国革命的胜利是从农村革命开始，中国经济的发展基础是农业，如何在农村进行社会主义革命，最大限度把农民动员起来，历来是党中央和毛主席最关心的问题。在全院师生学毛主席著作时，大家也都学了《中国社会各阶级的分析》和《湖南农民运动考察报告》，认识到做好农村、农业、农民工作的重大意义。

1964年2月21日至3月27日，英法德三个专业的师生共187人，在系党支部书记兼系主任于景元率领下，参加重庆巴县铜罐驿区五个公社的农村社会主义教育运动。于书记指定我给他当秘书，从行前的有关准备工作，到返校后各方面的总结，都由我按照他的安排来具体负责。这对我来说，毫无疑问是一个担子不轻的艰巨任务。

出发前一个多星期，院系领导都从各个方面讲这场运动对国家、对培养我们青年学生的重大意义。行前两天2月19日，院党委马书记还作国际

国内形势报告，他引用毛主席的话说，一个青年是革命的、不革命的还是反革命的，最后的分界线就是看其是否愿意与工农相结合；说这次下乡参加社教运动是我们自己提出的，一是为了锻炼和改造我们自己，二是为了帮助党的工作队搞好社教；要完成这两项任务，需要我们具有坚定的阶级立场和政治观点，要吃苦耐劳，要有勇气放下知识分子的架子，真正做到与农民同吃同住同劳动。

2月21日（周五），正月初九，早晨七点，天还没有完全亮的时候，所有师生都已用完早餐，并已在俄语系楼前的大坝排好队，由各专业各班事先指定的负责人点名，确认所有人员悉数到位以后，随即按指定的车号分头上车出发。总计九辆卡车、两辆吉普车，每辆卡车坐二十来人，每人都把自己的背包作为坐凳，也挺舒适。

两辆吉普车一前一后，于书记要我跟着他坐第一辆吉普车，走在最前面，车上的另一位是市委驻巴县社教工作组的组长，负责带路。第二辆吉普车负责前后联络，途中曾有一辆卡车抛锚，需要紧急检修，前后所有车都必须找合适的地方停下来等候，好在等的时间不太长，大约个把小时。路上欢声笑语，每个人都有一种意气风发的感觉。

路上的午餐是，食堂给每人都发了两个馍馍（馒头）、一个鸡蛋和一点咸菜，每辆车上都有两三个暖水壶，自取自用。于书记要求所有车同时到达，这就要求路途必须彼此关照，特别是关照途中要求方便的师生。到达铜罐区委时已是下午三点左右，几个公社的负责人早已在那里等候，而后按人数和名单把师生分别带走，再由公社分配到各个生产队。

师生们都走后，我跟随于书记入住区委招待所，一个要进三道门的小院子。随后，与市委工作组组长等几人吃晚饭，听他们介绍当地情况，他们都表示很欢迎我们。于书记介绍我们的师生情况，强调我们都不太了

第五章 嘉陵校园 放眼世界

解农村，都是下乡来学习的，希望多作具体指导，有问题时请随时批评指正。

巴县铜罐区位于长江边，每个公社、每个生产队的情况很不一样，有山区平原之分，有生产好生产不好之分，有人口密集和分散之分。师生们都分成三至五人一组，分住有条件的农民家里，吃饭为"排饭"，即轮流去农民家吃饭。有的农家的厨房、厕所和猪牛圈是相通的，这对出身农村的师生来说没有问题，但出身城市的师生就很不习惯。而且那里山区的农民都讲土话，比如把吃饭叫"白车"（意为摆餐），把老婆叫"堂客"（如在湖南），很难懂。

于书记出身贫苦，参军很早，在部队学的文化，文化水平很好，能写一手好字。他参加过锦州战役、天津战役，与战斗英雄郅顺义属同一个连队，身上有很多伤疤，胸腔内还有一块弹片没有取出。他说，每场大战都有许多战友倒下，攻入天津城区时就在他身边的一个战友，被敌人的炮弹拦腰炸成两段，他也早就做好了随时牺牲的准备，不管遇到什么情况，都只顾冲上去与敌人拼搏。

到农村后，于书记给我的工作是，为他做记录、起草讲话稿，每周给市委工作组写一份简报。为此，就需要跟着他不断了解师生们的工作和生活情况，了解公社、大队的情况，有时我也单独活动。我是第一次到长江边，长江比嘉陵江开阔、壮观得多，但我要做的事的确很多，没有时间写诗弄文，只写了几段顺口溜似的小诗。

作为川外的一段历史，我想按照保存下来的一些原始资料，对英法德三个专业的师生共同参加的这次农村社教运动，做些比较具体、清晰的介绍，原汁原味地重现一下当时的农村，以及师生们在农村近一个月的工作、生活和精神面貌。

第一，情况简报。下乡工作一周后，2月29日为于书记起草了第一份简报，题为《四川外语学院师生参加铜罐区农村社会主义教育运动情况简报》，经于书记修改、抄清后，随即送交给市委巴县工作组。简报的主要内容是：

外院参加铜罐区农村社教运动总计187人，其中教职工20人，占10.7%；党员4人，占2.14%；团员75人，占40.1%。遵照指示，具体分布为：西彭公社60人（德语专业）；园明公社65人（法语专业）；跳登公社19人、陶家公社22人、宝华公社20人（英语专业）。

2月21日下午5—6时，分别到达指定的生产队。

由于下乡前的动员、准备比较充分，以及下乡后市委各工作队的正确领导及良好影响，全体师生热情高、干劲足，虚心谨慎，服从领导，工作队普遍反映师生们都很"听话"。在高度分散的情况下，大家愉快地接受任务，不像以往怕犯错，喜欢"抱团"，不敢说话。这主要是因为行前都做好了思想准备，解除了顾虑，愿意大胆工作。

具体表现是，到达各生产队的当天晚上放下背包后，许多师生随即都去参加有关会议，开始在学中干、干中学。一些平时不爱说话、不敢说话的同学，到了农村也能积极发言，宣讲党的政策。从吃住看，所有师生都住贫下中农家里，与贫下中农"四同"（同吃、同住、同劳动、同商量），表现正常，没有怨言。

在短短的第一周时间，已出现不少好人好事。园明公社亲民大队的干部说，他们原想把法语专业沈约翰老师及几个同学都安排在生活条件比较好的农民家里，但沈老师等以理谢绝，要求住到生活比较苦的农民家里，队长只好改变主意，重新安排。在农民家里主动干活，比如挑水、打扫卫生、烧水做饭等，都已成为普遍现象。

第五章 嘉陵校园 放眼世界

前几天气温突降,有的同学衣服单薄,手脚冻僵,但仍坚持开会,给群众留下良好印象。在园明公社三大队的法语专业苏宗林同学感冒发烧,还有点吐血,劝他回住地休息,他也不离开,带病坚持工作。在西彭公社的德语专业师生,纷纷表示要做到"四同",站稳立场,不出政策偏差,与贫下中农交知心朋友。在宝华、陶家、跳登公社的英语专业师生,明确表示要把话说准、把事做对。

与此同时也出现了一些问题,主要是有些比较胆小的女同学"怕狗咬"、"怕坏分子谋害"、"怕出错",这也影响到一些工作的顺利、深入进行。有的工作队如宝华工作队的王队长,号召各工作组组长提高警惕、带好学生,受到同学们欢迎。也有的工作队因工作忙,表示很难抽身具体,深入过问师生的工作、思想状态。

在简报的最后,于书记表示,为不影响整个社教工作质量,希望各公社队长能把做好学生的工作与社教工作有机结合,这一想法是否合适,请市委工作组批示。市委工作组很快批示同意,并下达各公社工作队长提高警惕,加强对学生的安全保护及对学生的思想工作。

第二,工作安排。2月21日抵达目的地至2月28日,师生们的中心工作,一是开好各种会议,保证每次开会时人员到齐;二是访贫问苦,扎根串联,了解思想动向,发动群众;三是会内会外结合,了解干群关系,摸清要解;四是对干部进行排队,鼓励放下包袱。

以在园明公社园明大队为例,师生(法语专业)九人被分配到九个生产队:一队唐立远,二队余树奇,三队陈义福,四队曾景益,五队朋吉碧,六队韦云光,七队钟永江,八队廖华光,九队杨洪发。对每个生产队都分工包干,每天晚上都到公社办公室汇报、布置工作。

他们在市委派驻公社的工作队及负责大队的工作组的领导下,详细排出了从2月24日到3月6日的工作日程，在其他公社、生产大队、生产队的师生都基本如此。从中可看出，师生们的工作很紧张，每天都排得满满的，以在园明公社园明大队的法语专业师生为例：

2月24日上午，团员、青年座谈会；下午，反修报告会，杨其美作报告；晚上，分组讨论，钟永江参加。

2月25日上午，参观三史教育展览，朋吉碧、曾景益讲解；下午，妇女座谈反修报告，杨洪发、钟永江、朋吉碧负责；晚上，检查大队公布账目的准备，与要下楼（即要做检查）的干部个别谈话。

2月26日上午，传达三级干部会议精神，工作组负责；下午，青年座谈会，陈义福、韦云光负责；晚上，大队公布账目。

2月27日上午，大队干部下楼，社员提意见；中午，地富子女座谈会，杨洪发主持；下午，生产队干部下楼（即自我检查）；晚上，贫下中农代表会议，成立四清工作小组。

2月28日上午，生产队公布账目，社员提意见、讨论；下午，总结干部下楼（自我检查）会议，宣布成立四清工作小组；晚上，四清小组学习文件。

3月1日上午，生产大队清仓，每个生产队参加三人，干部继续学习，干部家属座谈会；下午，各生产队清仓；晚上，四清小组分析清仓中发现的问题，研究如何查账。

3月2日上午，社员代表会议讨论大队账目；下午，干部学习贫下中农组织条例；晚上，四清小组查大队账目。

3月3日，全天四清小组查各个生产队账目，外院师生分头参与。

3月4日上午，公布大队查账结果，内部对问题进行分类；下午，公布生产队查账结果，内部进行分类；晚上，复查大队账目。

第五章　嘉陵校园　放眼世界

3月5日上午，复查各个生产队账目；下午，四清小组总结查账结果，学习退赔文件，动员干部退赔，干部家属座谈会；晚上，干部制订退赔计划。

3月6日上午，公布干部退赔计划，宣布贫下中农组织成立；下午，动员公物还家；晚上，工作组做总结，并安排下阶段工作，开展对敌斗争。

第三，干部退赔。在德语专业师生所在的西彭公社，于书记参加了各大队工作组组长关于干部退赔问题的汇报会。这个汇报会谈的问题都很具体，政策性都很强，于书记要我给他作详细记录，尽可能不要有遗漏。

汇报开始前，于书记感谢各位组长对外院师生的支持和关心。组长们谈到，师生们的表现都很好，特别提到在马鞍大队的张烈才同学、在永安大队的朱雁冰老师，他们能吃苦，有水平。女生们的安全问题，他们也有安排，晚上路远时，有贫下中农护送，请于书记放心。汇报会主要总结了以下几个问题。

一是偷盗问题严重。会上说，石塔大队和马鞍大队的干部还组织社员夜间外出偷盗，偷回东西后就大吃大喝，还奖励工分，有的奖励工分高达100分。社员出工干活都记工分，按工分分粮分钱，一天最多记10分。有的干部还说，要用偷盗的办法来使生产队变富，这种"以偷致富"的思想很坏。

二是滥伐树木的现象普遍。客观原因是社员缺柴烧，也缺钱，想卖点钱；主观原因是干部不问不管，因此乱砍滥伐。许多用材林的树木被砍，也有许多果树被砍。有的社员说他砍的是自己栽的树，可是自己栽的树也属集体所有，干部都装着没看见。

三是双重收入。各位组长都谈到，1962年前后的所有大队干部，国家都给予补助费和补助粮，但有的干部又参加社员的钱、粮分配，对这种人怎么处理很棘手，过严过宽都不好。

四是如何退赔。组长们认为，对具体问题一定要具体分析。对一般性问题，要看其能否划清是非界限，看其检查认识的程度。我们的目的是教育干部，不是整干部。过严了，会影响干部的积极性，过宽了，又刹不住歪风。这两种倾向，都不能团结两个95%。

退赔或不退赔，退赔多少，是一个严肃、细致的工作，要做到群众和个人都满意。我们不给干部增加思想负担，不造成退赔后人人都不想当干部；既要求干部认识错误时严格些，又要求群众处理干部时从党的政策出发宽大些，可退可不退的就不退为好，减少矛盾。

但是，对组织社员外出偷盗的干部，对怂恿社员砍伐树木特别是砍伐果树的干部，要从严处理、加重退赔，当然也要合情合理。砍了自己栽的但所有权属于集体的树木，不能不退赔，但可从轻。

为维护干部威信，组长们认为，只要检查认识得好，经贫下中农委员会讨论同意，可从轻处理，以继续调动干部的积极性。对因偷盗而得奖励工分的社员，只要认识得好，可退出部分工分或者不退，即"减退"或"免退"，实现两个95%的团结。

大家认为，对群众性的歪风，要特别慎重，以进行社会主义思想教育为主。对多数问题，思想界限从严划分，退赔处理从宽进行。对个别情节特别严重的问题，要作为典型的反面教员，狠狠处理。

第四，心得体会。2月27日，于书记在英语专业师生所在的宝华公社，举行下乡后的第一次座谈会，3月中旬又到铜罐区委招待所召开第二次座谈会。尽管地点分散、路远，不少师生也都及时赶到，两次都有二十多人参加。师生们的心得体会可归纳为以下几点：

（一）认为农村形势越来越好。大家谈到，院领导常讲农村形势大好，

第五章 嘉陵校园 放眼世界

农业生产开始全面好转,实际情况究竟怎样,谁也没有到农村专门了解和研究,这次下乡都有了切实体验。

许多同学谈到,社员的生产积极性挺高,即便队长不排工,社员也自动找事做,党的政策得到真正贯彻,贫下中农都说党和毛主席很好,一年多以来,社员的生活水平大大提高。

英语专业的刘国勋同学说,他的"第一印象就是农村形势越来越好,生产搞得很不错,漫山遍野的庄稼都长得绿油油的";王达伦同学说,60%以上的农户都宰了过年猪,他住在一个贫农家里,墙上挂着好几块肉,要吃就取,几天他就吃过两次肉。

(二)认为阶级斗争尖锐复杂。大家谈到,"在从资本主义过渡到社会主义的整个历史时期,始终存在着阶级和阶级斗争","反动的统治阶级总是不甘心死亡,随时都企图复辟",这些理论的字句每个同学都学过,可是要拿事实来论证,还是这次下乡后才有了可能。

大家谈到,的确有没有改造好的地富反坏分子造谣破坏,也有一部分干部和社员的确存在资本主义的腐朽思想,比如非法多吃多占,贪污盗窃。有人到处讲"工作队只有一个月",希望工作队早点走,还有人扬言要杀人,这就让每个师生不得不提高警惕。

据社员反映,在蒋介石叫喊反攻大陆时,有些地富分子造谣说,"蒋介石已经打到了北京,中央迁到了重庆九龙坡,四川省委迁到了歌乐山","蒋介石的轰炸机在天上飞,把武汉长江大桥炸成了三截"。宝华公社中心大队的地主白大志还把儿子叫出去指着说,这块那块地原来是他们的,这条那条地界要记住。

地富分子活动的手段多种多样,譬如:谩骂贫下中农是"穷鬼";给干部找女人,请干部吃酒肉,以达到腐蚀干部的目的;仇恨工作队,宝华公社的一些四类分子扬言要杀工作队干部，西彭公社新合大队一个地主老婆说，贫下中农的天下"只有一个月"，企图让工作队的工作开展不起来，或者早日离开。

在西彭公社马鞍大队的张烈材同学说，"在这次运动中，每个人的心实际上都是很紧张的，一场无形的思想争夺战日夜都在进行着，敌人也在社员中做思想工作，该大队的干部普遍还没有下楼"。杨兴正同学认为，紧张工作不意味着放松警惕，工作队长多次表示同意。

（三）认为坚持"四同"意义重大。按市委指示，这次下乡的师生都分住在贫下中农家里，做到与农民"四同"，即同吃、同住、同劳动、同商量。几乎每个人天天都在帮社员做家务，比如扫地、挑水、做饭，一同下地劳动，谁都没有"做客"的表现。

英六一届二班的陈庭钰同学说，她"在学校不注意节约，吃饭随意掉米粒，电灯想开多久就开多久，这次看到农民总是省吃俭用，体现了中国人民的本色，真是心中有愧"。英六一届三班的陈住禄同学和德六三届的漆定丕同学反映，有少数同学在农民家里吃不饱，但都没有怨言，没有放松工作。

关于居住条件，德六三届的郭瑞芫和李荣秀两同学，住西彭公社光明大队同一个贫农家。屋里光线很暗，白天进去也得打手电筒，而且老鼠很多。白天出去晚上回来，或者一夜过后，总可以发现被子上有成堆的老鼠屎。但她们也只是说说情况，没有不愉快的表示。

（四）认为贫下中农对师生的感情很真挚。英语专业与会的几位师生说，他们与社员一样起早贪黑下地干活，社员们很感动，听说我们只来一个月，他们都认为时间太短，只要我们在，他们的生活就会变好。陶家公社贫农张世木的老母亲对我们同学说，"你们要是一个月就走了，我们会很

第五章　嘉陵校园　放眼世界

不习惯，心里会欠（想念）几个月"。

在西彭公社永安大队的朱雁冰老师说，他住的那个贫农张大爷家很穷，好久没吃米饭，第一天张大爷就把保存的一点大米拿出来招待他，还煮了肉、咸鱼、黄鳝等，此后也一直关怀备至、推心置腹，把他看得比亲人还亲。朱老师说，我们知识分子常常言不符实、虚情假意，在农村才几天就接受了一堂生动的思想修养课。

德六一届李承言同学反映，社员希望我们把运动搞完，不要一个月就走。德六二届的归芬华、廖惠芬等同学，希望能在农村多干一段时间。这反映了两点，一是农民寄予我们的希望很大，二是同学们也希望多工作一些时间，向农民学更多更有价值的东西。

时间过得很快，下乡后师生们的思想深处起了巨大变化。大家分散居住各处，不可能一下都集中到一起，思想收获也不可能全部汇总。但仅从已得到的这些点滴材料，也足以说明师生们的收获体会很多，受到的锻炼考验很大，一滴水不是也能折射出太阳的光辉吗？

第五，单独活动。除跟随于书记活动，有时我也按于书记的指示去看望同学。

在西彭公社的生产队有两个女孩，十五六岁就有了一两岁的孩子，不能下地干活，也管不了家务，大队领导希望给社员们讲讲婚姻法。我向于书记汇报，于书记让我去讲，并告诉我怎么讲。我去讲婚姻法的那天，那两个女孩也都背着自己的孩子参加，很像是姐姐背着弟妹。我问她们为什么结婚这么早？她们都不好意思，什么也不说，别的社员说，都是男方父母年龄大，希望早点见孙子。

于书记还让我去看看住在西彭公社光明大队的德六三届同学郭瑞芫和李荣秀两人。次日我去时，看到她们正在吃午饭，五个人，一人一碗菜稀饭，两个玉米面馍馍（窝窝头），想再吃就没有了。她们两人住的是"房内房"，没有窗户，的确很黑，她们给我打着手电筒看了一下。那家的另一个房间大些，有光线，但门窗过于简单，一推就开，又朝路边，不安全。没法换房间，也不宜提出换人家，她们两人都表示，继续住下去没问题。

根据园明公社书记的推荐，我去走访该公社东林大队的大队长王文州，他在旧社会苦大仇深。我一早出发，走了十多里路，还翻山越岭。见到他时，他马上问我是不是市委工作队的。我随口说"是"，他便让我进他的房间，介绍他家解放前因"抓壮丁"如何东逃西躲，如何给地主家当佃户，父母死后为何无处埋葬，只能在自己住的床底下挖坑，先后埋下两个老人。地主知道后，认为这很不吉利，把他永远赶了出去，受尽欺凌。据此，我写了一篇题为《上天无路下地无门的日子》的叙事散文，一篇贫苦农民的血泪史。

当天下午，东林大队党支部书记崔大成，到队长家来见我，看到时间渐晚，我想起身告辞，他要留我住一宿，我说我如果不回去，我的首长会很着急。于是，崔书记一定要送我翻过山，走到大路口为止。路上他说，他们的山区很好，花果山每年还有大笔收入，好年头时比种地的收入还多。我一听就问"啊，还有花果山，什么叫花果山？"他说，就是长满各种果树的山，并带我多走一段路去看看。

那时正是春天，在西彭公社和袁家场公社的交界处，有一千二百多亩的一片山林，全是桃树、李树、梨树、苹果树。崔书记说："花果山呀花果山，美名不虚传，春来花香飘万里，秋来果子红艳艳。"这时，迎面走来一位姑娘，崔书记问她去哪里，她说给宝华公社送文件去，说完又一溜风地走了，还唱起"一座座青山紧相连，一朵朵白云绕山间，一片片梯田一层层绿，一阵阵歌声随风传"。

第五章　嘉陵校园　放眼世界

崔书记一家解放前也受尽折磨，吃尽苦头，解放后他当过村长、乡长，多次被评为县劳动模范。此情此景，怎能不让人思潮翻滚？就此，我写了一篇名为《花果山上的花和果》的纪实散文，也可以说是一篇小小说，时隔半个多世纪后的今天，读来依然感人，自感那时的文笔十分清新流畅。

按照巴县市委工作组的安排，到下乡进入第四周的3月15日，我随于书记再次入住铜罐区委招待所，但不是二十多天前刚到时住的那个小院落，而是紧邻长江边的住房。3月19日下午返校时，所有师生也都在这里集合。三月的长江，风轻水清，波澜不惊，漫步沙滩，触景生情，18日夜我在铜罐区委招待所，吟小诗几首。

散步

披一身金色夕阳，

脚踩着松软沙滩。

好一阵凉风吹来，

白鹤成群飞上天。

望大桥

江上横着一条线，

江下船只如梭穿。

半空列车南北跑，

各地民心紧相连。

潼江弯弯流远方——一个农家子弟的家国情怀

扬帆

张张白帆鼓满风,
随波起浪任飞扬。
船工笑谈家乡话,
不觉已到码头旁。

小火轮

江面不停嘎嘎声,
火轮拖船缓缓行。
不是火轮力不足,
船儿载货太贪心。

渡船

一男一女划渡船,
两张笑脸映江面。
哥喊妹妹快划哟,
小妹用力涨红脸。

游江

来到江边正当午,
汗流浃背热气高。
红日当空微风起,
水面一卧自逍遥。

第五章　嘉陵校园　放眼世界

倒影

遥望江面平如镜，

水底为何群龙跑？

江上江下忙细看，

岸边烟囱白烟冒。

祖国建设成就大，

厂矿林立江中照。

万般奇迹惊中外，

杯弓蛇影新意妙。

第六，顺利返校。1964年3月19日（周四）下午两点多，全体师生在铜罐区委招待所集合完毕，市委驻巴县工作组组长讲话，然后是于书记讲话，接下来是五个公社的领导和一些贫下中农代表发表欢送词。我看到，有些贫下中农代表不断以手遮面，显然在擦眼泪，我们一些师生也热泪不禁，难舍之情难以言表。

返校时如同27天之前离校时，也是九辆卡车、两辆吉普车。出发后大约两三公里，于书记就要他坐的吉普车停在路边，让所有的车都走了之后他再走。我问，来程走在最前面，回程为什么走在最后面。他说，这如同打仗，战斗结束后，要让战士们最先回到营地。

我们回到北泉校园时，大约已是晚上八点左右，食堂早给我们准备好了晚饭。按既定安排，大家从次日周五起休息、自我总结，23日（周一）起上课，恢复以往。我按于书记的指示，制定了两份统计表格，油印后发给每个同学和小组组长填写，不包括老师。

统计的内容是：是否住贫下中农家，访贫问苦的人次，写三史（贫下中农谈党史、国史、家史）及有关的统计篇数，参加各种会议（生产队大会、干部会、党团员会、贫下中农会、地富子女会、地富训话会）的次数，参加日常劳动（集体劳动、拾柴运煤、挑水、烧火做饭、做清洁）的次数，同学互助情况（思想交谈、体力互助、物资照顾），写心得、日记的篇数，汇报次数。

各小组组长除了填写个人的上述数字外，还要填写小组几个人的上述各项总数。也就是说，内容虽然相同，但小组长要填两张，一张是填写自己个人的，另一张是填写小组几个人的。

第二件事，就是整理单据，报销于书记和我花费的钱、粮。我们先后两次住区委招待所七天，两次住宝华公社七天，住园明公社七天，住西彭公社六天，没有在跳登、陶家两公社住过。下乡前，我曾去行政会计处借粮票65斤，借钱20元。我和于书记两人，27天在各公社和区委招待所总计交粮票49.1斤，外出临时用粮票总计8斤，结余7.9斤；总计用钱17.98元，其中包括到药店买感冒药0.29元、邮票2.04元、车费0.60元、办公用纸1.80元，结余2.02元。当然，很多时候是于书记掏腰包，并未从我手上支付。

上述事办妥后，我找于书记汇报，他有事在家，问到地点后，就去他家。他住松林坡，要上三道石梯，每道石梯有无数台阶，左拐一排住房正中的一间，室外有个炉子，可在室外做饭。我叫他夫人"师娘"，师娘忙着给我泡茶，想留我吃午饭，我说吃饭就不用，学生食堂的饭菜很好。我把填写好的所有统计表都给于书记，并简要汇报同学们返校后几天来的情况，大家都在积极复习专业。于书记对我做的工作表示满意，希望我不断努力、不断提高。

第五章　嘉陵校园　放眼世界

缅怀先烈

从1961年9月入学起，院党委、团委就一直重视对我们的政治思想教育、革命传统教育和阶级斗争教育。开学两个多星期后，院团委书记卢开运即组织并亲自带领我们去沙坪坝参观烈士墓，参观国民党关押、屠杀革命者的白公馆、渣滓洞。国庆节前夕，又组织我们去参观革命纪念地红岩村和曾家岩50号。此后，在不同的时间段和不同机会，我又几次去参观，每次都有新的感受。

烈士墓就在现在川外的所在地重庆市沙坪坝区壮志路33号旁边，很悲壮、雄伟，让人肃然起敬。这个烈士墓是1954年为纪念在这里惨遭国民党杀害的共产党人、爱国将领和革命人士而建，为全国重点文物保护单位，重庆人民怀念革命烈士的圣地。

1962年暑期我回到梓潼的期间，读了最后从渣滓洞逃出的罗广斌、杨益言写的小说《红岩》，字里行间都让我更深刻认识到，国民党反动派何等血腥、残忍，更深刻认识到在黎明前的黑暗时，革命者何等刚毅、坚强，五星红旗如何得以高高飘扬。

小说中那篇《我的"自白"书》，让我铭记在心，在几个笔记本里，我都记载过这篇"自白书"，时至今日也都能随时脱口背诵：

> 任脚下响着沉重的铁镣，
> 任你把皮鞭举得高高，
> 我不需要什么"自白"，
> 哪怕胸口对着带血的刺刀！

人，不能低下高贵的头，
只有怕死鬼才乞求"自由"，
毒刑拷打算得了什么？
死亡也无法叫我开口！

对着死亡我放声大笑，
魔鬼的宫殿在笑声中动摇，
这就是我——一个共产党员的"自白"，
高唱凯歌埋葬蒋家王朝！

白公馆原为四川军阀白驹在重庆沙坪坝郊外的别墅，1938年被国民党军统特务头子戴笠用30两黄金买下，1939年开始秘密用于关押、审讯"政治犯"。

据介绍，到1949年11月30日重庆解放前夕，在此关押过的著名"政治犯"有黄显声、许晓轩等人，著名爱国人士有刘国志、周从化、周均时等人。

渣滓洞距白公馆只有2.5公里，原为一个私人小煤窑，因煤里的渣子很多而得名。1939年军统特务逼死矿主，霸占煤窑和矿工住房，改设为监狱，并筑高墙。参观时可以看到，这个监狱三面环山，前临深渊，高墙外的制高点上有六座岗亭，有机枪阵地。

参观渣滓洞的审讯室就可看到，那里有审讯台、有铁锁链、老虎凳、吊索、烫铁、烤炉、竹签、辣椒水等刑具，惨不忍睹。以老虎凳为例，把手脚捆到凳子上，在脚腕下垫砖头，如果不招供，就节节加码，垫到第四

第五章　嘉陵校园　放眼世界

块砖头时，腿就断了。江姐的十个指头，都曾被敌人从指甲盖扎进竹签。十指连心，江姐疼痛得昏迷过去。敌人泼凉水浇醒江姐，但始终没从江姐口中获得只言片语。

为击垮革命者的意志，敌特常常多种刑具并用，以榨取他们需要知道的"你的上级是谁，下级是谁"，譬如"热铁烙在胸脯上，竹签子钉进每一根指尖；凉水灌进鼻孔，电流通过全身……"这对革命者来说，意味着神智昏迷，筋骨折断，皮肉烧焦，耳聋眼瞎，但"这又算得了什么？"

每次参观，讲解员都要给我们介绍，无论敌人如何凶残，革命者的意志都如"阳光般闪亮，金子般坚强"，"即便切腹剖胸，也难吐半句真言"，"死也不会开口，那是千百万同志的生命线"，"我们要把这颠倒的乾坤扭转！我们要把这不合理的一切打翻……我们愿——愿把这牢底坐穿！"

而红岩村13号和曾家岩50号，则是抗日战争期间，周恩来、董必武等老一辈革命家在重庆工作的办公地和住地。1945年8月28日至10月10日，毛泽东在重庆与蒋介石谈判期间，也曾在此办公和居住。他们在敌特的严密包围中，与国民党展开有理有利的斗争，展开光明与黑暗、进步与反动、正义与邪恶的较量。

每次参观，敌人最后的挣扎都激起我们更大的愤慨。1949年蒋介石几次亲自到重庆布置屠杀计划。9月6日，著名爱国将领杨虎城及秘书宋绮云等6人被杀害于松林坡，拉开了重庆"11·27"大屠杀的序幕。

乐观对待生与死，对未来始终充满信心，是身处敌人牢狱的革命者，风范长存的又一特点。小说《红岩》中许云峰的原型许晓轩，在李子伯同志1947年底自白公馆移往渣滓洞时，赠诗曰："相逢狱里倍相亲，共话雄图叹未成。临别无言唯翘首，联军已薄沈阳城。"以此预告东北形势喜人，解放在即。

1949年1月底春节到来时，渣滓洞牢房出现春联热，许多门上都贴出春联，譬如：上联"洞中才数月"，下联"世上已千年"，横批"扭转乾坤"；上联"满园春色关不住"，下联"一枝红杏出墙来"，横批"大地回春"；上联"看洞中依然旧景"，下联"望窗外已是新春"，横批"苦尽甜来"。

　　10月1日得悉新中国成立，国旗是五星红旗。在渣滓洞的狱友们以各种秘密方式相互告知，江姐等还在牢房里根据自己的想象，做出一面五星红旗，充分展现倍受牢狱折磨的革命者的乐观、开朗，对革命胜利的无限喜悦。小说《红岩》和电影《烈火中的永生》中描述的江姐形象，让我们永志不忘。1964年2月，院团委卢书记带我们去参加市团委组织的团干部学习会时，会议组织者曾介绍江姐的儿子上台亮相，还是戴着红领巾的少先队员，在沙坪坝四中读书。

　　可惜，在已隐约听见解放军炮声的1949年11月27日夜晚，敌人把在白公馆的革命者也转移到渣滓洞，实行集中屠杀。当敌人用机枪扫射集中在楼下8个房间的所有革命者时，从白公馆来的看守杨钦典由于平时与革命者有交流，毅然打开一间牢房，放走最后的19人。从当年9月到此时，在此惨遭屠杀的革命者达300余人。

　　《红岩》以白公馆、渣滓洞为背景，以被杀害的革命者为原型，描写中华人民共和国成立前夕严酷的地下斗争，塑造了许云峰、江姐、成岗、华子良等为代表的一个个共产党人的英雄形象，感人至深，光彩照人，同时深刻揭示了国民党反动派的反动本质。读《红岩》几乎让我废寝忘食，其中许多情节和诗常常让我马上回头看第二、第三遍，并做笔记。

　　手捧《红岩》，犹如手捧"革命教科书"，而这本"教科书"并不是只为地下革命而写，也是为川外学子而写。无论是在战争年代，还是在和平年代，也无论是搞革命还是搞建设，都需要目标明确、意志坚定、顽强拼

第五章　嘉陵校园　放眼世界

搏，这种精神历久弥坚、永放光芒！

听党召唤

  1965年上半年，是我们六一届学生的最后一个学期，既要做好毕业考试和毕业鉴定，又要做好服从毕业分配的思想准备。从5月起，院系领导和各有关老师都开始对毕业班的学生进行毕业教育，一要做到服从分配，二要为即将走上工作岗位做好准备。

  5月初，李广牧老师就曾找我谈话，说毕业后到了工作岗位，政治上一定要坚决按党的政策办事，并且要结合本单位的具体情况执行政策，即按所在的党支部的意见办事，不能对中央或其他上级的政策和指示用主观态度去理解，更不能做了片面理解还自以为是。当时我并不很明白，走上工作岗位后碰了钉子，才理解李老师的话。

  在业务上，李老师说，一定要在走上工作岗位时就全力以赴把工作搞好，切莫在这个时候就想怎么成名成家。成名成家是可以的，那一定要在搞好党交给的工作之后，积累了一定的经验之后，而不能在这之前就胡思乱想，这对我们知识分子也是一场兴无灭资的思想斗争，因为在我国，凡是为个人名利奋斗的人，都没有前途。

  随后不久，系党支部要求我们毕业班的同学都写"服从毕业分配的决心书"。系主任程文、团总支书记杨绍林和李广牧老师，都曾问我毕业考试和毕业鉴定之后在做些什么，打算如何做好将来的工作。我说，毕业考试和毕业鉴定之后，我主要是与一些同学私下交谈，相互鼓励、相约未来，我已递交服从分配的"决心书"，坚决服从党组织分配的任何工作。

  我说，我在服从分配的"决心书"中首先说，我出身贫苦农民家庭，

1986年5月,作者在汉堡"亚洲饭店"同已回德定居的李曼娜老师聚会,20年未见的师生重逢格外高兴

第五章　嘉陵校园　放眼世界

1986年5月，作者在汉堡市政厅前为李曼娜老师及其子罗华德拍照留念

潼江弯弯流远方——一个农家子弟的家国情怀

1995年冬,作者在德国科隆与川外同班同学张烈材、周国丽合影

1996年8月,作者与女儿罗燕(左一)应邀去川外同班同学陈世斌在科隆的家中做客

第五章　嘉陵校园　放眼世界

在旧社会连上学都不可能,进大学更是做梦也没想过的事,没有党和毛主席,没有广大贫下中农的翻身解放,就没有我个人的今天和未来。我是一个入团近十年的老团员,在即将毕业、走上社会的时候,我坚决服从分配,党把我分配到哪里,我就到哪里去战斗,立志把自己锻炼成一个无产阶级革命事业的可靠接班人。

随后我得知,我被分配到北京国家外事部门,心里非常高兴,能到伟大祖国的首都,怎能不心潮澎湃、思绪万千?在此之前,我更多想到的是,可能要把我分配到某个山沟里需要德语的保密部门,要不为什么多次找我个别谈话,而且一再强调要我服从毕业分配?回头一想,到国家外事部门当然很重要,因此对我的希望也很高。

8月21日(周六),我同几十个川外毕业的同学,从重庆菜园坝车站乘车沿成渝线北上,终点站各不相同,但都是奔赴工作岗位,每个人都有一张到哪里去报到的通知单。整个车厢几乎都是我们同学,我们既高兴又难过,高兴的是要走上工作岗位了,难过的是从此离开了学习和生活过四年的美丽的嘉陵校园。

院办派人派车,把我们送到车站,有两位老师还一直把我们送到车厢里。告别时,有位老师动情地说,他希望我们离开后不要忘了川外,走上工作岗位后就好好工作,有时间就回美丽的北泉看看母校。我们不少同学热泪盈眶。是啊,我们就这样离开了美丽的山城,离开了教育培养我们的川外,离开了朝夕相处四年的老师同学,此时此刻既有对离别的惆怅,又有对未来的憧憬。

列车飞驰,我的心飞向远在绵阳梓潼的父亲和乡亲,我要告诉他们我就要开始工作了。我的心飞向北京,要到天安门广场高举金杯把赞歌唱,感谢伟大共产党。我的心飞向黄河边,看看那象征中华民族伟大坚强的黄河。我的心飞向雪域高原，毛主席在《沁园春·雪》中要我们把握今朝，奋力进取。

"慈母手中线，游子身上衣。临行密密缝，意恐迟迟归。谁言寸草心，报得三春晖。"培养教育我四年的川外母校和各位老师，虽然离开你们远走他乡，但我永远心系母校、思念你们，我会努力创造出工作业绩，随时向你们汇报。

向母校汇报

2019年11月下旬，我回母校川外。25日（周一）上午，德语系主任李大雪教授陪我参观山上校区和德语系，接着李克勇校长会见。下午，我与德语系师生座谈。

李校长在校党委会客室亲切会见我时，表示很欢迎我回母校看看，说母校在教学、科研及国际交流等方面都在不断取得重大进展，已成为我国西南地区培养外语和涉外人才的重要基地。

我对李校长说，这次回来是想向母校作个汇报。我1965年从川外德语专业毕业，之后一直在外事部门工作。2007年11月22日，李校长亲自给我颁发川外客座教授聘书，并主持我给师生们举办的关于国际形势和中德关系的报告会。在此，我想对李校长对我的厚爱再次表示衷心感谢。

我告诉李校长，我一进校门就看到"不忘初心、牢记使命"的横幅标语，接着看到第二个横幅标语"守初心，担使命，找差距，抓落实"。这第二个横幅标语，我在其他任何地方都还没有看到过。实际上，母校一直遵循的就是这个思路，始终不忘当初建校宗旨，一直勇担使命，不断找差距，不断抓落实，因此在发展的道路上不断取得显著成绩。

第五章　嘉陵校园　放眼世界

除了口头汇报，我也想向母校作个书面汇报，这就是带来了国庆节前夕出版的我的一部新书《中德之间》，分上下两册，65万字。这部书以我先后四次去中国驻德国使领馆工作的经历为主线，从各个方面对中德关系进行回顾与展望。上册八章讲政治、外交，下册八章重在经济、文化、教育。我写这部书有两个目的。

一是庆祝新中国成立70周年。70年来，中国发生了翻天覆地的变化，由一个半封建半殖民地的国家，走上完全独立自主的发展道路，在政治、经济、社会、文化等各个方面都取得伟大成就，也为世界的发展与和平作出重要贡献。历史证明，中国人民有自立于世界民族之林的能力，有光复旧物的决心。

二是庆祝中德两国正式建交47年。我的工作和生活一直与德国密切相关，即便此前曾在驻瑞士大使馆工作，也每天阅读德国报刊，看德国电视，听德国广播，密切关注德国。几十年来，我目睹、经历、参与了中德关系多层面、多方位的发展。

我告诉李校长，在工作中学习、在学习中工作，是我几十年如一日的习惯。我之所以有这种恒心，首先要归功于母校对我的培养教育，以及对我的一贯支持和鼓励。李校长赞扬我一生勤勤恳恳、矢志不移，对我给母校赠书表示感谢，欢迎我2020年回校参加70周年校庆。我感谢李校长的会见，表示届时一定回母校继续接受教育。

下午4点，我在学校德国研究中心与德语系一年级学生和老师座谈。李主任希望我谈谈自己的经历，鼓励新生树立理想，努力学习。就学习来说，我认为主要是向老师学、向书本学、向社会学。无论时代如何变迁，媒介如何更替，读书都是不可或缺的，阅读能给我们精神滋养，开阔视野，让我们走进更多伟大的或平凡的故事。

德语系的发展与整个川外的发展同步，也很快。1961年第一个德语班20人，此后每届也都20人。1964年4月法德两个专业从英语系分出来，成立法德语系。1985年法德分开，成立德语系。从1997年起，德语系开始招收硕士研究生。

从教职工看，1961年第一届德语班开班时有四五人，到2019年增加到18人。其中，教授2名、副教授6名、讲师6名、助教2名，都有在德语国家研修的经历。此外，常年聘用2名外籍德语专家，教学水平显著提升。

更值得提及的是，川外德语系与德国的交流、合作不断增多。1985年3月成功举办"席勒与中国"国际学术讨论会。2004年与德国奥斯纳布吕克大学建立校际交流关系，每年都有10—15名学生到该校学习，同年获得德福考试（TestDaf）考点资格。2007年与杜塞尔多夫海涅研究所建立合作关系，每年有2—4名研究生赴该所撰写论文。

在巩固和加强研究生和本科生教育、培养复合型德语人才的同时，加大了在全校把德语作为第二外语的教学力度，已有近200人将德语作为第二外语。目前，德语专业是川外的品牌专业、重庆特色专业建设点，其"综合德语"课程为重庆市的品牌课程，"德汉互译"和"听力"为川外课程建设的重点。

借此机会，我也告诉德语系的各位老师和年轻的校友们，我的《中德之间》一书就是从各个方面讲德国、讲中德关系，也算是作为一位川外德语专业毕业生的一个研究成果。我在外交部的老同事韩用学同志读完上下册后，就读后感写诗两首，基本概括了书的内容，想必对学习德语、研究德国的各位有参考价值。诗曰：

第五章　嘉陵校园　放眼世界

（一）

万里风情视野开，

百年中德一篇裁。

连横合纵人间事，

尽在行间字里来。

（二）

世事纷繁自古今，

雄文两卷论浮沉。

典章人物烟如海，

字字拳拳赤子心。

第六章
首都北京　古都神韵

半个多世纪来,我没有离开过北京,即便去国外工作,也时刻紧跟北京的脉搏跳动。"灿烂的朝霞,升起在金色的北京,庄严的乐曲,报道着祖国的黎明。北京啊北京,祖国的心脏,团结的象征,人民的骄傲,胜利的保证。"来北京的中外朋友,去外地遇到的朋友,都希望我介绍北京,我在北京经历与知晓的事,很值得整理和记录。

喜进京城

1965年进入8月下旬时,我离开四川外语学院,登上从重庆开往北京的火车。次日,我从绵阳下车,回梓潼去看望父亲、弟妹和乡亲。过了几天再从绵阳上同一趟重庆—北京列车,大约8月28日到北京站,随即去朝内大街对外文委报到。

那时,从重庆到北京的车票十天内有效,也就是说,中途可以下车,过几天再上同一列车。此前几天,先期到对外文委报到的几个川外同学已

第六章　首都北京　古都神韵

把我的一个小木箱带到北京，里面装了我在川外的一些笔记、日记和自己写的一些文字资料，以及几件换洗衣物。

离校前的事很多，我未曾提前写信告诉父亲我被分配到北京，没想到我回家告诉父亲时，他说他早就知道了。我问他从哪里知道的，他说五月份北京就有人到公社调查家里的情况，也找他和邻居谈话，了解我青少年时期的表现。

我到对外文委报到并办完住宿等手续后，已是下午快下班的时候。在过道碰到一位同志，他说"小罗，你来了？"在北京，除了几天前到达的几个川外同学，我没有任何熟人，有些诧异。这位同志马上说，他姓宋，是他到川外把我挑选来的，在川外见过我。他要我等他一下，他给我电影票，说晚饭后带我去看电影。

吃过晚饭，天已经黑了，我们稍微走了一会儿就进礼堂看电影。那时放电影，都先放十几分钟新闻纪录片，而后放故事片。看完新闻纪录片后，他就要我和他到过道的凳子坐下聊天。

老宋说，他去川外时要挑选一位德语干部，领导和老师推荐我。他想先面试一下，于是商定由系主任和德语老师找我谈话，他就坐在老师们的背后。

这让我想起来，的确有一次李广牧老师突然叫我去他办公室，我不知道有什么事，因此很轻松愉快。我推门进去，看见系主任程文、政治辅导员杨绍林和李广牧、李曼娜老师。我很高兴地向程主任和老师们问好，说大家都很忙，请问找我有什么事？我看到在他们后面还有一个人，但不知道是谁，也没问候。老宋说，那就是他。

记得程主任和李老师问我三个问题：一是问我在忙什么，我说在和一些同学个别交谈，杨兴正同学希望在离校前入团，但有些团员不同意；二

221

是问我对毕业分配有什么想法,我说我完全听从组织上的安排;三是问如果分配不符合我的愿望,那怎么办,我说也一定服从,党的需要就是我的志愿。老宋说,我的这些回答让他感到很满意。

过了两三天,干部司通知我去报到时的那个办公室,我们一共去了五个学德语的人。一个副处长接待,他说,我们五人有两人毕业于北京大学,两人毕业于北京外国语学院,一人毕业于四川外语学院,有四人要去直属文委的北京第二外国语学院当老师,一人去翻译室,希望都服从分配。他每点一个人就给一个到哪里去报到的纸条,最后点到我,要我马上去翻译室报到。

在我9月2日那天报到并填简历表后,接待人员李荣芹问我刚到北京缺少什么、需要帮什么忙,我说我想买点日用品,不知附近有没有商店。她让一个名叫董瑞芳的女同志,带我去东四东北角的一个小店,我首先拿起一个枕头,服务员说,你们两人怎么只买一个,我们笑了,我说就我一个人买。

那时人们的收入很低,物价也很低。根据我当时的笔记,那天我买了好几样东西,还去理发,总计也只花8.79元。其中洗脸盆4.12元,枕头2.60元,一块香皂0.61元,一个肥皂盒0.39元,一块肥皂0.36元,邮票五张0.40元,一份《中国青年报》0.06元,理发0.25元。在外面的小餐馆吃一顿饭,也就花一两块钱。

当时刚参加工作的大学毕业生,北京每月工资46元,四川每月43元,不是级别差,而是地区差。我8月30日到文委报到,还给我发了八月下半月的工资23元,我立即给父亲寄出20元,我自己要花钱时再临时向同学借。按规定一年转正后每月56元,但受"文革"影响,直到1968年底才转正。

第六章 首都北京 古都神韵

对外文委的全称是"中华人民共和国对外文化联络委员会",成立于1958年,其前身是1949年11月成立的政务院对外文化联络事务局,1955年起改称文化部对外文化联络局,1958年3月成立正部级的对外文委。1968年撤销对外文委,1100多名干部由外交部代管。1981年3月全国人大曾经决定恢复设立对外文委,但1982年5月又被人大否决,决定在文化部重设外联局。

对外文委从成立之日起,主任就一直是早年参加过同盟会和辛亥革命的无党派人士张奚若。张老是著名政治家、社会活动家,曾任新中国第二任教育部部长,长期兼任中国人民外交学会会长。胡适、孙科、宋子文、陶行知等,都是张老早年在美国哥伦比亚大学读书时的同学。张老一贯抨击国民党独裁,主张自由民主,为新中国的诞生奔波、呐喊,贡献很多。

更让人称道的是,在1949年新政协筹备会的第一次会议上,大家讨论给新中国取什么国名时,各种想法都有,张老发言时第一个提出取名"中华人民共和国"。毛主席听后问,可否取名"中华人民民主共和国",张治中说,"共和国就包含了民主的意思",于是毛主席同意了张老的建议。与会人士一致赞同定名"中华人民共和国",随后将此写进《中国人民政治协商会议共同纲领》。

张奚若的著作很多,譬如《主权论》、《自由法则之演进》、《卢梭与人权》、《全盘西化与中国本位》等。他主张向西方国家学习,也主张保持中国自己的文化传统,反对全盘西化。1947年清华大学36周年校庆时,张老应邀为《清华周刊》题词,他挥笔写道:"学问要往大处着眼,不然就是精深也是雕虫小技。"这对当前一些缺乏国家意识、大局意识的人来说,应该是一个很好的提示。

对外文委的工作丰富多彩,我从1965年9月到翻译室开始工作,任务就接连不断，让我对国外特别是对东欧社会主义国家的情况，有了一些直接的了解。

按照已经提前制定的接待日程，我一走上工作岗位就去了湖南湘潭韶山的毛主席旧居参观，还参观了毛主席当年在长沙、广州、武汉开办的农运讲习所，以及位于上海的中共一大会址、郑州北郊的黄河花园口等，比上学读书时期更具体、更真切地了解到毛主席领导中国革命的伟大历程，深受教育。

就黄河花园口来说，那是1938年6月蒋介石为阻止日军西进，下令让黄河决堤的地方。黄河水奔涌而下，结果并未阻止日军，日军改道继续西进，武汉沦陷。而黄河决堤致使40多个县变成一片汪洋，89万人被淹死，1200多万人流离失所，成为蒋介石"跳进黄河也洗不清的罪行"。

也因为接待外宾，我一到北京就有机会参观故宫、长城、颐和园、天坛，以及北京景泰蓝厂、地毯厂、琉璃厂等；访问坐落于和平里的东方歌舞团、天桥的中央芭蕾舞团、恭王府的中国音乐学院等；陪外宾去王府井、前门游览时，也都有专人带领并作介绍，与自己和同学去走走看看很不一样，感到很新鲜，听到很多情况。

我从小崇拜名人，第一次陪同外宾就见到著名音乐家周巍峙和夫人王昆。

周巍峙是著名音乐家，1939年在延安首次指挥演出《黄河大合唱》；1950年创作《中国人民志愿军战歌》，那"雄赳赳，气昂昂，跨过鸭绿江。保和平，卫祖国，就是保家乡。中国好儿女，齐心团结紧，抗美援朝，打败美帝野心狼！"的豪迈歌声，鼓舞了全中国人。

1964年为庆祝新中国成立15周年，周巍峙负责组织大型音乐舞蹈史诗《东方红》的创作和排练，此后又领导和组织创作、演出大型音乐舞蹈《中

第六章 首都北京 古都神韵

1965年11月，作者（前排左一）陪同执行中波文化交流项目的波兰格但斯克（德语区）歌舞团参观北京颐和园

潼江弯弯流远方——一个农家子弟的家国情怀

1966年1月,作者(前排左一)陪同东德青年音乐家在武汉参观毛泽东同志主办的中央农民运动讲习所旧址

第六章 首都北京 古都神韵

1980年12月，作者（右三）从外交部临时借调到刚恢复的对外文委演出公司，陪同联邦德国演出经纪公司总裁夫妇访华，游览八达岭长城

国革命之歌》。他曾获文化部第一届文化艺术科学成果特别奖、突出贡献老一辈音乐家奖,曾任文化部代部长、中国歌舞团团长,2014年在北京因病逝世,享年98岁。

周巍峙的夫人王昆是著名歌唱家,1945年她在共产党领导下创作的第一部歌剧《白毛女》中出演女主角喜儿,喜儿一角几乎无人不知无人不晓。她演唱的《南泥湾》响遍中华大地。她曾任东方歌舞团团长,曾荣获巴基斯坦总统授予的"卓越明星"勋章,2014年去世,享年89岁。我从小喜欢革命歌曲,刚到北京就能见到他们这样杰出的音乐家、歌唱家,并听他们谈话,深感荣幸。

由民主德国文化部音乐戏剧司司长带领的三人小组去湖南韶山、武汉、广州、上海时,都是中国音乐学院李刚副院长领队,各地都有省市文化局局长会见宴请,参观当地的音乐、戏剧院校及文化设施。我很敬佩李刚副院长的为人处世,特别是他对我这个刚毕业参加工作的年轻人总是耐心指导,许多场合我不知道该如何应对,甚至有明显不妥时,他总是及时指点,让我感到很亲切。

那时翻译室只有我一个德语干部,1965年底1966年初时,教育司领导派我去第二外国语学院了解德语系的教学情况,去听几堂课,参加老师们的年底座谈会,找老师、学生问些问题。二外院1964年10月刚建院招生,一切都是从头开始,领导特别重视。

回教育司后,我按要求写了个书面报告,司长的秘书看了后说,司长有事在家,要我把报告送到司长家里去,而且说,我在报告中谈到二外院的管理有不足、政治思想教育中有偏失、老师之间有矛盾等,都是司长最为关心的问题。

我到司长家里后,给了书面报告,也口头谈了很多我在二外院看到、

第六章 首都北京 古都神韵

听到的情况，司长很高兴。

为什么定都北京

为什么1949年开国领袖们决定定都北京？这是我到北京后特别想弄清楚的问题，只要有机会我就问别人或查阅资料。北京给我的第一印象很深，其他城市无法相比。1965年我到北京后的第一个星期天，就和两个川外俄语系的同学，从东四登上4路环线公交车，买一张5分钱的车票，就可从东四到东单、西单、西四，再回到东四，周游一圈北京市中心。回到东四后，我们从美术馆改乘有轨电车，去王府井、前门、天安门、劳动人民文化宫，到处走走看看，对北京有了一个最初印象。

第一次到天安门广场时，看到广场地面被画成一个个方块，听说有100万个方块，举行盛大集会时每人站一个方块，十分整齐有序。北京是中国有名的六大古都之一，最早的都城是由西往东，西安、洛阳、开封；之后由南往北，杭州、南京、北京。1949年解放战争取得决定性胜利时，新中国的定都问题，成为一个亟待商定的大事。

从地图上看，北京并不处在全国的中心位置，地理条件也谈不上最为优越，但共产党第一代领导集体决定定都北京，并在1949年9月中国人民政治协商会议第一届全体会议上确定下来。显然，这是综合考虑了历史、政治、经济、国际背景、国家安全等多种因素。具体来说，之所以定都北京，主要有以下几点原因。

第一，北京是历史悠久的文明古都。北京已有三千年建城史。公元前1046年，武王伐纣。《史记·燕召公世家》记载："周武王之灭纣，封召公于北燕"。据考古发现，北京房山区琉璃河遗址是周初燕国的封地所在，也是燕国最早的都邑。燕国之后，辽朝、金朝、元朝、明朝、清朝都在此建都，所以北京被称为"六朝古都"。1928年6月28日，南京国民政府将北平设为特别市。1949年，故都迎来新生，成为一个崭新国家的首都。

第二，北京的地理条件比较理想。古人认为，建国都的地点最好背山面水，千万别建在高原上，建在高原上会缺水受旱，也别靠水太近，免得被淹。北京很符合这个条件，背靠燕山，离渤海不远。在气候上，北京位于北温带，同东北地区相比，北京的冬天不太冷，夏天又不太热。冬夏两季长，春秋两季短，四季分明，适合人居住。

第三，北京有光荣的革命传统。中国共产党的主要创始人之一李大钊就在北京大学工作，翻开新民主主义革命第一页的五四运动在北京爆发。青年时期的毛泽东曾两次到北京，李大钊安排他到北大图书馆工作。"一二·九"运动和反内战的"五二〇"运动等都是从北京爆发，激励着一代又一代爱国青年英勇奋斗。

第四，需要与南京蒋介石政权划清界限。有人说，南京虎踞龙盘，地势险要，主张定都南京；又有人说，历史上凡是定都南京的朝代，包括蒋介石政权，都是短命的，反对定都南京。毛主席说，他是无神论者，他不相信宿命论，但蒋介石政权的基础和后台都是江浙一带的资本家，而新中国是人民民主专政，各级政府都要加上"人民"二字，需要与蒋家王朝划清政治界限。

第五，民主人士广泛支持。1948年9月8日至13日，中共中央在西柏坡召开政治局扩大会议时，毛主席曾就定都问题专门询问在山西作战的徐向前和在华北作战的叶剑英的意见，他们都提议定都北平，都主张努力争取和平解放北平，尽可能把北平完整地保存下来。叶剑英还特别向毛主席报告，他收到许多民主人士的电函，都希望在北平成立新政府。

第六章 首都北京 古都神韵

第六，国际形势。据有关人员回忆，东北局城市工作部部长王稼祥和夫人朱仲丽1949年2月到西柏坡看望毛主席时，主席问，"定都哪里最合适？能否定在北平？"王稼祥分析说：南京离东南沿海很近，一旦国际上有事，易攻难守；西安太偏西，历史上依靠长城护卫，而现在长城已是内陆腹地；洛阳、开封经济落后，又处于黄河南岸，易遭黄河水患。王稼祥认为：北平离苏联近，边界线长，不易有战事，也容易得到苏联支持；北平为关内关外的咽喉之地，又有辽东、山东两个半岛拱卫，一旦有事，不至于立即震动京师。

显然，王稼祥的分析又深入了一步，在当时的国际环境与国内背景下，很具有战略高度。尽管主席也在考虑定都北平，但王稼祥的分析对主席做最后的决定起了重要作用，因此主席听了之后连声说"有道理，有道理"。

第七，苏联支持。1949年1月北平和平解放，解放军和平入城，约25万名国民党守军接受和平改编，平津战役结束。斯大林随即派苏共中央政治局委员米高扬到西柏坡，就许多问题交换意见。

至此，定都北平的问题就算最后敲定。北平和平解放两个月后，中共中央从西柏坡迁往北平，告别指挥了辽沈、淮海、平津三大战役的最后一个农村指挥所。毛主席暂时在香山双清别墅办公和居住，北平也由此开始了新生，拉开了新中国的历史大幕。

"北平"这个名称最早出现于公元1368年，朱元璋命令大将徐达攻占元大都后，改名为"北平"。公元1403年，北平城被改名为"顺天府"，并最终在公元1421年正式成为大明王朝的京师所在。

辛亥革命以后，北洋政府治下的1914年到1928年间，"顺天府"改称为"京兆地方"，随着北伐战争的开始与张学良的改旗易帜，奉系军阀所控制的京兆地方改归南京国民政府管辖，改称为"北平"。

新中国成立前夕，中国人民政治协商会议第一届全体会议于1949年9月27日正式将"北平"改名为"北京"，并以"北京"作为新中国的首都。

共和国的心脏

新中国定都北京后，北京不断发生变化，尤其是改革开放以来，北京焕发出前所未有的活力，服务业和高新技术产业蓬勃发展，成为中国名副其实的政治、经济和文化中心，成为共和国的心脏，也成为当今世界最具魅力的大都会之一。

之所以说北京是共和国的心脏，是因为党和国家对内对外的重大决策都在北京制定，国际关系中的重大活动都在北京隆重上演，成为全国人民和世界各国关注中国的聚焦点。在北京，人们可以随时听到中国的声音，感知中国脉搏的跳动，看到中国的过去和现在，看到中国人民迈向未来的豪迈步伐。

天安门是北京的标志性建筑。除天安门，北京还有很多门，我可以扳着指头数出28个门，无疑是中国也是世界上"门"最多的都市之一。但截至目前，中轴线上的永定门、天安门、正阳门、端门、德胜门等保存完好，其余的门都早已不存在，只是作为地名还继续保存着。

随着很多"门"的消失，北京的古城墙也早已不见踪影。1965年我到北京时，还曾从东直门那里登上城墙，从城墙上观望城内城外，城墙外都还是农耕地。1969年由西向东的地铁1号线通车，随即开始修建地铁2号环线，城墙也就开始完全拆除了。

凡是第一次到北京的中国人和外国人，都会首先到天安门一带参观游览，因为从那里环视四周，可以看到中国政治中心的几大宏伟建筑，看到

第六章　首都北京　古都神韵

庄严隆重的国旗升旗仪式。如果要把天安门周边的里里外外都看一遍，至少需要三天时间。

第一，看升国旗。许多人特别是年轻人，都希望赶早到天安门看升国旗，我也始终怀有浓厚兴趣，不仅去看，还很注意收集资料，认真了解升降国旗的来龙去脉，及其演变过程。

当我知道国旗升高的高度为28.3米时，我一时也说不出为什么是这个高度。经了解，是从1921年7月1日中国共产党成立，到1949年10月1日中华人民共和国成立，历时28年零3个月。这个高度寓意中华人民共和国的建国来之不易，反映中国人民在中国共产党领导下，历经28年零3个月艰苦卓绝的奋斗，才赢得今天。

每天升旗的时间不一样，以太阳升起时最先出现的上部边缘，与广场所见地平线持平的时间为准。傍晚降旗的时间，则以太阳落山时最后的太阳边缘，与广场所见地平线持平的时间为准。准确时间，都由北京天文台的天文专家计算。

如果遇到阴天、雨天或者雪天，升旗降旗时间与前一天相同，如果天气过于恶劣，也可不升国旗。每月1日、11日、21日这三天，升旗时由军乐队现场演奏国歌，其他时间播放国歌录音带。国旗从执旗人手中升到旗杆顶端2分7秒钟，时间很短，到现场观看升旗的人必须聚精会神。

天安门升旗仪式经历了一个漫长的演变过程。在1949年10月1日的开国大典上，是毛主席亲自在天安门城楼按下电钮开关，第一次升起鲜艳的五星红旗，此后由在天安门广场西南角的北京供电局负责，从1951年起由这个供电局的青年电工胡其俊负责，直到1976年。

胡其俊被认为是一个平凡而又伟大的人：说他平凡，因为他一生都是一个普通电工；说他伟大，因为他25年始终认真负责，每到升旗的日子到来，他总是头一天去广场管理处领旗，第二天早晨把旗绑到自行车上，从家骑车半个多小时到广场，升完旗后照样去上班。

1976年把升旗、降旗从胡其俊一个人转给北京卫戍区，由2人负责。从1983年开始，由3名武警战士组成的升旗组开始执行国旗升降任务。1991年天安门国旗班改编成"天安门国旗护卫队"，增加到36人。

为展示现代强国强军的风采，从2018年国庆节起，又对升旗仪式和国旗护卫队做进一步的改进和强化，更为威武雄壮。平日的升旗由36人增加到66人，节假日增加到96人，每月的第一天126人，而且增加号手，在天安门城楼上吹号。这时广场上的人要么肃立，要么高唱国歌，个个热血沸腾。

第二，登天安门城楼。天安门城楼是到北京后必定要留影的地方，它位于北京市中心，北京东城区和西城区的交界点，中国古城门最杰出的代表作。造型威严庄重，气势宏大，国徽上的图案就是天安门城楼，成为我们共和国的象征。

天安门城楼为明清两代皇城的正门，明代时叫"承天门"，清代改称为"天安门"，高37.4米。登上城楼后可以看到许多大柱子，大厅顶上有一盏巨大的宫灯和十几盏辅灯，节假日期间能放射出灿烂的光芒，从很远的地方都能看见。

从天安门门洞出来，有一条金水河，河上有七座并列的金水桥。清朝时，最中间那座雕着蟠龙的桥，只能皇帝通过；左右两座雕有荷花的桥，只能亲王通过；再两边的两座汉白玉桥，供三品以上的文武大臣使用；左右最靠边的普通石桥，供四品以下的官吏和兵丁使用。

在天安门城楼中央悬挂着毛主席的巨幅画像，左右两边分别为"中华人民共和国万岁"和"世界人民大团结万岁"的大幅标语。中外游人纷纷

第六章 首都北京 古都神韵

从各个角度摄影、拍照,周末特别是节假日人流穿梭。

过了金水桥的东西两侧,有一对形态高雅的石头狮子,一对高高矗立的汉白玉华表,华表上云绕龙盘,极富气势。

第三,漫步天安门广场。这是举行大型集会的地方,也是我们个人尽情抒发爱国情怀的地方。我1965年从四川梓潼县到北京以来,每次到天安门广场都会想到著名蒙古族歌唱家胡松华,想到他在天安门广场高唱的那首《赞歌》。

在明清两代,天安门广场是个封闭性的宫廷广场,四周都有高大的围墙。文臣、武将从特定的东安门和西安门进出,百姓一概不得入内。辛亥革命推翻清王朝后,民国政府启动改造旧城计划,打通封闭的天安门广场,把东西长安街连接起来,并修成沥青路,使之变成可自由通行的大道,天安门广场也从此成为现代意义上的广场。

现在的天安门广场,比历史上任何时候都更加明亮光鲜,是世界上最大的城市广场,可容纳100万人举行盛大集会,没有任何国家的首都广场可与天安门广场相比。

天安门广场如实记录了中国人民600多年来的苦难和辉煌,高度浓缩了神州大地的古代文明和现代文明,大笔书写着中华民族走向伟大复兴的壮丽诗篇,是中国从衰落到崛起的见证。

《赞歌》产生的背景是,1964年为庆祝新中国成立15周年,排练大型音乐舞蹈史诗《东方红》时,周总理发现少数民族歌曲只有才旦卓玛演唱《北京的金山上》,提议增加一个民族歌曲,编导找到胡松华,胡松华一夜之间就写好词、谱好曲,完全发自内心。

十多年前,我在德国驻华使馆的一次招待会上见到胡松华,我说,他的《赞歌》唱出了我们每个中国人的心声,每次到天安门广场我就想到他演唱的《赞歌》，他立即给我留下他的手机号。我说，我是四川梓潼人，我想把第一句"从草原来到天安门广场"改为"从梓潼来到天安门广场"，他笑了起来，说他很希望我尽情歌唱：

从梓潼来到天安门广场，

高举金杯把赞歌唱，

感谢伟大的共产党，

祝福祖国繁荣富强。

英雄的祖国屹立在东方，

像初升的太阳光芒万丈，

各民族兄弟欢聚在一堂，

万众一心奔向远方！

第四，观瞻人民英雄纪念碑。坐落在天安门广场中心的人民英雄纪念碑，是新中国成立后在天安门广场兴建的第一个庄严、雄伟的建筑物，寄托着中国各族人民对近百年来为人民革命和民族解放而牺牲的人民英雄们的深切怀念。

1949年9月，中国人民政治协商会议第一届全体会议上，代表们认为，如果不是无数先烈抛头颅，洒热血，哪有今天的红色江山？会议提出为英雄们兴建纪念碑，有人提议把纪念碑建在东单广场，有人主张建在西郊八宝山，周总理提议建在天安门广场，方便观瞻和景仰。

会议制定了《中国人民政治协商会议组织法》、《中华人民共和国中央人民政府组织法》，决定了新中国的名称、国都、国旗、国歌等，并决定

第六章　首都北京　古都神韵

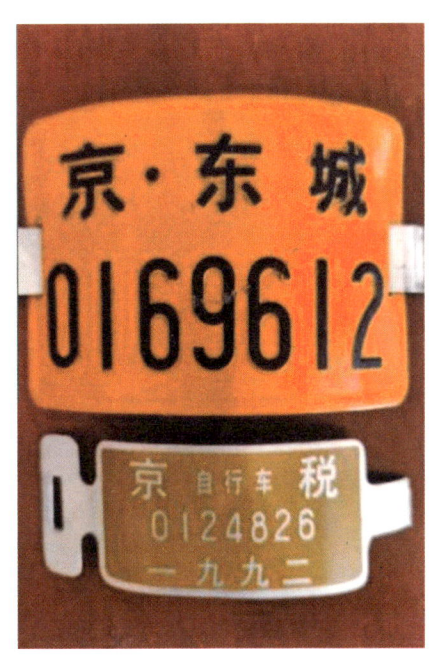

从1966年8月起，作者在北京的主要交通工具是牌照为"京·东城0169612"的自行车，骑着它跑遍京城

作者至今保存着230多枚不同样式的毛主席像章，其中最大一枚像章直径8厘米

1969年6月,作者第一次参观南京中山陵,缅怀孙中山的丰功伟绩

第六章 首都北京 古都神韵

1970年3月16日，作者在贵州出差期间第一次参观遵义会议会址

1972年11月，德中友协代表团访华，作者陪同参观中共一大会址后到外滩留影

了在天安门广场建人民英雄纪念碑和毛主席起草的碑文等，并于当日下午六时举行奠基仪式，毛主席和朱总司令等中央领导人参加。

毛主席在奠基仪式上亲自宣读他起草的碑文："三年以来，在人民解放战争和人民革命中牺牲的人民英雄们永垂不朽！三十年以来，在人民解放战争和人民革命中牺牲的人民英雄们永垂不朽！由此上溯到一千八百四十年，从那时起，为了反对内外敌人，争取民族独立和人民自由幸福，在历次斗争中牺牲的人民英雄们永垂不朽！"

奠基仪式之后，由北京市委第一书记彭真任主任、著名建筑学家梁思成为副主任的纪念碑兴建委员会，开始向全国征集设计方案。在整个施工过程中，也都在不断优化设计，譬如已经动工一年半还改"坐北朝南"为"坐南朝北"；在基座和碑体都已定型后，还按林徽因的建议加高一两米，总高约38米。

据介绍，纪念碑的碑心石采自青岛崂山最西端的浮山，石质均匀、坚硬，不易风化，浮雕石材均为北京房山汉白玉石。浮雕最后定位为"表现群体不表现个体"，按时间顺序为：虎门销烟、金田起义、武昌起义、五四运动、五卅运动、南昌起义、抗日游击战、胜利渡长江、解放全中国、支援前线等，总计170多个人像出现，个个栩栩如生，豪气冲天。

纪念碑的碑题、碑文全部金字共使用黄金132两。1958年5月1日举行揭幕仪式时，首都各界50万人参加，数万人涌向天安门城楼欢呼，无数和平鸽放飞天空，整个北京城洋溢着欢乐的气氛，全国人民也都为之欢呼。

文坛领袖郭沫若写下题为《人民英雄纪念碑》的诗篇：天安门广场，波澜壮阔的海洋，人民英雄纪念碑伫立在中央，庄严、朴素、纯洁、坚忍、稳重、大方，像崇高的灯塔放射光芒！

第五，参观人民大会堂。为庆祝新中国成立10周年，人民大会堂于

第六章　首都北京　古都神韵

1959年9月落成并启用，为当时相继竣工的北京十大建筑之首。大会堂有各种厅堂数十个，层次分明，功能齐全，从此成为党和国家及人民团体举行重大政治、外交活动的场所，见证六十多年来中国每个时期的重要发展和变化。

大会堂的建设堪称一大奇迹，从提出第一稿设计方案，到竣工、装修和完成设备调试，总计只用了不到一年时间。而且，筹建时中央就指出，要着眼于长远，要由中国人自己设计，要具有民族风格和特色，要既实用又美观，既保证质量又讲究艺术。

对大会堂与天安门广场四周的布局，周总理一开始就作出要具有前瞻性的明确指示，譬如大会堂可高于天安门城楼，与东侧的革命历史博物馆可以一实一虚，不必完全对称，朝东的正门不必完全对准人民英雄纪念碑。

我从1972年7月起，多次去过大会堂，但都是公务或集体行动，每次都限定在一两个厅内。1979年7月起大会堂对公众开放，1980年5月我从瑞士回国后，曾陪家人、同学或友人多次去参观。最初门票3块钱，后来涨到30块，有服务员带领参观、讲解。那么，参观人民大会堂可以看些什么？

一是看大会堂的外形，呈一个"山"字形，南北两翼略低，中部偏高，四面开门，正门朝东。从天安门广场可以看到，大会堂东面有12根巨大的浅灰色大理石门柱。在广场举行欢迎外国首脑访华的仪式、检阅三军仪仗队之后，宾主步行而上，步入大会堂。

二是看万人大礼堂，从东门进去后，首先看到的是中央大厅，这个大厅有12根汉白玉明柱，分6个门进入大礼堂。据说，周总理要求把大礼堂设计成马蹄形，也有人说是扇形，这在声学上容易拢音，坐在任何一个位置都可以看到主席台。

大礼堂中间没有立柱，据说是几个年轻的中国建筑师设计的。一层可安装5000个座位，包括主席台350个座位，二层3000个，三层2000个，故称万人大礼堂。直到今天，这也是世界上设计最先进、规模最大的礼堂之一。

进入大礼堂后抬头看，顶部中央有一个巨大的红宝石般的五角星灯，周围的葵花瓣光线四射，棚顶上几百个灯泡闪亮。所有灯和光通过大小、粗细、明暗的不同而组合在一起，不让人感到繁杂，相当协调、柔和，象征繁星满天，葵花朵朵向太阳。

三是看迎宾厅，从北门进，天气不好时，可以在迎宾厅为来访的外国首脑举行欢迎仪式，检阅三军仪仗队。迎宾厅的东侧为国宾会谈厅，西侧为国宾宴会厅，不管欢迎仪式在迎宾厅还是在东门外广场举行，都使用这里的会谈厅和宴会厅。党和国家领导人会见或宴请，也都在此。

四是看大宴会厅，从迎宾厅的南端登62个汉白玉台阶，到第二层的北端就是大宴会厅。在汉白玉台阶的顶层，铺着一块全国最大的地毯，墙上挂着著名画家傅抱石和关山月以毛主席词《沁园春·雪》为背景创作的画，画题为"江山如此多娇"，可在这里合影。

如果把一些可移动的设施临时移走，大宴会厅可举行有5000人参加的宴会，或者1万人参加的酒会，达到盛况空前。我第一次进大宴会厅是1972年10月13日晚上，联邦德国副总理兼外长谢尔在那里举行的答谢宴会，吃的喝的都是从德国空运到北京的。

五是看金色大厅，这是大会堂三楼的中央大厅，每年3月两会闭幕后，国务院总理都在这里举行记者招待会，是党和国家领导人举行新闻发布会的地方，是宣示国家大政方针的"窗口"，色调、绘画、书法、陈设等都

第六章　首都北京　古都神韵

尽显中国元素，没有漂洋过海而来的成分。

六是看四川厅，在大会堂南面，我是四川人，有机会就去看看。每个省、自治区、直辖市都有一个以其名字命名的厅，室内彰显各地特色，供地方举行重要活动使用。

一进四川厅就看到一个毛绒大熊猫，墙上挂有几幅熊猫画。熊猫是国宝，更是四川一张举世皆知的名片。30多年前，当时13岁的成都女孩谢亚丽给我画过几张熊猫画，至今一直挂在家里。

除了熊猫，还有四川特色的竹器，配以蜀绣、漆器和白银制品，譬如厅内东侧是双面绣屏《芙蓉鲤鱼》，西侧是桂花木雕刻《竹报平安》和《喜鹊登梅》，北墙上有四个用白银制作的圆挂盘。

第六，拜谒毛主席纪念堂。到了天安门广场，排队最多的就是去毛主席纪念堂。2019年10月我嬢嬢和儿子儿媳赵永林夫妇来北京时，我们很早就去排队，蛇形队伍看不到尽头。这说明，不管时代如何变迁，新中国的伟大缔造者毛主席都永远活在人民心中。

毛主席纪念堂坐南朝北，主体建筑为正方形，具有我国自己的民族风格和特点。据设计师之一的佘俊南院士讲，纪念堂外有44根柱，内有12根柱，总计56根柱，象征56个民族。北门两边有两组8米多高的群雕像。

在纪念堂北门的正上方，有"毛主席纪念堂"六个鎏金大字，是时任中共中央主席华国锋亲笔题写。从北门进入纪念堂，可看到在北大厅的正中，安放着3米多高的汉白玉毛主席坐像，面含微笑，端庄安详，背后是一幅题为《祖国大地》的巨大的绒绣壁画。

毛主席去世后，中央随即决定建毛主席纪念堂，但建在哪里、建成什么规模、什么风格，各级领导和专家曾有不同想法。一是仿照莫斯科红场的列宁墓建在天安门前，二是建在天安门北边的端门位置，三是建在景山，四是建在香山，五是建在天安门广场，不仅反复讨论，还派人出国考察。

在对各种方案的利弊进行评估、比较之后，中央最后决定建在天安门广场人民英雄纪念碑之南、正阳门之北、中轴线上。那儿曾是明清两代的"皇城第一门"，明称"大明门"，清称"大清门"，1912年改称"中华门"，1959年扩建天安门广场时被拆除。

对纪念堂的形状也曾争论不已，有人认为毛主席一生跋山涉水，应按"水上日出"设计；有人认为毛主席一生高瞻远瞩，应按"山顶红心"设计。南京工学院杨廷宝教授认为，位于北京中轴线上的纪念堂应当左右对称，给人稳重、平衡的感觉，建议设计成正方形，至于纪念堂的高度，可高于正阳门屋顶，但不高于人民英雄纪念碑。

杨廷宝教授的建议被采纳。1976年11月24日举行各界代表8000多人参加的奠基仪式，仅半年时间主体工程就完工，当年9月9日举行落成典礼。

进入瞻仰厅正中，可看到毛主席的遗容，身穿灰色中山装，覆盖党旗，安卧在晶莹剔透的水晶棺里。水晶棺的基座是花岗岩，四周镶嵌着党徽、国徽、军徽和毛主席的生卒年份。南大厅的北侧汉白玉墙面上，镌刻着毛主席气势磅礴的词《满江红·和郭沫若同志》的手迹，抒发了中国人民自立于世界民族之林的豪迈气概。

纪念堂的结构严谨，庄严恢宏，是一座独具民族风采的雄伟建筑。为修建毛主席纪念堂，各省市自治区都尽力作贡献，有四川精选的枣红色花岗石，山东泰安的花岗岩，海外赤子敬献的台湾大理石，大兴安岭的优质木材，延安乡亲送来的青松，从珠穆朗玛峰采集的岩石标本，数以万计的人民群众自愿到工地参加劳动。

纪念堂的第二层有六个纪念室，分别展示毛泽东、刘少奇、周恩来、朱德、邓小平、陈云六位领袖的伟大革命历程。每个展室都用大量翔实的照片、文献和实物，再现他们各个时期英勇奋斗的历史画卷，以及他们与人民同呼吸、共命运的光辉形象。

第七，参观国家博物馆。国家博物馆在天安门广场东侧，东长安街南侧，与人民大会堂相对应，天天人流如潮。据介绍，2014年国家博物馆在世界上受欢迎的程度排名第三；2015年上升为第二，仅排在法国巴黎卢浮宫博物馆之后；2016年以参观人数755万，位居世界第一。

设立国家博物馆由来已久，1912年7月中华民国临时政府教育部就决定设立国立历史博物馆，1949年10月改名为国立北京历史博物馆。地址几经变化，1958年10月在天安门广场东侧修建新馆。2003年2月，正式组建中国国家博物馆。

据介绍，国家博物馆建馆和办馆的宗旨为四个"相称"：一要与中国大国地位相称，二要与中华民族的悠久历史和灿烂文化相称，三要与蓬勃发展的社会主义现代化事业相称，四要与广大人民群众日益增长的精神文化需求相称。

国家博物馆有许多相对固定的展厅，可以看到中国各个历史时期的代表性文物，例如，云南出土的170万年前元谋人的牙齿，1万年前人类磨制的石器等，从而对中国的悠久历史和灿烂文化有直观的了解。

国家博物馆展示着中华民族的过去、现在和未来，提示着我们要把优秀的历史文化、革命文化和当代中国的先进文化保护好、展示好、传承好、发展好，不断弘扬民族精神，不断鼓风扬帆，为更加美好的未来奋力进取。

古都神韵

人们都知道，北京是千年古都。古都风貌的最大特点就是，大街小巷几乎都是正南正北、正东正西，东西对称。如果在街上问路，北京人通常都是告诉你往东往西，或者往南往北，很少说往左往右，或者往前往后。在中国，古都西安、洛阳、开封也大体如此。

1153年4月21日（金贞元元年三月二十六日），海陵王完颜亮将金朝都城迁至燕京（今北京），从此开启了北京作为大国都城的历史。到明代，北京城的规划更是秉承了中国《周易》思想的精华："天人合一"、"天圆地方"，内城外城交相辉映。

据北京的报刊介绍，我国发射的返回式遥感卫星曾对北京的古建筑进行遥感航拍，以及一些专家通过查阅大量史籍，发现中南海和故宫形如水龙、陆龙，水龙呈盘卧状，陆龙呈俯卧状，而颐和园形如蝙蝠和寿桃，寓意"福禄寿"，天坛寓意"九五之尊"。

明代北京城的这种"双龙"布局，若是统治者有意为之，则彰显了中国古代君权神授的思想，神龙即帝王之象征，帝王即神龙之化身。但假若这"双龙"实为天造之和，并非统治者有意为之，那天地造物的神奇，就更加令人惊叹。

第一，水龙——中南海。在北京故宫的西北侧，有一片连绵的湖泊，碧波荡漾，楼宇错落，绿树红墙，这就是有名的"三海"——北海、中海、南海。这三海的造型，可以说一半是天然形成，一半是人为加工，共同构成一条水龙的形状。南海为龙头，其湖心岛为龙眼，中海和北海为龙身，什刹海为龙尾。龙头、龙眼、龙身及龙尾，都比较明显，神龙摆尾，摆向

第六章 首都北京 古都神韵

西北方向,甚为壮观。

北海和什刹海是公园。"让我们荡起双桨,小船儿推开波浪,海面倒映着美丽的白塔,四周环绕着绿树红墙"这首歌,真实描述了北海的美景,吸引着各地游客到此划船、赏景、游玩。这首歌,也是我几十年来最喜欢哼唱的大众歌曲之一。

中南海始建于辽代,元朝为皇城的一部分,明清两代为皇家园林。1900年遭八国联军劫掠。中南海瀛台上建有亭台宫殿,是清代康熙、乾隆、光绪和慈禧太后的主要活动场所。及至清末戊戌变法失败,光绪皇帝被慈禧太后囚禁于瀛台。慈禧太后重建被烧毁的仪鸾殿,改名为佛照楼。

辛亥革命成功后,新军统帅袁世凯出任中华民国大总统,袁世凯也到中南海办公,并将慈禧的佛照楼改名为怀仁堂。国民政府定都南京后,北京不再是首都,因此中南海向公众开放,有些普通居民和外籍侨民还在中南海定居。中南海还办有学校,汽车、马车、人力车进进出出。

1949年1月北平和平解放,第一任北平市市长叶剑英给中央打报告,提出从环境、安全、交通等方面考虑,请中央进驻中南海。毛主席不同意,他很喜欢西郊香山的双清别墅。但多数政治局委员同意搬,最后拿到政治局会议上讨论,按少数服从多数的原则,作出了进驻中南海的决定。

现在的中南海面积约1500亩,大体上水陆各占一半,是党中央和国务院的办公地,以及党和国家主要领导人的居住地,为中华人民共和国的国家中枢。从保持工作环境的安静和安全考虑,中南海原则上不对外开放,因此有了一种神秘感。

中南海的正门是位于天安门以西的新华门,从外往内看,可看到毛主席写的"为人民服务"五个大字。门外"八"字形的墙上,有两幅标语,左为"伟大的中国共产党万岁!"右为"战无不胜的毛泽东思想万岁!"门外两侧，有一对威武灵动的石狮，是从故宫端门搬过来的。门外正中靠西长安街，是每天升降国旗的旗杆。

中南海曾经两次对外开放。1966年红卫兵出现后，全国各地的红卫兵大量涌入北京，吃住成了大问题。经周总理批准，在中南海也成立了一个接待站，把中南海北区的紫光阁、小礼堂、武承殿等，都提供给红卫兵使用，每天都有成批的红卫兵从北门进出。

第二次开放是1980年到1988年，经胡耀邦批准，在重要节假日和周六周日接待参观。参观办法是，给在京单位限量发放参观券，每券一人，票价两毛，从南长街81号的中南海东门进出。

我有幸参观过毛主席在中南海的故居和菊香书屋，主席的卧室不大，但床很大，靠墙的床边放有很多书。讲解员说，主席有一个习惯，常坐在或躺在床上看书，线装书很多。对于游泳池，讲解员说，那是主席用自己的稿费修建的。

我也参观了慈禧囚禁光绪的瀛台，位于南海的湖心岛，也叫蓬莱岛，岛上的古式建筑金碧辉煌。瀛台只有一个小桥与中海和南海之间的堤岸相连，如果把这个小桥一断，那绝无逃生之路。慈禧把光绪囚禁于此，正是为了不让光绪有任何图谋。

第二，陆龙——故宫。据遥感航拍，北京的陆龙就是故宫，其中四个角楼是龙爪，太庙和社稷坛是龙眼，午门到天安门为龙鼻，天安门是龙吻（龙的嘴唇），东、西长安街是两道龙须。故宫北端的景山、地安门大街到鼓楼是龙尾，南端的正阳门恰似龙珠，构成了俯卧在中轴线上的陆龙，呈现出金龙衔珠的布局。

2020年是故宫建成600周年，明代称皇宫，清代称紫禁城。紫气寓意祥瑞，紫色代表圣贤，老子因"紫气东来"而写出著名的《道德经》；天

第六章　首都北京　古都神韵

北京"双龙"布局平面图

北京"水龙"中南海呈侧卧状

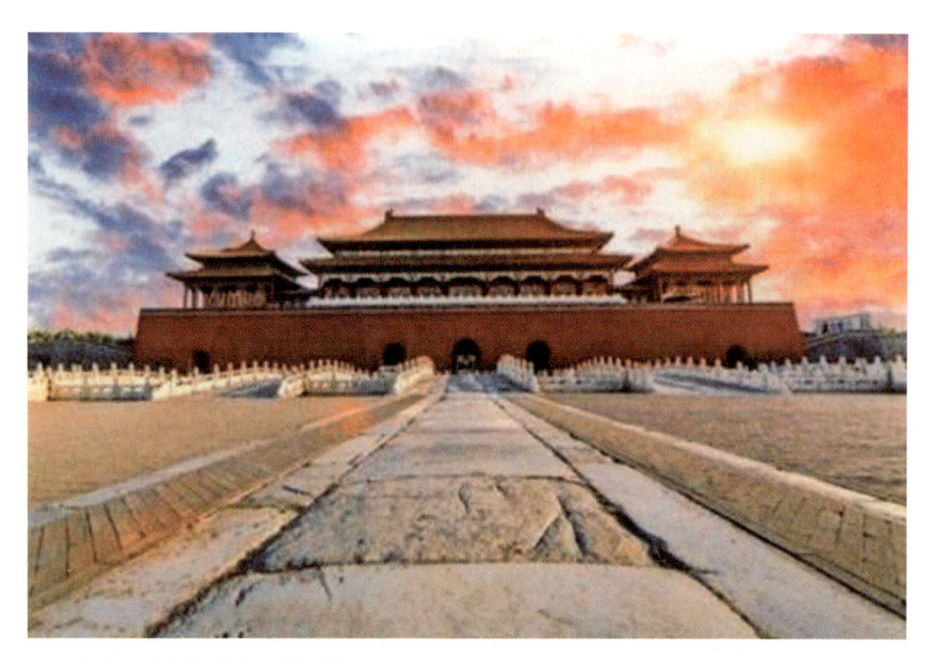

北京"陆龙"故宫呈俯卧状

第六章　首都北京　古都神韵

颐和园万寿山如同"蝙蝠"，寓意多福

潼江弯弯流远方——一个农家子弟的家国情怀

颐和园昆明湖如同"寿桃",寓意长寿

体现"天人合一"、"九五之尊"的北京天坛公园圜丘坛

第六章 首都北京 古都神韵

上的紫微星代表天子，位居三大星垣的正中；唐代诗人王维在《敕赐百官樱桃》中写道："芙蓉阙下会千官，紫禁朱樱出上阑"。

1924年11月5日，清朝的末代皇帝溥仪被驱逐出紫禁城。1925年10月10日，故宫博物院成立。现在，在故宫北门神武门外墙上的"故宫博物院"五个大字，是新中国的文坛领袖郭沫若亲笔题写，笔锋灵动，苍劲有力。

带着故宫就是陆龙龙身的谜想，我查看了各种版本的故宫平面图，以及南北两端的建筑造型，还特意选择天气好、能见度高的时候登上景山，从景山的最高处反复观看。应该说，专家的发现还真八九不离十，越看越像，越看越觉得神奇无比。

了解故宫首先需要了解北京城的中轴线。自古以来，中国人都追求能在都城出现一个南北直行、东西对称的中轴线：譬如要求九里见方、每边三门；城中要有九条南北大道，九条东西大道；王宫的左边应是宗庙，右为社稷坛，前为朝，后为市；对王宫要多少厅室，每个厅室的大小、长宽高，相距多远等，均有明确规定。

1271年成吉思汗的孙子忽必烈定国号为大元，并在北京兴建元大都，这时才基本确立今天北京中轴线的雏形。实际上元朝实行上都、大都的双都制，上都在260公里外的今内蒙古自治区的正蓝旗，中轴线连接上都和大都北京。

明清两代沿用了穿越北京城的中轴线，但随着北京古城的不断扩建，中轴线拉长到7.8公里。这条有长度、没有宽度的"线"，也是一笔宝贵的文化遗产，2018年北京市政府已把向联合国教科文组织申报中轴线为世界文化遗产，列为市政府的重要工作项目。

故宫是怎么建成的，各个部分的功能是什么，有多少房间，怎么区分

253

等级，这些都是陪同中外宾客参观时，必然会介绍到或者问及到的问题，每次鲜有所得时，我都会记录下来。

首先，故宫利用了元大都皇宫的地址和中轴线，参考了成吉思汗时代的蒙古帝国首都和林（今蒙古国内）的布局，但建筑物是典型的中原地区风格，譬如元正殿崇天门（今太和殿靠南），恰如河南开封北宋时的皇宫模式。明初为消除元代影响，把主要建筑都拆除了，开挖故宫护城河的土堆集起，形成了景山。

不少人认为，故宫是苏州建筑师蒯祥设计和建造，实际上建造故宫起步时，蒯祥只有7岁，其父蒯福统领故宫的设计和建造。在故宫基本竣工前3年，蒯祥开始实际参与，子承父业，不负众望，此后的故宫配套建筑均出自蒯祥之手，譬如承天门（天安门）、五府六部衙署以及永乐大帝的长陵等。

故宫有多少房间？故宫是当今世界规模最大、保存最完好的古建筑群。1965年我刚参加工作，第一次陪外宾参观故宫时，讲解员介绍说，故宫有房屋9999间半，外宾问，为什么没满1万间？讲解员说，皇帝是万岁爷，不希望满1万，要永远活着。外宾又问，那半间做什么用？讲解员说，放清洁用具，扫帚、拖把、抹布等。

1973年在故宫重新开放2年后，专家进行了查看和测量，共有大小院落90余座，房屋980座，总共8704间。当然，这里说的"间"，不是我们今天的房间概念，而是至少有4根柱子形成的房间。说只差半间就有1万间，也只是一种说法，或者把午门到天安门两边的房间也都算上。

如何区分皇家建筑的等级？联邦德国副总理兼外长根舍参观故宫时，也曾问及，当时的故宫博物院副院长说，最简单的办法就是"两看两数"。"两看"就是看屋檐、看彩画，凡是双重屋檐，或彩画为龙的，都为皇帝专

第六章 首都北京 古都神韵

用，或皇帝可能出入。"两数"就是数开间、数走兽，开间越多、走兽越多，级别就越高，譬如太和殿有11个开间，左右屋檐各有10个走兽，其他殿、门递减。

皇帝都是四体不勤五谷不分吗？不完全是。明朝皇帝大多怠政，有的多年不上朝，在宫内做木工活，或者炼丹药；清朝皇帝都很勤政，有的还特别重视亲耕务农。

康熙19岁亲政时就亲自到先农坛抚犁耕田，49岁到南郊视察春耕时，抚犁一口气耕了一亩地，周围上万人观看。康熙还曾在中南海丰泽园种水稻，并培育出一种优质早熟稻，逐步推广到江浙一带，使粮食产量大幅提高。

雍正重视农业立法，在位13年除一年春耕时因受风寒外，12年每年都参加先农坛的春耕典礼。他严令各州县地方官必须亲耕劳作，如有田园荒芜，一律革职查办；要求各州县每年从每个乡选出一名勤劳俭朴、身无过失的老农，授予八品顶戴（乡长级），鼓励农民积极从事农业生产。

乾隆倡导植树造林，在北大未名湖畔的一个诗碑上，刻着乾隆写的一首种松诗："清明时节宜种树，拱把稚松培植看。欲速成非关插柳，挹清芬亦异滋兰。"为保护皇城的用水和行舟，乾隆曾下令疏浚积水潭和月牙河，在月牙河、永定河两岸广植桃树和柳树。

第三，福山寿海——颐和园。颐和园最早是一块泉水汇聚的沼泽地，金代国王完颜亮认为是一块风水宝地，开始在此建造行宫。清乾隆在此建园，定名清漪园，将瓮山泊挖凿扩大，使之成为一个湖，取名昆明湖。

为什么乾隆帝称其为昆明湖？有两种说法。一是说，中国古代有个姓昆的家族有女叫昆明，住杭州西湖，能一游三千里，把春天带到各地，人们便把她到过的湖都叫昆明湖。二是说，汉武帝曾在长安挖凿一个湖叫昆明湖，操练水师，乾隆也下令挖凿一个昆明湖，夏天在湖上练武。

1860年英法联军入侵北京时，烧毁"三山五园"，1886年慈禧决定让光绪从次年正月起亲政，乘机提出重建清漪园，作为她"离退休养"的场所。光绪以1894年给慈禧做六十大寿为由下令重建，把清漪园改称颐和园，把瓮山改称万寿山，把八方阁改称佛香阁。

光绪提出，重建的颐和园要体现"福禄寿"三个字，并把这个任务委托给200多年来一直致力于宫廷建筑的江宁（南京）雷氏家族第七代传人雷廷昌。据传，雷廷昌首先想到"寿桃"，这时恰好一只蝙蝠飞过，一下激起他的灵感，想到"桃山水泊，仙蝠捧寿"，于是构思建造一个蝙蝠山、一个寿桃湖。

雷廷昌很好完成了光绪交给的任务。在天晴气朗、湖水清澈的时候，从远处正面观看万寿山及其在湖中的倒影，的确很像一只倒挂而立的蝙蝠。探入湖面的弓形建筑为蝙蝠头，弧形正中凸出的排云门码头像蝙蝠嘴，向左右伸展的长廊为蝙蝠张开的双翼，东段长廊探入水面的对鸥舫和西段探入水面的渔藻轩，为蝙蝠两只前爪，寓意"多福"。

登上万寿山的佛香阁，往下细看昆明湖就会发现，昆明湖很像一个大寿桃，偏向东南方的长河闸口为寿桃的"歪嘴"，西北角西宫门外的引水河道为寿桃的梗蒂（桃把），斜贯湖面的狭长的西堤为寿桃上的沟痕。而在这个大寿桃形状的南湖，龙王岛和十七孔桥构成一只龟的形状，十七孔桥为长长的龟颈，寓意"长寿"。

慈禧为重建颐和园花了多少钱？据介绍，几次追加款项，总计花了3000多万两白银，相当于2年的全部国税收入。慈禧为筹集这笔巨款，卖官、逼捐、强迫划拨、挪用军费军饷，无所不用其极。李鸿章1896年访问德国时，在与俾斯麦谈及中国为何在中日甲午战争中惨败时说，那时他要钱没钱，要人没人。

第四，天坛公园——天人合一。这是中国也是世界现存规模最大、形制最完备的古代祭天建筑群，表达天人合一的理念，其中祈年殿、寰丘坛、回音壁、斋宫、神乐署等，最为观众所熟知。

到了天坛，人们首先争相观看的祈年殿，它是明朝永乐十八年（1420年）与故宫几大殿同时落成的宏伟建筑之一，初名"大祀殿"，清乾隆改称"祈年殿"，用于合祀天地，祈祷保佑五谷丰登。

与其他皇家大殿不同，祈年殿建立在一个三层汉白玉围栏的圆形基座之上。从四面八方看，三层屋顶均为对边相等、临边不等的矩形，殿顶覆盖上青、中黄、下绿三色琉璃瓦，寓意天、地、万物，内部开间的布局寓意四季、十二个月、二十四个节气。

天坛公园另一个吸引人的地方是圜丘坛，一个露天三层的圆形石坛，艾叶青石面，汉白玉望柱和围栏，有两层围墙，内圆外方，为皇帝冬至举行祭天大典的地方。

圜丘坛给人印象最深的是，所有数字均为阳数（单数），九为阳数之极，因此每层的台阶数、栏板数、望柱数、台面扇形石板数，都为九的倍数。

上层最中心的天心石，由九块扇形石板包围，每往外一层就增加九块石板，共九层；三层圆的护栏栏板数，顶层72块，中层108块，下层180块，合计360块，达到周天度数；三层坛面的直径总计45丈，整体寓意"九五之尊"。

天心石被认为是声学建筑的奇迹，站在天心石上呼喊或敲打，听到的回声比原声要洪亮得多。有人认为是把声音变成了超声波，有的认为是在天心石装有扩音器，有人说是建筑师利用了声音的折射原理，也有人说是回声与原声混在一起，使声音得到加强。看来，应当是呼喊或敲打发出的声波被近旁周边的栏板反射，形成洪亮的回声。

天坛公园的回音壁也让人乐不可支，它是一个圆形围墙，墙外和墙顶覆盖琉璃瓦，内壁由磨砖对缝砌成，弧度很规则，极其光滑。如果两人分别在东西配殿之后面北而立，一人贴墙说话，另一人贴墙细听，无论说话的人声音大小如何，另一人都能清晰听到。

此外，天坛公园古木参天，绿树成荫，有各种树木6万多株，其中古松柏3500多株，古槐占地160多万平方米。1982年10月中德建交10周年时，联邦德国总统卡尔·卡斯滕斯访华时赠送中国10株德国国树红橡树树苗，已在天坛公园枝繁叶茂。

西山文学

我爱好文学，喜欢读诗写诗，对北京"西山文学"这样的题目很有兴趣。在北京的西山深处，风光旖旎，人杰地灵，才华横溢的帝王和文人墨客，都在此皓首穷经，著书立说，留下许多千古佳话。对此，只要有机会我就会去参观，就会翻阅有关资料。

与西山情结甚浓的文学巨辈、诗人、作家，可以列出很多，最有名的是曹雪芹、马致远、贾岛、纳兰性德等；近现代有梁实秋、沈从文、冰心、老舍、丁玲等；法国外交官圣-琼·佩斯，也是在西山完成了长篇史诗《阿纳巴斯》的创作，获1960年诺贝尔文学奖。

我曾几次去香山植物园参观黄叶村的曹雪芹纪念馆。在翠竹掩映的庭院，有一尊古铜色的曹雪芹雕像，坐在一块石头上，目视远方，神情忧郁而专注。那块石头，就是《红楼梦》开篇描述的在远古洪荒时代，女娲补

第六章　首都北京　古都神韵

天时从天上掉下来的千古奇石。

曹雪芹13岁时因家境败落，随家人从南京迁回北京，住崇文门外的一处老宅，从此终结了锦衣玉食的富贵生活。30岁开始写《红楼梦》，其间从崇外搬到西山居住，到40岁写完120回。可惜后40回在朋友传阅过程中不慎遗失，现在的后40回是高鹗续写。

我喜欢《红楼梦》，无论原著小说，还是越剧或电视连续剧，我都很感兴趣，对其中刻画世态炎凉、人生悲欢的诗词，我总是随笔作记，重复笔记也无所谓。正是曹氏家族大起大落的不幸遭遇，让曹雪芹对社会和人生有了深刻认识，成就了他的旷世之作《红楼梦》。

在世界文学史上，对一部作品的研究成为一门学问的，在中国只有《红楼梦》。这部书成就了不少人，因研究这部书而成名成家，被称为"红学派"的人，不在少数。在西方，或许只有英国的莎士比亚、俄国的托尔斯泰的研究者，可以自成一派。

我上中学时，语文课本里有题为《天净沙·秋思》的诗："枯藤老树昏鸦，小桥流水人家，古道西风瘦马。夕阳西下，断肠人在天涯。"这是元代剧作家马致远在北京石景山区九龙山北面的西落坡村所作，那儿马姓是第一大户，谁都知道那里乡间的马致远故里。

马致远曾到浙江任职，后回大都来任工部主事，因看不惯官场的腐败和黑暗而隐退。"枯藤、老树、昏鸦、古道、西风、瘦马、夕阳、断肠人、天涯"这些词，本来就毫无生气，组合在一起更让人悲凉，反映他骑着一匹瘦弱的老马，在深秋时节离开繁华大都时的失意，也反映当时社会的没落。

当然，马致远的诗词也并不都没生气，看看他在北京石景山区西落坡村的故里，很像当年陶渊明"采菊东篱下，悠然见南山"的景观。因此，他也有脍炙人口的诗词，譬如《清江引·野兴》："西村日长人事少，一个新蝉噪。恰待葵花开，又早蜂儿闹，高枕上入梦随蝶了。"

我们常说"推敲，推敲"，但不一定知道"推敲"二字是怎么来的。在北京房山区石楼镇二站村的贾公祠墙上，可以看到唐代诗人贾岛那有名的句子："鸟宿池边树，僧推月下门"，"鸟宿池边树，僧敲月下门"。

贾岛早年出家为僧，后还俗求取功名，有一次外出访友未遇，骑毛驴返回途中想给友人留诗一首。因思考"僧推月下门"还是"僧敲月下门"，以致毛驴撞到一个官人的仪仗队，被问及原因时，贾岛如实相告，那官人沉思片刻，说"敲"更好，符合夜间叩门的情景，又静中有动，贾岛欣然接受。原来，这个官人就是京兆尹（北京太守）、文坛领袖韩愈。

韩愈没有责怪贾岛，还把贾岛带回衙门，彻夜谈诗，从此留下"推敲"二字的千古佳话。而贾岛远赴长安，结识一大批文人才子，曾到四川遂州长江县（今南充市蓬溪县）任职，一生视诗如命。房山区有贾岛故里、贾岛祠、贾岛墓、贾岛松，有他"二句三年得，一吟双泪流"的苦吟经历，有"松下问童子"、"十年磨一剑"的豪迈和坚韧。

在西山深处，清代第一词人纳兰性德在那里找到了灵感，创作了大量脍炙人口的绝美诗词，并长眠于西山皂甲屯。老舍对西山一往情深，《骆驼祥子》中一些故事的背景，就在西山。丁玲的长篇小说《太阳照在桑干河上》中塑造的英雄人物赵大栓，原型就是京西燕家台村的赵永成，丁玲曾到那里体验生活，并于1953年获"斯大林文艺奖"。

西山，也吸引了无数外国文人骚客，很多到那里观山望水，激发灵感。除上面提到的法国外交官佩斯在西山创作而获得诺贝尔文学奖，诺贝尔文学奖获得者印度诗人泰戈尔，爱尔兰剧作家萧伯纳，英国哲学家、文学家罗素等到北京访问讲学时，都曾光顾西山。西山，一个灵动、浪漫的地方。

第六章　首都北京　古都神韵

东西南北

我到北京50多年来，先后搬过很多次家，平均每5年搬家一次。东城区朝内大街南小街，城北和平里化工路，建国门外光华里；西城区甘家口黄瓜园，百万庄大街10号；老宣武区右安门内大街里仁街；海淀区海淀南路24号；以及现在的南六环马驹桥，京都的东西南北中，都留下我早出晚归的脚印，很是惬意。

每搬到一个地方，我都有兴趣了解周边情况，有时间就走走大街小巷，东瞧瞧西看看，或与随意碰见的大爷大妈聊聊，或逗逗活泼可爱的小孩，看他们怎么牙牙学语。每到一处，我都能学到一些知识，了解到一些京风京味，有空时也都尽可能记到笔记本上。

第一，我认为北京的包容性很强。从历史上看，北京就不排外，不歧视外地人，不同民族、不同宗教信仰和不同生活习惯的人，都可以到北京生活与发展。几个朝代的皇帝，也都能在北京常住久安，清帝甚至沿用明皇宫，最终满汉融合。

作为千年帝都的北京，人文景观和园林景观尤为丰富，无论政治、经济、安全、文化、古建筑等，都在中国首屈一指，任何地区的人都愿意到北京看看，即便骑着毛驴，也愿意长途跋涉。

北京不仅是中国的政治中心，也是经济、文化中心，国内国外各界都看好北京，都愿意到北京寻找自己的发展空间。

第二，北京的四合院很有特色，很有名。不仅在中国，在世界也都为人知晓，参观北京的四合院，往往成为外来客人的一个重要日程。过去，四合院主要是居住，而现在，很多四合院变成了酒店、别墅、旅社。

所谓四合院，就是由东南西北四面房子合围起来，形成内院式的住宅，这是老北京人世代形成的一种住宅建筑形式。四合院的大门通常不是正南正北，而是在东南角或西北角，我问过老人这是为什么，他们说是为了避风，避开北风直接破门而入。

四合院里的正房，通常建在一个用砖石砌成的台基上，比东西两边厢房高一些，大一些，是院主人的住室。东西厢房是晚辈们居住的地方，正房和厢房之间有走廊，中间有一个院坝。院落四周有围墙，临街的一面不开窗，形成封闭而幽静的环境。

北京有各种各样的四合院，最简单的只有一个小院子，比较复杂的有两三个院子。大富大贵的人家，会有好几个四合院并列，中间还有隔墙。四合院的典型特征是仿照皇宫、王府而建，外观规矩，左右对称。入院有大门，再进深一门甚或二门，而后就是大书屋、住室。

北京四合院的历史很久，几乎与元朝在北京建都同时兴起，其功能是外防风沙，内保室温，起居方便。在四围中间的院坝可植树种花，养鸟养鱼，还可造假山亭台，营造自然景观。在各房各室，特别是在大堂、书屋，通常都挂有寓意"福寿双全、四季平安"之类的书画佳作，抱柱上都有寓意吉祥、咏志的楹联，极有文化内涵。

1965年8月底我刚到北京时，被临时安排住在东四北三条的一个小四合院。那是一个很普通的民居四合院，四周房屋合围，每间屋子住两三个单身，晚上可以到中间的院子聊天。

2004年10月5日我和女儿罗燕曾去什刹海附近的前海西街18号参观郭沫若故居，见到郭沫若的女儿郭庶英，她赠送给我一本她撰写的《我的父亲郭沫若》一书。2020年9月5日风和日丽，时隔16年我又去参观，是为了撰写我这本自传，也是想再看看名人居住的四合院，到底有些什么独特

第六章 首都北京 古都神韵

之处。

那原是恭王府往外的延伸部分,中华人民共和国成立后与恭王府分割,曾经是蒙古国驻华大使馆、宋庆龄住所,1963年郭老一家搬入,直到1978年郭老去世。三进院落,进大门可看到一座小山,小山上有亭台,长满花草、树木,顺路往右比较空旷,有很多根繁叶茂的银杏树。再进一道门就是主院落,北面的正房台基和屋宇建筑都比两边的厢房高,门上方横写"郭沫若故居"五个大字。会客厅、工作间和卧室,都保持着郭老原有的陈设、布局和氛围。

主院落的北边有一个长方形的天井,那里有两三棵树,树下有小桌和小凳,可在那里品饮、交谈。靠北是一排屋子,那里有郭老夫人于立群当年的工作间,各屋各室及两边的厢房现在都是展览室,展出郭老和于立群的生平事迹,内容很丰富。

第三,吃喝玩乐样样全。北京人也很讲吃,当然这里所说的北京人,并不是单指在北京土生土长的人,也包括在北京工作和生活的人。在中国的八大菜系中,北京菜属于鲁菜,以炸、烹、爆、熘、煎、炒、扒、烤、烩等为主,冬天常把白菜、豆腐、肉一锅炖,暖和又实惠。

同南方相比,北京最大的不同是,吃饭可以不用筷子,譬如吃烤鸭、京酱肉丝、春饼、摊饼、排叉、火烧时,只需用筷子夹点什么放到饼上,而后的整个过程中都只用手。

北京人的"喝"也很有特色,譬如大碗茶、酸梅汤,过去都用碗不用杯,在街头巷尾摆摊的人还大声吆喝。在家里,北京曾流行一种饮水用具,叫凉水瓶,它由耐高温的玻璃烧制而成,有白色透明的,也有乌玻璃的。与之配套的是四个玻璃水杯,既能喝水,又能套在凉水瓶口上当盖用。很实惠方便,常作为礼品相送。

老北京的另一景观，是夏天到胡同口看卖西瓜。西瓜是从西域传入，宋代时就已在我国普遍种植。北京大兴区庞各庄有一种瓜叫"黑蹦筋儿"，椭圆形，表皮黑绿色，布满一条条青色条纹，有点像老年人的手臂。瓜瓤黄色，瓜子红色或黑色，水分多，又很甜，据说过去是专门给皇上的贡瓜。

在20世纪六七十年代，星期天我常看到有人卖瓜。那时进城卖瓜的人，多半是用马车或手推车，车上用一个粗麻布编织的网子罩着，拴在四角车帮和车身上，避免瓜滚落，一路走一路吆喝，说自己的瓜怎么好。在摊点卖瓜的人，只要你走近一问，他马上会用刀在瓜上切开一个小三角，很利索地倒提一块让你看让你尝，满意就付钱拿走。

北京人的"玩"也很多，最有特色也最有名的是空竹。2006年，空竹被列入第一批国家级非物质文化遗产名录，空竹制作人张国良和抖空竹第三代传人李连元，也被列为首批国家级非遗继承人。

玩空竹叫抖空竹，十多年来我买了好几个空竹，只是没有坚持学，抖得不好。传统的空竹以竹木为材料，现在许多空竹是硬塑料制品，原盘形，分单盘或双盘。中间是空的，周围有车轮式斜缝，单盘的一面或两盘中间，有一个槽轮，用极为耐磨的线绳缠到轮槽上，两手使劲抽拉线绳，就会发出清澈悦耳的"嗡——嗡——"声，抽拉越快越响。

空竹被认为是老北京发自地面、响彻空中的"音乐"，是北京标志性的城市声音。只是随着城市的发展，胡同里的空间越来越受限，渐渐失去抖空竹的场所。而今，喜好抖空竹的人特别是老人，只好去公园施展身手。

全聚德烤鸭

有人说，不到长城非好汉，不吃烤鸭很遗憾。北京烤鸭店很多，名气

第六章 首都北京 古都神韵

最大的是全聚德烤鸭店,到2021年已有157年历史。仅从接待外国元首和政要看,新中国成立以来就已接待过200多个国家和地区的元首与政要。2008年国务院批准文化部公布"全聚德挂炉烤鸭技艺"为国家级"非物质文化遗产",确立其"中国美食名片"地位。

"全聚德烤鸭店"的来历很有故事。河北冀州青年农民杨全仁,因老家遭水灾流浪到北京,开始贩卖鸡鸭,多年奋斗下来有了点积蓄。1864年前门有个叫"德聚全"的干果店面临倒闭,他想方设法接了手,并请风水先生取个店名。风水先生说,把原来的店名"德聚全"倒过来叫"全聚德",就会一路坦途。又请来一个秀才书写"全聚德"三个大字,制成金字匾额挂在店门之上。

"干什么琢磨什么,卖什么吆喝什么",这是北京餐饮行业的座右铭。杨全仁本着"熟门不出,生门不入"的理念,打定主意做鸭子生意。有一次,他打听到东华门外的饭馆"金华馆",有位出自清宫御膳房的烤鸭高手孙御厨,还是首创挂炉烤鸭的发明人。于是,花重金把孙御厨聘到全聚德,杨孙二人一结合,全聚德很快蒸蒸日上。

孙御厨烤制的鸭子外形美观、丰盈饱满、皮脆肉嫩、鲜美酥香,很快赢得"京师美肴,莫妙于鸭"的赞誉。杨全仁知道,还需要有一个精于管理的掌柜,用今天的话说,就是还需要聘请一个主管内外事务的总经理。于是,聘请山东荣成县名声甚好的李子明为第三任掌柜,李子明为全聚德定下了"鸭要好,人要能,话要甜"的九字生意经。

杨、孙、李三人的结合,让全聚德走上规范化的经营。这就是,鸭子要选专门饲养的优质填鸭,烤制时要用果木作燃料,明火烤制,而且规定出了十八道工序,代代相传,延续至今。

潼江弯弯流远方——一个农家子弟的家国情怀

川菜圣手罗国荣

在北京，有许多"川菜名厨"、"川菜高手"、"川菜大师"，其中被誉为"川菜圣手"的罗国荣，至今也还没有第二位川菜大师能超越他的厨艺，能获得"圣手"这样的殊荣。我之所以对罗国荣很关注，是因为他与我同姓。

川菜是中国八大菜系之一，以辣著称，但如果认为川菜就是辣，那又是误解。湘菜就是辣，而川菜的最大特点是，用不同比例的辣椒和花椒调出多品种、多层次的味道。

据统计，川菜至少有20多种麻辣味，譬如麻婆豆腐、宫保鸡丁、回锅肉就展现了川菜的烹饪技巧和味道，就能满足人们的味蕾，在舌尖上产生"跳舞的感觉"。

"川菜圣手"罗国荣，有着传奇般人生。他1911年生于四川新津县一个贫苦农民家，那里被认为是"川菜之乡"，许多川菜高手都出自那里。因生活所迫，他13岁就到成都原清末四川总督锡良的家厨王海泉开的餐馆，王海泉也是新津县人，精通多种菜系，有心学艺的罗国荣拜王为师，17岁出师。

经人介绍，罗国荣随即到成都"福华园"餐馆做工，老板黄绍清同样是新津县人，也是有名的川菜大师，他给罗国荣提供了一个实践厨艺的平台。在这里，罗国荣将黄老板"凡料成珍"、"菜无二品"的厨艺理念深植心中，总是认真学、认真练，给自己日后的发展打下了良好基础。

三年后罗国荣又转到名厨黄敬临开的名为"姑姑筵"饭馆做工，黄敬临被认为是给现代川菜定型的关键人物，他主张"厨艺学术化，饭菜艺术化"，即饭菜要好吃，也要好看，要富有艺术性，造型要美，让人胃口更好。罗国荣兴趣很高，总是虚心接受指点，厨艺不断提高。

第六章　首都北京　古都神韵

1937年抗日战争全面爆发后，国民党的军政要员和各界名流，纷纷汇集到大后方重庆，国民革命军二十四军军长刘文辉的驻渝办事处主任丁慈鹤聘请罗国荣为主厨。有一次，丁主任宴请张大千等文化名流，张大千称赞罗国荣做的"开水白菜"是"淡雅中品真味，清白间显神韵"。这时有人诙谐地说，"当今美国总统叫罗斯福，丁先生家的厨师厨艺绝佳，又姓罗，就称他厨界罗斯福"，众人拍手叫绝，很快传遍山城。

在重庆的郭沫若也最喜欢罗国荣做的"开水白菜"，说"简中有繁，寓繁于简，堪称极品"；民主革命家张澜，则很喜欢吃罗国荣做的"肝膏汤"和"蝴蝶海参"。著名书法家谢无量把"开水白菜"、"口蘑肝膏汤"和"鸡皮冬笋汤"比作"三希堂"，也因为美食，谢无量与罗国荣保持着多年的友谊。

1940年，已是声名远播的罗国荣离开重庆，回到成都开办了自己的名为"颐之时"的餐厅，专门经营高档川菜，不久他到重庆开分店。这时，国民政府已经从南京临时迁到重庆，重庆变为陪都，罗国荣在重庆开的"颐之时"分店成了高官们聚会、宴请的重要场所。

1954年罗国荣从四川调到北京，从此成为新中国的国宴大师。最初，他被安排到中南海为毛主席做菜，后来毛主席认为，这样一位优秀的厨师应该为更多的人服务，于是又将他调往北京饭店。那时，北京饭店是国内规模最大、设施最好的饭店，更是承担重大活动和外事宴请的首要场所。

川味满京城

对大众来说，现在的北京川菜馆很多。据2019年底统计，在北京14个区、2个县，共有6914个川菜馆，远多于其他菜系。川菜的特点是调味多变，菜式多样，善用麻辣，油重色浓，无论在大而有名的北京四川饭店或者在川办的贡院蜀楼，还是在街头巷尾的担担面馆，都能体味到真正的四川辣味。

在革命战争年代，美国记者曾问毛主席，为什么四川、湖南闹革命的人多，是不是因为吃了辣椒心里有火？毛主席说，起来闹革命是因为穷，不是因为吃了辣椒，吃辣椒是因为那里潮湿，需要增加体热祛湿。北京虽然不潮湿，但过去吃惯辣椒的人，依然不舍辣，毛主席在北京就离不开辣椒。

1992年初我去驻德使馆工作行前，到西绒线胡同51号的四川饭店用餐，那里给我留下很深的印象，因为工作人员介绍了很多情况。

西单四川饭店由北京市和四川省共同承办。店名是周总理定的，匾额由郭沫若题写，厨师和服务员都由四川选派，食材也都从四川选购。历史上，那里是康熙第24子的宅邸，又处于市中心。厨师长陈松如曾三次被请到中南海为毛主席做菜，不嗜辣的周总理尤爱四川饭店的"开水白菜"。

据介绍，为让百姓也能在首都吃上地道的川菜，四川饭店的老领导、老厨师，不断给年轻一代传授技艺，也不断教导年轻一代不要重宴席、轻散客，只要客人进店就一视同仁。大菜雅气，小菜精细，汤食清淡，是四川饭店久盛不衰的秘诀。

第七章
走出国门　印象瑞士

　　瑞士被认为是世界花园，瑞士人既努力创造生活，也尽情享受生活。1973年3月至1980年5月，我在中国驻瑞士大使馆工作。那是我第一次出国，第一次直接认知西方，深切感受到我们的发展差距。如何缩小差距，从此令我朝思暮想。

一路西行

　　1973年2月26日清晨6点，我按通知的时间，准点到楼下，司机已在楼下等候。父亲把我的箱子扛下楼，送我去首都机场，飞苏联莫斯科再转飞瑞士，去驻瑞士使馆工作。

　　行前参加学习班时，主管领导着重给我们讲，周恩来总理早年向外交人员提出十六字守则，即"站稳立场，掌握政策，熟悉业务，严守纪律"。对已经踏上出国之路的我来说，周总理的话已不只是一个如何学习、如何牢记心里的问题，而是一个如何落实到每天的实际工作和生活中的问题。

　　与我同行的还有两名同事，一名也是去驻瑞士使馆，另一名去驻日内瓦办事处。行前，一位副处长特意找我谈话，说这两位同事都是第一次出国，我虽然也是第一次出国，但我在国内有外事工作经历，希望我沿途照顾好他们，保持和他们在一起，注意安全。我很高兴地答应，请组织放心。

我们乘坐的飞机，首先飞抵苏联伊尔库茨克，在那里加油，并到机场餐厅吃午饭。而后，飞苏联中部的鄂木斯克，在那里加油，停一小时。在这一小时的时间，我们下飞机在机场转了一会。到莫斯科机场时，已经天黑，去接我们的驻苏使馆人员说，飞机晚点了很多。

我国驻苏联使馆建成于1958年，离莫斯科红场不远，使馆正门外就是莫斯科大学，地段很好。

我们去了离使馆很近的莫斯科红场，拜谒列宁墓，游览市容，也去了两三个大小商店。此后，我曾两次从瑞士乘火车回国休假，又都经过莫斯科。那时，规定我们回国休假乘火车，因为根据华沙国际铁路联运协定，火车票很便宜。那两次到莫斯科我买点了东西带回家。

3月1日早晨，我们离开莫斯科，经停波兰华沙，而后飞瑞士苏黎世。驻瑞士使馆有人去苏黎世机场接我们，当天下午就到了位于伯尔尼的中国驻瑞士大使馆。由国内到国外，由熟悉的环境到不熟悉的环境，由习惯的语境到不习惯的语境，对我们无疑是一个重大变化。

此心安处是吾乡

记得有一首诗叫《想家的时候》，离开家、离开北京之后，很是不习惯。夜深人静的时候就想家，想家乡的山水，想父亲弟妹，想老婆孩子。想家的时候很美好，有欣喜，但也有忧伤，不说话，又很想说话。我把这

第七章　走出国门　印象瑞士

第一次出国到瑞士看作是"西天取经",现在已到目的地,能否取得"真经",就看能否安心专心,尽快进入角色。

到了驻瑞士使馆,意味着新的工作和生活的到来。一切都让我感到新鲜,也感到新的巨大压力。因为,一到使馆,给我分配的工作之一就是每天给陈志方大使读报,报告瑞士新闻和国际新闻。顿感压力倍增,又不敢有任何懈怠。

当时的驻瑞士使馆,是一个白墙、灰瓦的三层小楼,在一个名叫卡尔舍克路的小街,而且是单行道。好在楼后有一个比较宽敞的平台,从平台有倾斜而下的草坪,再往下有一个篮球场。闲隙时可到平台聊天,远眺终年积雪的阿尔卑斯山少女峰,可在草坪散步,可进行球类运动。

到使馆后,给我安排的住处是在离使馆步行半个多小时的一栋租用的居民楼,我住第四层角楼上的一个小房间,住二、三层的是使馆讲德语和法语的两对夫妇。往返使馆和住处走大路更远,走小路则要经过一片森林,树木茂密,草深茅长,时有惧怕之感。

过了不久,安排我改住到一个同样要步行半个多小时的地方,是使馆已经买下的一个三层小楼。一层左、右两边的大间各住一对夫妇,其余房间都住单身。我与一位同事住三层的那个大间,中间放一个两面开的衣柜,也起到稍微隔一下的作用,一住就五年多。

最后两年,我住进了在使馆后院由使馆人员自己动手盖起来的一栋小小楼的角楼,要低下头才能上床,对此我并不感到别扭,反而觉得挺有乐趣。

住房大小、好坏都是最次要的问题,最大问题是对国内的了解很少。那时,我们在国外对国内形势的了解,主要是看《人民日报》、《解放军报》和《红旗》杂志。平时,每天主要是从当地的报纸、电台和电视新闻及其

潼江弯弯流远方——一个农家子弟的家国情怀

1973年2月下旬,作者的父亲第二次到北京,为作者第一次出国去驻瑞士使馆工作送行

1973年2月27日,作者赴瑞士途中经过苏联,游览莫斯科红场

第七章　走出国门　印象瑞士

中国驻瑞士大使馆正门

1976年初，作者在驻瑞士大使馆后院的雪地上留影

在瑞士首都伯尔尼的老城区，16世纪建造的建筑和喷泉至今保存完好，游人络绎不绝

第七章　走出国门　印象瑞士

瑞士莱茵瀑布是欧洲流量最大的瀑布，宽150米，全部落差约30米，奔泻而下的水流轰响如雷。作者乘船登上靠近瀑布的大岩石留影

评议中了解国内情况，但一遇到新情况新问题，当地的报道就常常真假难辨。

另一个问题是，与国内家人和亲朋的联系很难，只能经过外交部的信使传递信件。当时驻外人员很少带家属，因此使领馆常常被称作"单身俱乐部"。信使要到的那天，即便晚上很晚，大家也都在使馆等着。信使到后，总会有人说说笑笑，有人沉默不语，神态各异。

捕捉第一印象

刚出国工作，尤其是第一次到西方发达国家工作，耳闻目睹都与国内有很多不同，对比度很大，感到很新鲜，而且很自然地与我们国内的情况相比，不由得产生一些看法和想法。

第一，绿水青山。一到瑞士，凡是目力所及之处，都绿草茵茵，树木成林。穿过河边小森林时，我发现有许多木柴堆放一起，无人取用，我问同事为什么不用，同事说，瑞士人做饭用煤气或者电，取暖烧柴油。到了瑞士，走路不担心踩着烂泥，刮风时没有尘土扬起，几天几周也不用擦鞋。

第二，周末街景。记得我到瑞士后的第一个星期六下起了小雪，下午我和几个同事找司机开车去城里看看，到了市内发现商店已经关门，街上行人很少，这与北京周末的大街小巷格外热闹的情况完全不同。我很惊异，为什么商店都关门，人都不出门，是否出了什么大事，一问才知道，周末都是如此。

第三，整洁干净。初到瑞士，所到之处给我的第一印象就是，街上车多人少，随时都有人清扫街上的零星垃圾，汽车礼让行人，停车规规矩矩。

第四，供大于求。到了瑞士一进商店，让我最为惊奇的是，不管百货

第七章　走出国门　印象瑞士

还是粮油食品，都应有尽有，要什么有什么，要多少有多少，而且人们每周休息两天，我立马产生一个问题，这么多东西是哪来的？

第五，红绿灯指挥交通。红灯一亮，车辆和行人都自觉停下，等到绿灯亮时才又起步。

首都伯尔尼

瑞士首都伯尔尼（Bern）这个名字，是由熊（Bear）这个词演绎而来，在伯尔尼熊洞饲养的熊被认为是国宝，伯尔尼的州徽、州旗上都有熊，因此伯尔尼也被认为是熊之都。

伯尔尼位于瑞士西北部，坐落于莱茵河支流阿勒河的一个天然弯曲处，气候温和，冬暖夏凉。市区面积约52平方公里，人口约14万，分老城区和新城区，是仅次于苏黎世、日内瓦的瑞士第三大城市，瑞士的政治、文化中心，联邦政府和联邦议会，以及80多个外国大使馆在此，许多国际组织也在这里落脚。

伯尔尼有悠久的历史。公元1191年此处建立第一个军事要塞，标志着伯尔尼作为一个城市的诞生。1339年伯尔尼摆脱德意志王国的统治，1353年作为一个独立州加入瑞士联邦。1291年瑞士建国，但很长时间没有首都，1848年决定把首都设在伯尔尼。

从经济上看，伯尔尼的工业企业主要在机械、纺织、化工、制药、食品、印刷等方面，经营钟表最为著称，被称为"表都"。但伯尔尼没有大型机场，只有通往欧洲一些国家的小机场，如果乘坐远程国际航班，只能北去苏黎世，南去日内瓦。

从教育、文化看，伯尔尼有著名的伯尔尼大学，有瑞士国家博物馆，以及人类史、自然史、艺术、兵器等不同类型的博物馆和阿尔卑斯博物馆。恩格斯1848年曾到伯尔尼指导瑞士工人运动；列宁1914—1916年在此写过不少揭露第二国际叛徒的文章；爱因斯坦曾在伯尔尼联邦专利局工作，发表了他的惊世之作"相对论"。

在此，介绍几句伯尔尼这个名字的来历，以及伯尔尼人的生活，并由此推及整个瑞士。

据传，最早到此定居的首领不知给此地取什么名为好，于是决定上山打猎，以第一头猎物的名字来给此地定名。结果，第一头猎物是一只黑熊。熊（Bear）不仅成了这个新城的名字，而且市徽、市旗也以熊为标志。每逢节假日，所有机关、公司、民居、店铺门前，无不悬挂有熊造型的彩旗。

在伯尔尼，还专门为熊建有熊广场、熊洞。所谓熊洞，实际上就是一个深五六米的圆形的大水泥池，始建于500多年前，游人可以隔着护栏俯视池中玩耍的熊。如果有熊老死或病死，要实行"国葬"，如果因什么原因有熊被打死，如何处理死熊，要由政府领导人讨论决定。

伯尔尼的环境很优雅、静谧，一尘不染，以致女性可以穿拖地裙出门游玩。登上城内的最高处玫瑰公园，可远眺蓝天尽处苍山点点、白雪皑皑，可俯瞰阿勒河把市区一裁为二。城市到处绿树成荫，红瓦粼粼，堪称"世界花园中的花园"。

在联邦大厦前有一个不大的联邦广场，那是迎送国宾的地方。每逢周二周六，不少小商小贩会在那里搭棚设摊，售卖蔬菜水果、鲜花名草、特色小吃。每年11月底则在那里举办伯尔尼传统的"洋葱节"，人流如潮，一片生机祥和。

伯尔尼人的幸福观是，一个人的生活质量并不在于物质财富的多少，而在于保持勤劳、俭朴，以及热爱自然，热爱运动，心系他人。2016年6

月瑞士对要求无条件确保每人每月有2500瑞士法郎（约合1.6万人民币）工资的提案进行全民表决，约80%的人投反对票，伯尔尼投反对票的人近90%，普遍反对不劳而获。

瑞士钟表很高档、高雅，但伯尔尼人通常不戴高档表。我在与朋友交谈时，有时故意看看自己的手表是否走得准，意在与对方对对表，发现对方戴的手表都很普通。在旧货市场，不少人既卖自己不用的东西，也买别人不再需要的东西，相互挑选，谁也不觉得"没面子"。

如果去瑞士朋友家做客，可以发现其装修并不豪华，有的家电明显显旧，但并未更换。伯尔尼人做事总是"按部就班"，与人保持"舒适的距离"，很少祝贺别人升官发财。

瑞士很美

要去一个国家工作或学习，甚或只去旅游一次，我都会首先了解一下这个国家的基本情况。1972年底组织上通知我，决定派我去驻瑞士使馆工作，同时要求我行前去西欧司多看看介绍瑞士的资料。百闻不如一见，到了瑞士我发现，实际上的瑞士比任何资料和任何书本上的介绍都还要美得多。

在瑞士，所到之处无不感到山美、水美、人美。尤其是2004年四五月间我陪重庆医疗卫生考察团去瑞士，又先后游历日内瓦、伯尔尼、图恩湖、少女峰、卢塞恩、苏黎世之后，进一步加深了我对瑞士的美好印象。

在我的脑子里，更是回旋着德国哲学家弗里德里希·尼采年轻时，去瑞士阿尔高地区看望朋友之后提出的一个问题，是美丽的山水养育出勤劳智慧的瑞士人，还是勤劳智慧的瑞士人把山水建设得如此美丽？

首先，瑞士是一个没有直接出海口的内陆国，面积4.1万多平方公里，人口约860万。打开欧洲地图可以看到，欧洲最大的弧形状的阿尔卑斯山，由西南欧向东南欧伸展，像一条巨龙把中南欧劈成两半，瑞士就位于这条巨龙的脊部，它的东西南北分别是奥地利、法国、意大利、德国。

阿尔卑斯山全长1200公里，宽130—260公里，形成于大约1亿年前中生代晚期的造山运动。大约4400万年前，非洲板块与欧亚板块碰撞时，又将这座山从上而下刀切斧砍一番，形成高低不平、峡谷纵横的地貌特征。平均海拔3000米，在海拔2000米处年平均气温为零摄氏度，受地中海暖湿气流和大陆干燥气候的交叉影响，雨水特别多，年降水量多达2500毫米。山顶白雪皑皑，山腰绿草茵茵，山下百花盛开，流水清澈，这就是瑞士。

瑞士的高山雪源很丰富，因此瑞士人很喜欢滑雪运动，几乎家家户户都有一整套滑雪用具。1978年初，我国东北滑雪队十多人，应邀到瑞士观摩国际滑雪比赛，李云川大使让我做随团翻译，瑞中友协的彼特·温格尔（Peter Wenger）先生全程陪同。这是我唯一一次到欧洲国家的高山滑雪场观看滑雪运动。

我们去了瑞士瓦莱州的采尔马特高山滑雪场，以及格劳宾登州的安德马特高山滑雪场，各观摩一天。由于我们的衣着耐寒能力太差，特别是我一到山上就冷得发抖，温格尔先生把他的一件又厚又大的毛衣给我穿上，这才勉强维持。东北的滑雪队员们，实际上都是部队里的二三十岁的小伙子，也只能在室外的雪地连续待一两个小时。他们系好滑雪板，在坡度平缓一些的山腰滑了一圈也都停下来，进入能挡风避雪的观摩台。

现场观看瑞士和其他国家滑雪队不断变换花样的滑雪表演，实在让我们惊叹不已。东北滑雪队员们说，电影《林海雪原》表现的就是他们的滑雪水平，实际上就是在雪山雪地里的行军，没有惊险的滑雪技艺。

第七章 走出国门 印象瑞士

那几天，不管到哪里，我们都住山下小旅店，早餐后上山，中午在山上用午餐，傍晚返回山下。我们观摩滑雪两天，而后游览。在游览格劳宾登州的州府所在地时，温格尔先生特别介绍那儿的一个小教堂（Ziteil），说那是为朝拜山神而建的，海拔2500米高，是欧洲地势最高的圣地，是神灵居住的顶峰，是天地交接之处，还说那里的牧民做好事时，都会得到神灵的奖励，做坏事时都会受到惩罚。

由于瑞士所处的地理位置，欧洲许多著名的河流都发源于瑞士，譬如莱茵河、多瑙河、罗纳河、波河。莱茵河是瑞士最长的河流，在瑞士境内全长375公里，蜿蜒曲折，许多河段水流湍急，水力资源丰富。在沙夫豪森有个美丽的莱茵瀑布，我多次去参观，游人总是络绎不绝。河水从25米高处奔腾直泻，游客可从瀑布的一侧步下石阶，伸手即可触到瀑布的水花。

瑞士被认为是"湖泊之国"，在一个只有4.1万平方公里的国土内，竟有大小天然湖1500来个，较大的湖有50多个。最大的是莱蒙湖（又名日内瓦湖），面积580多平方公里（瑞士境内约360平方公里），其他如纽沙泰尔湖、卢塞恩湖（又名四州湖）。这些湖随季节、阴晴的变化，景色变幻无常，反而增添了无数的神秘感，例如日内瓦湖"远看像少女，近看一团雾，不看又想看，看了更糊涂"。

在瑞士瓦莱州，还有一个被认为是欧洲最大的地下湖，凡是去参观过的人都被大自然的鬼斧神工所折服。据导游介绍，湖上的山洞是花岗石和石灰岩，离水面三四米，湖长250多米，最宽处20多米，可以在湖上荡舟。这个地下湖的形成时间并不长，是1815年发生地震时，山洞的进出口被岩石堵塞，地下水灌满整个山洞，1946年又发生地震时，山洞又被震裂，又有了进出口。湖水深20来米，水面露出一些宛如柱子一般的岩石，湖水清澈，但看不到湖底。

瑞士还被认为是一个"冰川之国"。据统计，瑞士有140多条冰川，最大的冰川长约26公里，从山底的冰川末端可以一直上升到海拔1400米的高处。今天繁华的卢塞恩州，远古时期曾经是冰雪覆盖的冰川，现有一个"冰川公园"，里面最大的奇观是钻进一个岩洞，去观看冰川是怎么形成的模拟实景，以及人类最早居住的山区小屋，最早的打猎用具和滑雪板。而走出山洞环顾四周，就是天天都能看见的白雪覆盖的群山，洞里洞外浑然一体。

瑞士很美，瑞士人很勤劳，那么，是美丽的山水养育出可爱的瑞士人，还是勤劳的瑞士人把山河建设得如此美丽？哪个在先哪个在后？哪个第一哪个第二？如前面已经提到，这是德国哲学家弗里德里希·尼采年轻时，去瑞士卢塞恩州的阿尔高地区看望朋友之后思考、提出的问题。朋友们的热情、好客和瑞士美丽的风光都深深打动了尼采，以致他浮想联翩、神情恍惚。有人说，他到瑞士患了精神分裂症；而柏林大学哲学系的教授们认为，他提出了重大的哲学命题，并为此展开争论。有的认为，是美丽的大自然哺育了可爱的人，物质第一；有的认为，是勤劳可爱的人，造就了美丽的大自然，人第一。

伟大的马克思与众不同，他认为这两种观点都很片面，一个陷入机械唯物论，一个陷入主观唯心论。在马克思看来，客观存在的东西可以通过人的努力来加以改变，人的主观想法则必须以客观存在为基础。这就是辩证唯物论产生的源头，正是这一理论的产生，给受剥削、受压迫的工人阶级和广大劳动人民，提供了通过斗争来改变命运的强大思想武器，也正是这一理论推动着世界的不断改造与发展。

第七章 走出国门 印象瑞士

瑞士很怪

瑞士是一个很有特点的国家，甚至有人说，瑞士是一个"很怪"的国家，一个特立独行、与众不同的国家。我一进入瑞士，就怀着极大的兴趣来了解瑞士、研究瑞士，而且至今我的兴趣也从未减弱。那么，瑞士的独特之处在哪里？

第一，永世结盟。在800年前的中欧南部，有名叫施维茨、乌里、尼德瓦尔登的三个地区，为共同抵抗奥地利哈布斯堡王朝的入侵，于1291年8月1日秘密决定缔结"神圣同盟"，并以首先发起这个倡议的施维茨为这个同盟的名称，此即瑞士的立国之始。

此后，陆陆续续有一些地区加入，也遇到过结盟危机，但最终能得以保持，直到日内瓦、瓦莱、纽沙泰尔等加入瑞士，并得到1815年维也纳会议与会国的承认，才划定今日瑞士的疆界。这种以结盟方式建国、立国并保持不变，在世界上似乎绝无仅有。

第二，富甲天下。打开瑞士地图，可以看到欧洲最大的阿尔卑斯山脉像一条巨龙把东南欧分成两半，瑞士就在这条巨龙的脊部。面积4.1万多平方公里，其中可耕面积只占1/4，地下资源极为贫乏，"唯一充足的就是阳光和空气"。

但瑞士人依靠自己的"一个脑袋和两只手"，创造了世界最高的生活水平。2016年，瑞士人均产值近9万美元，人均可支配的月收入6300多美元，相当于美国人均月收入的两倍。而且瑞士人的收入差距不大，一个超市售货员工作五六年的收入，即可买一套100平方米的住房，在其他发达国家都不可能。

潼江弯弯流远方——一个农家子弟的家国情怀

从伯尔尼玫瑰公园眺望城区建筑及环绕老城的阿尔河,各个景观错落有致,层次分明,互不干扰

第七章　走出国门　印象瑞士

伯尔尼著名景点桐湖沙岛公园，由远及近的雪峰、青山、绿水、红花，终年被白雪覆盖的艾格峰、僧侣峰、少女峰清晰可见

潼江弯弯流远方——一个农家子弟的家国情怀

进城逛街或沿河赏景,是作者的周末所爱

第七章 走出国门 印象瑞士

1978年7月盛夏,作者去瑞士堤契诺州(意大利语区)出差,返馆途中在阿尔卑斯山隘口

2004年5月2日,作者在被称为"冰川公园"的瑞士卢塞恩湖留影

2017年1月,在联合国发布的《世界幸福报告》排名中,瑞士的空气质量被列为"世界第一",其经济指标、社会公平、诚信度以及健康医疗等,都连续多年为世界居民幸福感最高的国家。相关评论指出,瑞士人的幸福密码在于:勤劳、节俭、尊重自然、保护历史,以及热爱运动。

2020年2月,"英国健康服务指南"发表调查报告,瑞士人的生活质量,包括人均寿命、空气和水质、食品及其采购价、休闲娱乐设施等,与丹麦、奥地利位列欧洲前三。

第三,没有"瑞士民族"。20世纪70年代末我还在瑞士工作时,瑞士人口630多万,而今约850万,其中210万为外来移民,占总人口1/4,仅2019年就接收5.5万新移民。

瑞士本国人主要由德意志人、法兰西人和意大利人组成。有人说,瑞士人就是一些不愿意留在德国的德意志人、不愿意留在法国的法兰西人和不愿意留在意大利的意大利人。

瑞士虽然没有"瑞士民族",但有"瑞士意识",凡是瑞士人都互有认同感、归属感,对外都称自己是瑞士人,当然无意间也经常会流露他们对母语国的好感。

第四,没有"瑞士语"。瑞士63%的人讲德语,23%的人讲法语,8%的人讲意大利语,6%的人讲拉丁罗曼语和其他语言。德语、法语、意大利语和拉丁罗曼语,都是瑞士官方语言,联邦政府的所有对内文件,都同时用四种语言书写。竞选联邦议员的人,必须至少掌握两种语言,否则没有资格参选。

瑞士人讲这几种语言与其母语有很大区别,德语最为突出。"瑞士德语"或称"土德语",其发音和书写都与标准德语有很大不同,即便德国人也很难懂。为便于学习和理解,伯尔尼的《联邦报》每天都有一两版"瑞

第七章 走出国门 印象瑞士

士德语"新闻和评论，与我们交谈时，他们都讲标准德语，如同我们讲普通话。

第五，党派林立。瑞士国小人少，但党派很多，大小政党共有30余个。尽管如此，瑞士从未因党派之争而发生过大的动荡，社会保持平稳。这与瑞士的政体演变和政权结构有关。

一是瑞士各州的结盟经得起时间考验。由1291年建国时3个州，1353年增加到8个州，到1798年增加到13个州，已经历了长达500年的漫长时间。此后又经历很多年，才增加到现在26个州，其中包括6个半州。所谓"半州"，就是根据民意把一个州分成相互平等的两半，比如把巴塞尔州分成"巴塞尔城州"和"巴塞尔乡州"。

受法国大革命的影响，瑞士在确定立法、司法、行政三权分立时，同时以立法形式确保建立三层平等关系，即新老州平等、城市之间平等、城乡之间平等。此外还规定，公民享有"创议权"、"表决权"和"复决权"。为此，现代议会和古老的"广场集会"，得以在瑞士并存。所谓"广场集会"，即大家都在固定的时间到固定的地点，对提案进行讨论并举手表决，多数人举手就算通过。

二是联邦议会和联邦政府的组成，一经确定就保持不变。譬如1848年制定的宪法规定，联邦议会的国民院由200名议员组成，按人口比例分配到各州选举产生；联邦院由46名议员组成，每个州选派2人，每个半州选派1人。议长都只任1年，每年更换。

1848年的宪法还规定，联邦政府由7人组成，首都伯尔尼、工业重镇苏黎世、国际都会日内瓦这3个州，都必须有1个名额。联邦主席和副主席由这7人轮流担任，每年换1次，副主席任主席，新选1名副主席，这一切都至今未变。

时间流淌到1959年,在各大党协商一致的基础上,国民院正式提出对联邦政府7个名额进行分配的"奇妙方案",即按得票最多的前4个党按2、2、2、1的比例分配。有了这个确保多党参与权力分配的方案,都可以对号入座,避免纷争。

三是1891年各州领导人都到老三州之一的施维茨州聚会,确定每年的8月1日为瑞士的国庆节,这表明各州共同确认,现代瑞士诞生于600年前阿尔卑斯山的崇山峻岭,是山民们最早开创了瑞士奇特的历史进程。

第六,瑞士是一个"公投"之国,也以"公投"治国。所谓"公投",就是大事小事都让全民投票表决。可以说,瑞士是世界上公投最多的国家。仅从1848年制宪到2018年的170年,瑞士总计进行了570多次公投,远超世界上其他所有国家公投数的总和,平均每年公投三四次。

瑞士公投的范围很广,从内政、外交、经济、社会、培训、福利到动物保护,凡是涉及全民的大小事务,都付诸公投,获得过半票数支持就算通过。从历来的公投议题看,凡是有利于保护传统、保护自然、提倡勤劳俭朴的议案,都比较容易通过,凡是可能打破传统的议案都很难过关。

近些年未获通过的典型议案,譬如1992年和2001年两次公投否决加入欧盟;2012年3月以66.5%的高票否决工会提出的每年带薪休假6周的建议;2013年否决取消义务兵役制的提案;2014年欧洲难民危机时,瑞士人赞同资助难民,但反对国门大开,而且要求对难民入境严加管控。

任何国家选择什么政体和制度,都是基于本国的历史和国情。瑞士公众和瑞士政府坚持公投,就是基于瑞士的历史和国情,基于数百年来能保持瑞士发展的经验,也基于外部环境始终变幻莫测。

第七章 走出国门 印象瑞士

永久中立来之不易

2015年，蒙古国提出，要像瑞士一样成为亚洲地区的"永久中立"国，该国总统额勒贝格道尔吉等领导人，一面在国际外交层面进行协调，另一面积极推动国内的相关立法工作。蒙古国的这种愿望当然很好，值得称道。

从全球看，瑞士的确是"永久中立"的典型，但或许蒙古国人不尽了解，瑞士整整用了300年时间，才最终获得作为"永久中立"国的身份。在这个漫长的时间，无论在内部还是外部，瑞士的"中立"都受到过许多冲击。

在历史上，瑞士也曾多次参战，而且瑞士人骁勇善战，曾经以少胜多，打败过不可一世的奥地利哈布斯堡王朝的进犯，也曾击败过神圣罗马帝国、击败过法国。但是，1515年瑞士惨败于法国、威尼斯联军，遂宣布从此实行"中立"，不再介入任何战争。

1618—1648年欧洲爆发"三十年战争"，瑞士拒绝加入任何一方作战，成为欧洲相对"和平与繁荣的绿洲"，战后签署《威斯特伐利亚和约》时，欧洲各国首次承认瑞士"中立"。"三十年战争"后的欧洲依然动荡不定，1674年瑞士制定宪法时，把"中立"列为国家行为准则，再次禁止介入任何战乱。

但是，1792年法国爆发大革命，拿破仑乘势入侵瑞士，并在瑞士扶持起一个傀儡政权，建立"海尔维第共和国"。拿破仑战败之后，1815年的维也纳会议再次确认瑞士"永久中立"，至此足足花了300年时间。

从历史上看，一个国家中立还是不中立，不仅要以自己的愿望和政策为基础，还要以能否得到国际社会的承认为依据。因此，瑞士的"永久中立"来之不易。

一是内部并非就没有分歧，但为保持内部的"永久同盟"，对外又必须保持"中立"，因此各州市、各党派之间总在不断协商。

二是外部不断破坏瑞士的"中立"，尤其是拿破仑占领瑞士后，改变了瑞士的政体，还强迫瑞士执行其针对英国的"大陆封锁令"，禁止瑞士同英国有任何贸易和金融往来，而恰巧瑞士与英国的经贸关系很密切，因而严重损害瑞士的利益。

在此严峻形势下，瑞士人努力在夹缝中求生存、求发展。一方面与拿破仑法国周旋，尽力保护自身的尊严和利益；另一方面谨慎、积极地探索其他国家和地区的市场和原料供应，同时注重挖掘自身潜力，努力增强内部凝聚力。

此外，瑞士坚持义务兵役制，凡是20—50岁的男子都必须服兵役。而且瑞士很重视掩体建设，法律规定居民建房时必须有地下室，以便储备战时物资，也便于临时躲避。结束服兵役时，都可以把自己拥有的兵器和装备带回家。也因此，瑞士的中立被认为是"武装中立"，即随时做好武力捍卫中立的准备。

在欧洲，比利时、卢森堡也曾谋求"永久中立国"地位，并分别根据1831年的《伦敦协约》和1867年的《伦敦协约》，先后成为永久中立国。但是，比卢两国在第一次世界大战中偏向英法，遭德军入侵，其中立国地位被破坏，战后1919年的《凡尔赛和约》废除比卢两国的中立地位。

而瑞士与比卢两国不同，在第一次世界大战中，位于日内瓦的红十字国际委员会积极实施人道主义救援，为救死扶伤发挥了重要作用，使得各国对瑞士的作用非常认可，因此保住了瑞士的"永久中立国"地位。战后"国际联盟"的总部也就设在瑞士，这就是日内瓦的万国宫。

第二次世界大战中，希特勒对犹太人的残暴这一点激起瑞士反感，但希特勒并没有吞并瑞士。从瑞士方面看，一是瑞士在军事上保持着高度警惕，做好了不惜一战的准备；二是瑞士在物资、能源供应等方面向希特勒作出了一些妥协，即满足了希特勒的某些要求。

从希特勒方面看，不攻占瑞士也有两点原因，一是当时德国的电力供应主要靠火力发电，而德国的煤炭产地在西北的鲁尔地区，德国南部的电力供应主要靠瑞士；二是希特勒也想通过瑞士从敌对国家英国、苏联等采购德国奇缺而又特别需要的某些工业原料。换言之，希特勒也想利用瑞士的中立为其谋利。

正是这两方面的原因，瑞士在二战中保持了中立地位，加之战后成立联合国，瑞士十分慷慨地把日内瓦的万国宫提供给联合国欧洲总部使用，并为战后各方面的协调与合作积极发挥斡旋作用，使其中立地位得到认可和延续。

很晚加入联合国

2002年3月3日，瑞士就是否加入联合国，在全国举行第二次公民投票。投票的结果是，54.6%的公民赞成加入，同年9月10日联大一致通过决议，接纳瑞士为第190个会员国。至此，瑞士在迟疑了近半个世纪之后，才正式加入联合国。

1945年10月24日，随着46国签字的《联合国宪章》生效，联合国宣告正式成立。瑞士决定把1920年成立的"国际联盟"（国联）使用的日内瓦万国宫交联合国使用；于是，联合国决定把欧洲总部设在日内瓦，日内瓦遂成为纽约之后的联合国第二个中心。

包括联合国欧洲总部在内,各国际机构和国际组织云集日内瓦,还有170多家非政府组织的办事处,100多个国家的常驻代表团。每年有10万多人到日内瓦参加3400多场国际会议,仅受雇于联合国机构的瑞士人就有2万多,约占日内瓦就业人口总数的10%,每年给瑞士带来数亿瑞士法郎的直接收入。

联合国是二战后最重要的多边机构,被认为是"世界政府"。它有六个主要机构,即:联合国大会、安全理事会、经济和社会理事会、托管事会、国际法院、秘书处。联合国大会闭会期间的联合国事务主要由秘书处负责,秘书长是联合国的最高行政首长,由安理会推荐经联合国大会任命,任期5年,可连任。

每年9月第三个星期二到12月举行一次联合国大会,从1946年举行第一次大会以来从未取消过,只是在1964年因联合国陷入严重财政危机和2001年因"9·11"事件两次推迟。大会分两个阶段,前段为许多国家的元首或政府首脑到会讲话,阐述自己对世界紧迫问题的观点和主张,并进行一般性辩论;后段为大会审议被正式列入议程的各项议题,但主要是交各委员会审议。

毫无疑问,联合国最重要的机构是安理会,凡是涉及战争与和平的重大问题,都需要根据《联合国宪章》的规定,由安理会讨论并作出对所有会员国都有约束力的决议。安理会设5个常任理事国和10个非常任理事国,每个常任理事国都拥有一票否决权,现常任理事国为中国、俄罗斯、美国、英国、法国。10个非常任理事国按地区分配,由大会选举产生,任期2年,每年改选5个,不能连选连任。

瑞士是联合国欧洲总部的所在地,但1946年瑞士即宣布暂不考虑加入联合国,1948年起仅为联合国观察员,这对许多人来说很难理解。1973年

第七章 走出国门 印象瑞士

至1980年我在驻瑞士使馆工作期间，就曾多次对瑞士朋友表达我的不解。1981年，瑞士联邦政府向议会提交准备加入联合国的议案，1984年3月议会经过激烈辩论通过加入联合国的决议。可是，1986年3月16日就此举行全民公投时，竟以75%的压倒多数票否决，没有一个州支持。

瑞士人为什么长时间不加入联合国？主要是瑞士人认为，一旦加入，就难免影响瑞士的中立，影响瑞士的直接民主和联邦制，动摇瑞士的立国、建国根基。由于这种种考虑，作为联合国欧洲总部所在地的瑞士，却长时期置身于联合国之外。

进入21世纪后，瑞士人为什么又决定加入？一是认为联合国已发生重要变化，具有了更广泛的世界性；二是认为奥地利、瑞典、芬兰等国加入联合国后，并未妨碍其执行中立政策；三是认为长期游离于联合国之外，不利于与其他国家加强政治、经济、文化磋商。

实践证明，瑞士加入联合国后在国际事务中的重要作用，并没有减弱，譬如双边关系紧张的国家，依然委托瑞士代理其在对方的利益，20世纪五六十年代的中美两国如此，现在的伊朗和美国也如此。

钟表王国

瑞士驰名于世还因为钟表。人类早已离不开无处不见的计时钟表，而瑞士早就被称为"钟表王国"。即便许多国家的钟表产量、产值都早已超过瑞士，但瑞士钟表的精湛工艺，始终追求卓越，一款款亮丽、耀眼的腕表，总是让人趋之若鹜。

既然瑞士是"钟表王国"，那么钟表是瑞士人发明的吗？许多人早就提出过这个问题，但似乎也一直没有得到解答。带着这个问题，我查阅过很多资料，原来，人类最早使用的计时器是我们中国人发明的。

首先需要提及的是，远古时期人类是利用天文现象和流体物质的连续运动来计时，例如利用太阳影子的移动来计时，或者利用水流和沙流的流量来计时。

到我国东汉时期，伟大的天文学家、数学家、发明家张衡（78—139）第一个制造出用漏水转浑天仪，即用齿轮把浑象（日影的位移）和漏壶联结起来，通过漏壶的滴水推动浑象均匀地旋转，一天刚好转一圈，这就是最早出现的机械钟。

到北宋时期，苏颂和韩公廉两人于1088年制造出"水运仪象台"，即一种又停又动、停动互换的机械装置。这种装置被称为"擒纵构件"，它能以一定的平均速度转动，从而指示准确的时间，这标志着现代钟表核心元件的最初问世。但问题是，如同其他"四大发明"一样，在重文轻理的中国古代社会，往往浅尝辄止，未能深究。

欧洲人着手制造原始计时器，始于14世纪中叶，到18世纪工业革命时，欧洲人才开始利用中国科学家的擒纵原理，不断改进和创新，使钟表技术出现重大变革。从以下主要的时间节点来看，可以更清晰了解到欧洲钟表技术的发展。

1350年意大利人丹蒂制造出第一台结构简单的机械打点塔钟，只有一个时针，每天误差15—30分钟，而且持续了150多年，一直未见有新的重大进展。

新的技术突破是在16世纪。1510年德国人亨莱斯，第一次用钢发条代替重锤，制造出冠状擒纵轮小型机械钟，1582年前后，意大利科学家伽利略发明重力摆。

到17世纪中叶的1657年，荷兰人惠更斯把重力摆引入机械钟，1673

第七章　走出国门　印象瑞士

年惠更斯又利用英国人胡克发明的摆轮游丝，制造出可携带的时钟。

此后，随着工业革命在英国的蓬勃兴起，英国人对钟表技术的发展作出重大贡献，特别是1715年英国人格雷厄姆发明静止式擒纵，弥补了杠杆擒纵、锚式擒纵、工字式擒纵、后退式擒纵等的不足，为发展精密机械表打下了基础。

现代钟表的制造始于英国。1759年英国人哈里森制造出高精度的标准航海钟，1780年英国人阿诺德制造出精密的钟表用擒纵，推动钟表制造逐步实现工业化生产。

进入20世纪，随着电子工业的迅速发展，各种机械表、电子表、指针式和数显式石英电子表都相继问世。而今，一些钟表每天的误差已经小于0.5秒，钟表从此进入微电子技术与精密机械相结合的石英化新时代，这也是瑞士戴上"钟表王国"桂冠的关键时期。

当然，瑞士开始发展钟表业的时间也很早。这有三个很重要的原因，一是欧洲历史上的宗教改革和法国大革命以及两次世界大战，促使其他欧洲国家一些从事钟表和首饰业的工匠逃到瑞士，给瑞士带来了这方面的工艺；二是瑞士资源贫乏，一直致力于发展占地少、用料少、价值高、又节约劳动力的精密工业；三是瑞士人很善于学习，也很善于创新，任何国家有了用料少、附加值高的发明创造，瑞士都会想方设法学到手，并加以提升。

意大利科学家伽利略发明重力摆后，日内瓦于1587年开始生产最早的机械钟，1804年瑞士在日内瓦建立了第一个钟表厂。经过将近四个世纪的经营和发展，瑞士成为世界上最大的钟表出口国。1973年我去驻瑞士使馆工作时，当时只有620多万人口的瑞士，年产钟表数量高达8800多万只，占世界钟表总产量的40%，畅销全球。

潼江弯弯流远方——一个农家子弟的家国情怀

1979年10月，作者应瑞士苏尔寿机械公司工程师雅可布先生邀请到该公司工厂参观时，与技术员交谈

从发展历史看，瑞士钟表业是从家庭手工业开始的，许多钟表匠都是世代相传。尽管随着工业革命的发展，瑞士钟表业越来越集中，许多家庭作坊集中起来变成工厂，手工制表变为机械制表，每天的误差减少到几分甚或几秒。但始终有许多工人从厂里领取零部件回家组装，其精准度同样很高，并不亚于机械手。

二战后，瑞士首创日历表、双日历表。1957年瑞士工程师发明第一只音叉手表，误差每日不超过2秒。1964年瑞士埃博舍公司制造出第一座原子钟，每年的误差不超过30秒，这种钟主要用于航空指挥塔、标准计时中心、军事部门、导弹发射场等。毫无疑问，在精准计时方面，瑞士为国际社会作出极为重要的贡献。

瑞士军刀

伴随钟表业的不断发展，瑞士工匠生产出了一种被称为"工具刀"的红色小刀，这种小刀以"瑞士军刀"的名称广受青睐，畅销世界，征服世界。

为什么说这种"瑞士军刀"是伴随钟表业的发展而发展起来的？据瑞士朋友介绍，原因很简单，最初就是为了利用生产钟表切削下来的钢材的边角废料。瑞士钟表业使用的是专从瑞典进口的钢，这种钢很独特，它软硬适度，易于加工，永不生锈。

这种小刀，实际上是一种集成刀具，即一种组合件，它有切削用的小刀，有开啤酒瓶的起子，有软木塞起子，有夹东西用的镊子，有一把小剪子，还有小锉刀、塑料牙签等。这些东西的长短、宽窄、厚薄不同，相互组装在一起形成一个整件，很实用，携带很方便。对在外行军、作战的军人特别适用，因此被称为"军刀"，喜欢旅游的人也对此趋之若鹜。

正因为携带方便而且实用，瑞士朋友经常将其作为礼品相送，许多国家譬如德国，也生产出许多类似的集成刀具，而且说明是德国生产的"瑞士军刀"。但2001年发生"9·11"事件后，为防止行凶作案，国际上普遍加强了对旅客携带刀具的管理，而且这种管控越来越严。

据2005年10月初德国《商报》以《虔诚且不生锈》为题报道，纽约现代艺术博物馆把"瑞士军刀"作为经典设计而予以收藏。文中说，尽管"9·11"事件后"瑞士军刀"销量锐减1/4，但瑞士主打生产军刀的伊巴赫公司并未泄气，而是"以一颗虔诚且永不生锈的心，续写军刀传奇"。

伊巴赫公司当时有930名员工，每天能生产出3.4万把集成刀具，如果包括其他集成工具在内，那么每天有12万件印有维氏商标（Victorinox）的产品出厂。维氏商标创始人的重孙卡尔·埃尔泽纳四世说，任何公司在面临危机时都会压缩生产、解雇职员、重新考虑经营策略、降低成本，但维氏并未简单地照搬这种做法，而是逆流而动。

为"续写军刀传奇"，维氏在逆境中的主要做法，一是将股份公司转制为家族掌管的基金会，这不仅使企业在纳税方面获得了优惠，而且防止了股东在危机中提出分红要求。二是与职员共商共管，同舟共济，职员们都同意缩短工作时间，并缩减部分工资，老板埃尔泽纳四世也不例外，还把他的座驾降格为标致306，他说"我的满足感来自工作，而不是法拉利跑车"。三是不为降低成本而转移部分生产，坚守既有阵地。四是斥资收购老竞争对手威格公司，保护维氏品牌。五是为杜绝仿冒品，埃尔泽纳四世将刀具外壳的颜色申请专利。

而今，"瑞士军刀"依然享誉全球，从中我们不难看出瑞士人的崇高敬业精神。这种精神，除了体现于上述几项应急性措施，更体现在瑞士人对自主独立、自我创新的一贯坚持。除软木塞起子作为一个例外是从法国进口外,"瑞士军刀"的所有组件,乃至生产这些组件的机床及其计算机控制软件,都由维氏自主研发和生产,避免了任何受制于人的可能。

特色农牧业

在这里,我之所以想特别介绍一下瑞士农业,一是因为瑞士是一个山地小国,但其农牧业发展得很好,二是因为我们国家需要了解和借鉴别国发展农牧业的经验。

如前面所说,阿尔卑斯山脉占瑞士全国面积的60%,中部高原占30%,汝拉山区占10%。全国范围的可耕面积、牧场、森林、大小河流湖泊,大体上各占1/4。也就是说,瑞士的耕地面积也就1万多平方公里,每平方公里等于100公顷,每公顷合15亩,现在瑞士人口约860万,那么平均每人的可耕面积为1.76亩。

在很长的历史时期,瑞士农民也主要是靠天吃饭,自食其力,不少人为了生存,为了养家糊口,不得不外出当雇佣兵,甚至组成许多"瑞士军团",与一些欧洲国家签雇佣兵协议。但随着经济、社会的发展,瑞士政府不断采取措施促进农村、农业的发展,农村、农民发生了很大变化,有许多做法和经验值得我们参考。

第一,实行土地合并。瑞士尽管"地无三尺平",到处沟壑峡谷,河湖纵横,但大中型农户一直在增加,农业人口减少,生产率提高。200多年前,瑞士农村人口占总人口的70%—80%,20世纪初占30%,1972年下降到7%,2005年占3.8%。但农产品的自给率已提高到65%,畜牧产品特别是牛奶还严重过剩,以致1977年政府提出限制牛奶生产的紧急动议,招致奶农们大规模抗议。

第二，推行生产专业化。主要是打破单家独户的耕作思想和方式，组织农牧业社团，以集体形式与农牧业科研机构建立联系。其目的，一是有利于利用科学方法改良土壤；二是有利于引进新的种植技术；三是可以放弃休耕而实行轮作，提高耕地利用率；四是便于深加工，也因此而形成了食品、奶制品、巧克力等几大瑞士特色产业。

第三，不断调整农民与土地的关系。为促进工业、手工业和服务行业的发展，政府在保障农牧业需要的前提下，会为农民离开故土提供政策支持，这在工业化时期比较突出。但如果出现故意弃农从工、经商，从而荒废土地时，政府又会迅速采取反向措施，鼓励农牧民就地经营，以保持各行各业相对平衡的发展。

第四，促进农村农业的多层次发展。以农民的组成为例，在瑞士，农民大体上可分五部分：一是纯粹出租土地的农业资本家，这在崇山峻岭的瑞士很少，据2005年的统计，拥有多至100公顷土地的农户，在瑞士全国也不超过100家。二是以自耕地为主，兼租一部分土地，这属于农民中的富裕阶层，相对较多。三是纯自耕农，由于劳动力和工具有限，这部分农民往往三两家组成一个"合作社"，这比较普遍。四是农业工人，即在农忙季节外出为土地较多的农民当临时工，多数是季节性的外籍工。五是以其他职业为主兼营农业，主要是已经转入工商业的农民的家属，这些人还种一部分土地。

第五，重视农业科技的发展和普及。瑞士的许多大学都有农学系或农科院，在绝大部分州都设有农业学校，每个州都聘有一两百个专职和兼职农业顾问，专门负责从技术上指导农民生产，协助农民解决生产管理中的问题。在这方面几乎都是双向性，即农民有需要时都能主动前往求教，农学系、农

第七章　走出国门　印象瑞士

科院或顾问，则经常带着问题深入农村，主动了解问题，与农民切磋。

第六，重视对农民的专业教育和培训。凡是独立经营的瑞士农庄庄园主，都必须持有"联邦农业技工证"。要获得这个技工证，都必须经过三个阶段，首先进当地农业技工学校，边学边当徒工两年；再进州立农业学校，冬季上课、夏季去庄园劳动，也是两年；最后进行专业培训，集中学习种植农作物、水果、蔬菜等的专业知识，以及农庄的管理知识，结业后颁发证书。有的还可到大学农学系深造，可获农业工程师职称。

如同其他领域，瑞士在农业技术方面也有不少创新，还培育出不少新品种。1979年初春，我陪同大使去参观洛桑农业研究所时，发现有好几种蔬菜在我们国内根本就没有，譬如那种长得很宽很薄的扁豆。所长穆勒博士介绍说，这种扁豆就是他们所不断改良培育出来的，我们很是钦佩。

大使问，能不能买几斤这种扁豆的种子带回中国去种植，所长说不用买，他送几斤就行，并问大使要几斤，大使说那就要10斤吧，所长说5公斤太少，送10公斤。午餐后告别时，所长给我们一个箱子，说他又增加了5公斤，送我们15公斤，可种1公顷地。我们很快托人带回国内，交北京市蔬菜公司，没过几年北京就有了这种扁豆。

名城苏黎世

苏黎世是瑞士第一大城市，也是瑞士经济、金融、文化中心和交通枢纽，与中国关系密切。1982年2月14日苏黎世市长魏德迈尔博士率团访华，会晤北京市市长焦若愚，拜访中国人民对外友协，参观游览故宫、颐和园等处。17日飞抵云南昆明，签署苏黎世—昆明结为友好城市协议，并在四季如春的昆明举行签字仪式和庆祝集会，我全程陪同。3月31日《北京晚报》在头版刊登我写的题为《瑞士名城苏黎世》一文。

苏黎世位于瑞士东北地区，这里气候宜人，依山傍水，风景秀丽，终年吸引着世界各地的企业家、银行家、商人和旅游者。与市区面积几乎相等的苏黎世湖和流经市中心的利马河清澈见底，微波荡漾。站在湖边河畔，近处可见水里游鱼云集，水面群鸟翻飞，一派生机勃勃的景象；放眼远眺，那阿尔卑斯山峰峦起伏，夏天也是白雪皑皑，显得格外诱人。

苏黎世有着悠久的历史，在离市政大厦不远、利马河左岸的菩提园，可以清晰看到公元前15年罗马人在此设立关卡的遗迹，这被看作苏黎世市诞生的标志。1831年在法国革命影响下，苏黎世开始实行代议制，并逐步走上工业化道路，经过一百多年的发展，成了瑞士的交通枢纽和最大的经济中心。瑞士许多大工业公司、贸易公司、保险公司和银行，都把总部或主要分部设在苏黎世。在瑞士开设经济、贸易、银行、民航机构的国家，也一般都把办事机构设在苏黎世。

苏黎世以一个巨大的金融中心而著称，火车站附近的邦霍夫大街两旁，几乎全是银行和交易所，街上车水马龙，人流如潮，交易所里人声鼎沸，嚷成一团。据统计，1979年西欧2/3的证券交易额在这里进行，黄金贸易为5400多万盎司，是世界上最大的黄金市场。瑞士的经济触角主要从苏黎世伸向世界各地，世界的经济脉搏也主要从苏黎世接通瑞士。

苏黎世人以自己的城市是瑞士的文化中心而自豪。这里有瑞士最大的工科大学和最大的综合性大学，爱因斯坦就曾就读于此，并在此完成他著名的相对论研究。此外，苏黎世有20家博物馆、23家图书馆和档案馆、98个画廊，以及享有盛名的苏黎世音乐厅乐团和歌剧院。瑞士国家博物馆、中心图书馆和社会档案馆也都建在苏黎世。

列宁1910年旅居苏黎世时，利用这里极其丰富的图书资料，研究了欧洲的社会和工人运动，写出了《帝国主义是资本主义的最高阶段》这一光辉著作，其底稿一直保存完好。

苏黎世与昆明结为友好城市，是苏黎世第一次以条约形式与一个外国城市结好。两市都有相似的地理环境和气候，都有悠久历史和勤劳的人民。像苏黎世湖和昆明湖那样，今后两市、两国人民之间的友谊和在经济、文化、贸易等方面的合作，也会是美好、深远而广阔的。

既传统又现代

在瑞士工作期间，给我印象很深的是，瑞士人的思维和行为既传统又现代，既保守又激进。只要不影响自身利益，他们的思维和行为很难改变，而一旦影响到自身利益，他们又会迅速调整，奋起直追。

第一，瑞士人很珍惜他们的现有制度。我与瑞士德语区《新苏黎世报》的专栏作者恩斯特·库克斯，曾经有过良好接触，交谈较多。他是捷克人，1956年到瑞士，被认为是"共产党问题专家"。

在他看来，西方的自由资本主义会逐渐演变为社会资本主义，瑞士很保守，当自由资本主义在西方其他国家都消失后，在瑞士还会存在，瑞士会成为资本主义博物馆，那时人们要看看资本主义是个什么样，就只能到瑞士。

第二，瑞士社会和谐，但内部差异很大。山区农牧民很传统，衣食住行大多保持原始风貌，许多山区小镇依然保留着广场议政、举手表决的历史传统。甚至在山区小镇的农贸市场，人们交易时始终习惯于背着第三方，相互用手指讨价还价。而苏黎世、日内瓦、伯尔尼、洛桑等大中城市则十分现代，灯红酒绿，令人眼花缭乱。其习俗和气氛上的差异，比我们国家城里人和乡村人的差异还明显。

在瑞士，有一个占据两个村庄的露天民风民俗博物馆，那里展出两三百年前瑞士人居住的房屋，包括卧室、厨房、餐具，以及生产工具、赶放牛马时的衣着和使用的鞭棍等。瑞士人介绍说，保存和展示过去，是为了让人知道今天是怎么来的，不要有过高要求。

第三，对邻国的新文化现象既抵制又接受。20世纪六七十年代，所谓"回归自然"的裸体文化在西方逐渐兴起，瑞士人表面不为所动，实际上争议不断，而且愈演愈烈。保守者认为，瑞士有自己的传统文化，人已进化为高贵动物，不应该返祖原始，流入俗套。赶潮派认为，人的进化过程还在继续，当人的生存不再为衣食所困扰时，回归本来也就成了人的本性。旅游部门极为焦虑，因为越来越多的旅游者对瑞士过门而不入，去了邻国，旅游收入持续下降。经过几番争议，在联邦政府以及一些州市政府的默许下，1978年夏天瑞士也开始对外开放。

第四，思想多元。20世纪70年代，在经济危机、政局动荡、美苏争夺加剧的形势下，瑞士人特别是年轻人，对现实和未来的看法千差万别，莫衷一是。

当时，在我接触的瑞士人中，有人说"西方人生活好，但不知道为什么生活；中国人很苦，但有明确目标"，希望更多了解和学习中国。又有人说，"现实就是现实，现实不能保障未来，而未来又在哪里？"无奈之下，有人想复古，"越古越好，最好回到群居并不着衣的自然生活"。

反映上述思想的文艺创作也千奇百怪。据当时伯尔尼市政府文化科长萨姆尧说，瑞士的文艺创作可简单地分为三类，一是揭露现实社会的矛盾、冲突，加以抨击；二是宣扬随机应变，青年人对这类作品最感兴趣；三是鼓吹"个性自由"，反对受社会约束。

第七章　走出国门　印象瑞士

瑞士名作家马克斯·弗里什算是第二类，其代表作有《抚慰者》《山中小国》《从面包口袋里掉出来的树叶》等。他的作品中有许多待人处世的警句格言，多次再版，多次获奖。

从当时瑞士电视上的文艺节目和报刊上刊登的短小作品看，瑞士人对资本主义没落的揭露日益增多。伯尔尼作协主席艾根·贝尔克认为，这是瑞士文艺创作的必然趋势，特别是青年作者敢于揭露现实，瑞士青年作家瓦尔特·考尔的长篇小说《秋木》就深刻揭露了西方没落的必然性，同光明的中国相比，正好用得上"病树前头万木春"这句中国古语。

瑞士是一个福利型国家，贫富差别并不像美英那么大，但也逃脱不了兼并垄断，再兼并再垄断，最终富者更富、穷者更穷的资本主义规律。由瑞士人埃尔温·科约什（Erwin Keusch）创作、德国拍摄的影片《面包师的面包》就深刻揭露了在资本主义垄断程度本已很高的瑞士，企业兼并"大鱼依然吃小鱼"的事实。

影片描写一个小面包店的师徒为维持生计，每周辛辛苦苦劳动80多个小时，想方设法增加品种，但市面上用机器生产的面包花样更多，又清洁卫生，最终夺去了小面包店仅有的十几户顾客，气得小店老板夜间闯入大企业的库房乱砸，被警察拘捕，反映没有独到技艺支撑的小手工业者必然破产的命运。

据统计，在600多万人口的瑞士，仅1975年倒闭的中小企业就达1322家，半倒闭2516家，被迫停止营业的中小商店近1000家。《面包师的面包》上映后，在整个西欧都受到欢迎，中小企业认为反映了他们的艰难处境，大企业认为宣传了机械化的优越性。上映不久，仅联邦德国报刊的评论文章就达400多篇，联邦德国文化部门还给作者提供30万马克的奖金，鼓励作者继续创作。

名为《途经伯尔尼》的影片描写一个非洲青年流浪到欧洲，最后来到伯尔尼，本想在瑞士学点本领谋生，但不幸患病倒在街上。由于一些市民救助，他治好了病，也学了点电工技术，但不允许在瑞士就业。当他含恨离开伯尔尼时，深有感触地说：一个最讲人道的国家，竟容纳不了一个非洲人，这里仍然是可恨的私有制统治。

《冒烟与明火执仗》《苏黎世游记》《山里人》《逃跑》等影片，或描述了"世界始终处在核战争的边缘，面对未来经济和生态上的灾难，促使人们产生了疯狂追求舒适的心理"；或描述了瑞士山区小户人家与城市富豪的差异，以及比较守旧与十分放荡的两种生活；或反映了贪图享乐、性爱至上的颓废思想，以及因不满现实而苦闷、行凶等，展示了一个隐藏在繁荣背后的瑞士。

国歌歌词改也难

2013年8月1日瑞士国庆节这一天，名为"推动修改国歌评审团"的瑞士民间组织主席皮埃尔·科勒宣布，将从2014年1月1日至6月30日征集新国歌歌词，原曲保留不变；新歌词以德语、法语、意大利语、拉丁罗曼语四种语言中任何一种语言撰写都可以，凡提供歌词者均有奖，最高奖金为1万瑞士法郎（1.1万美元），2016年向政府提交正式文本。

科勒说，现行瑞士国歌《瑞士颂》的歌词为1841年由传教士兹威西格所作，原文为德文，像穿插教堂颂歌的天气预报，没能反映瑞士遵从的价值观并将其融入民族精神。科勒还说，原词作为描写宗教和阿尔卑斯山风光的颂歌没有问题，但作为国歌却不妥，没有谁能读懂那些词句，说懂的人都是在骗人。

第七章　走出国门　印象瑞士

这让我想起，瑞士重新征集国歌歌词的呼声一直不断。早在1961年8月1日，瑞士建国670周年时，联邦委员会就曾决定征集新的国歌歌词，以取代1841年的歌词《瑞士颂》，征集时间为14年。到1975年8月，仍未征集到能令人满意的歌词，于是宣布《瑞士颂》仍为正式国歌歌词。这次，2014年，由民间组织出面征集，预定2016年提交新歌词，但至今未见动静，可见实属不易。

我在驻瑞士使馆工作期间，曾认真查阅是否已将瑞士国歌歌词翻译成中文，但未发现有关资料，于是我尽可能按其意境翻译，并尽可能做到音意相符，且有韵律。全文如下：

> 你踏着朝霞走来，
> 我看见你周围一片光海，
> 看见你了，你高雅富贵，青春常在！
> 当阿尔卑斯山雪峰披上虹彩，
> 自由的瑞士人就祷告、跪拜；
> 虔诚的心灵思念着
> 在神圣祖国的上帝，
> 天主上帝啊，就在神圣的祖国！
>
> 你沐浴晚晖而来，
> 我发现你受到群星拥戴，
> 发现你了，你对普天众人深情厚爱！
> 在那极乐世界明亮的天空，
> 我愉快、幸福地做着美梦；

虔诚的心灵思念着

在神圣祖国的上帝，

天主上帝啊，就在神圣的祖国。

你乘着狂风驶来，

亲身为我们避难御害，

你，神通智广的救星，上帝的使差！

在暴风雨来临的忧郁的夜晚，

让我们天真地把他信赖！

是的，虔诚的心灵思念着

在神圣祖国的上帝，

天主上帝啊，就在神圣的祖国。

1975年春夏，上海歌舞团到瑞士访问演出时，我曾请随团出访的上海音乐学院声乐老师将瑞士国歌的五线谱改写成简谱，并将瑞士方面压缩后的德文歌词的中文译文填入简谱，以方便使馆人员更好地了解瑞士国歌。压缩后的歌词为：

你从朝霞中来，周围一片光海，

看见你了，高雅富贵，青春常在。

你从晚晖走来，受到群星拥戴，

看见你了，普天众人，平等博爱。

你从狂风驶来，为我们避难御害，

你啊你，神通智广，上帝的使差！

第七章 走出国门 印象瑞士

中瑞"君子之交"

中瑞关系的发展历程，可以用中国人常说的"君子之交"来表述。2020年9月14日，国家主席习近平和瑞士联邦主席西莫内塔·索马鲁加女士，就两国建交70周年互致贺电。习近平指出，70年来两国关系取得长足发展，成为不同社会制度、不同发展阶段、不同大小国家友好合作的典范。

索马鲁加主席表示，瑞中交往源远流长，70年来两国始终秉持开放和相互尊重的原则发展双边关系，瑞士联邦政府愿推动两国进一步深化双边关系和相互理解。瑞士驻华大使、瑞中协会主席等也都表示，瑞士愿在西方国家与中国的关系中继续开创新的第一，愿把两国之间的互利合作提高到一个新的水平。

历史上中瑞之间的最早接触，是明末1638年一个名叫尼古拉斯·菲瓦的瑞士人经澳门进入中国，成为第一个到达中国的瑞士人。1707年瑞士传教士兼钟表匠弗兰茨·施塔林到北京，一直为清政府做事直至去世，被厚葬立碑于北京，成为两国关系中的一段佳话。

1949年6月新中国成立前，美国就曾致电瑞士政府，警告瑞士不要"过早承认亚洲一个共产党政权"。10月1日新中国成立后，以美国为首的西方国家对新中国实行全面封锁，但瑞士领导人具有战略眼光和维护自身利益的决心，毅然决定与新中国建立国家之间的正常关系，开展正常往来。

1950年1月17日和2月6日，瑞士联邦主席兼外长马克斯·彼蒂彼爱先后致电毛泽东主席和周恩来总理，表示瑞士决定承认中华人民共和国，愿派代表赴北京进行建交谈判，并宣布与国民党方面断绝关系，封存国民党在瑞士的财产、档案。5月26日，瑞士代表泽文·施迪纳到北京，与新中国外交部举行会谈，经过四次谈判即于9月14日达成建交协议，12月完成互派公使，开启两国关系新篇章。

在中瑞关系中始终传为佳话的是，1954年周恩来总理出席日内瓦会议期间，曾拜访瑞士联邦政府，与各国代表团和各界人士密切接触，增加了国际社会对新中国的了解。1960年8月1日，周总理出席瑞士驻华大使馆举行的国庆招待会并即席讲话，赞扬瑞士的中立政策，并说中瑞关系堪称和平共处的典范。在当时国际局势动荡分化、瑞士的中立受到某些势力质疑的时候，周总理的讲话受到瑞方高度重视，引起强烈反响，具有极强的感召力和辐射作用。

次年，也就是1961年5月，陈毅副总理兼外长参加关于老挝问题的日内瓦扩大会议期间，到瑞士居民家中做客，随意攀谈，还游览日内瓦湖，参观卢梭岛，说卢梭是瑞士籍法国人，他倡导民主，但不强加于人。会后，陈毅到伯尔尼与瑞士联邦主席瓦伦和外长彼蒂彼爱会谈，游伯尔尼图恩湖，并即景赋诗，赞美瑞士美丽的景色，譬如"无何雾散云开后，山色湖光又一天"的诗句，陆续被德文、法文报刊译载，以致不断有人向使馆索取这位"元帅诗人"的诗篇。

我在瑞士工作期间，当然也结交过不少瑞士朋友，他们对中国的友好以及希望更多了解中国的愿望，都成为我努力工作、努力学习，并尽可能向朋友介绍中国的发展变化和内外政策的动力。瑞中友协理事海迪·温格尔和丈夫、使馆招待所邻居加弗勒和妻子、苏尔寿公司工程师雅库布等人，到中国旅游参观之前都曾给我写信。1984年3月6日，海迪·温格尔和丈夫给我写信到中国驻联邦德国大使馆，那时我已去联邦德国工作一年多。

海迪和皮特夫妇是瑞士有名的建筑师，海迪任伯尔尼州建筑协会主席，皮特在苏黎世联邦理工学院任教，同时开办一家建筑事务所。日内瓦的洲

第七章 走出国门 印象瑞士

际饭店、洛桑的农科研究所、伯尔尼的万国邮联大厦等著名建筑物，都是他们设计或参与设计的，受到各界好评。政治上，他们对中国一向友好。海迪的父亲曾是瑞士联邦议员，是积极主张与中国建交、发展关系的重要人物，1954年周总理出席日内瓦会议期间曾专门接见她父亲。他们也曾出面邀请我国建筑学会派团到瑞士考察访问，我国建筑学会派出了一个三人专家组到瑞士，大使指派我陪同、翻译。他们还曾到南京工学院讲学三个月，对我国民用建筑的设计和原材料的使用，都提出过许多宝贵的意见和建议。

瑞士是我第一次出国工作的地方，在瑞士我经历了许多对我来说的第一次，为我此后的涉外工作打下更扎实的基础。无论美丽的山水哺育了勤劳善良的瑞士人，还是勤劳善良的瑞士人创作了美丽的山水，都让我终生难忘。

第八章
马恩故里　上下求索

我们了解德国、研究德国，重视在平等互利的基础上与德国发展关系，主要因为这是时代的需要，是两国人民的需要。外交人员的根本任务是促进沟通与合作，如何学习和借鉴国外好的经验，成为我们外交人员随时思考的课题，只要有机会，都会不失时机地提出想法和建议。

一句话的建交公报

1972年10月11日上午9时，姬鹏飞外长和联邦德国副总理兼外长谢尔，在北京人民大会堂东大厅签署两国建交公报，李先念副总理出席，公报只有一句话：中华人民共和国政府和德意志联邦共和国政府一九七二年十月十一日决定建立外交关系并在短期内互派大使。

双方建交的大背景是，中国已经恢复在联合国的席位，美国总统尼克松访华，中美关系解冻，美国无须继续阻挠；联邦德国联邦议院已批准与苏联的"东方条约"，不必再顾及苏联的反应；联邦德国和民主德国都将

第八章 马恩故里 上下求索

申请加入联合国,需要得到作为安理会常任理事国的中国支持;与中国改善关系已成为联邦德国朝野的共识。

随着大背景的变化,作为已成为在野党的联邦德国基民盟的副主席、联邦议院外委会主席施罗德表示愿意访华,与中国领导人就两国关系正常化交换意见。随即,外交部副部长兼外交学会会长乔冠华,正式邀请施罗德于1972年7月14日至28日访华两周。

从7月施罗德访华到10月谢尔外长访华,我第一时间目睹一些重要场面,从各级领导和同事那里学到许多书本上没有的知识,尤其目睹周总理的风采,聆听总理讲话,并参与合影,留下难忘的记忆。

建交近半个世纪以来,中德关系有了很大的发展变化,成为当今世界最务实的一对双边关系之一。2014年两国建立全方位战略伙伴关系,发表《中德合作行动纲要》,建立政府磋商机制,从政治、经济、财政金融、科技、文化教育等方面,为两国关系的发展勾画出了一个共同遵循的方向和路线。

德国哲学

什么叫哲学?哲学就是研究客观世界和人类社会并形成一套看法的学说,是对自然世界和人类社会的认识的概括和总结,目的是解决思维和存在的关系、精神和物质的关系。由于对问题的解答不同,而形成唯心主义和唯物主义两大派别,形成两种相互排斥的世界观。

德国是哲学家辈出的国家,德国人善于哲学思维。所谓哲学思维,就是思考问题具有明确性、彻底性和系统性。这并不吓唬人,因为对许多问题的思考都是由最简单的事引起的,而思考的结果又都可以在最简单的日

1997年10月，作者登上德国老幼皆知的莱茵河畔"罗累莱山崖"，眺望两岸的古堡和风光

第八章 马恩故里 上下求索

2005年7月，作者出差到德国科隆市，在霍亨索伦桥和科隆大教堂前留念。科隆大教堂是哥特式建筑的代表作，于1880年宣告完工，耗时超过600年

中国驻联邦德国（波恩）大使馆位于美丽的莱茵河畔，河两岸有无数承载着历史记忆或神话故事的古堡

第八章 马恩故里 上下求索

常生活中去检验。

从17世纪中叶到19世纪末,德国产生了一个又一个极负盛名的哲学家,能列出姓名的就有60多个,最著名的当然是马克思、恩格斯,以及黑格尔、莱布尼茨、康德、叔本华、费尔巴哈、尼采等。他们如同我国春秋战国时期的诸子百家,个个都独特精彩,都闪烁着人类史上的思想火花。

第一,德国大哲学家黑格尔(1770—1831),马克思、恩格斯都是从研究黑格尔开始。黑格尔是柏林大学校长,他的核心观点是,自然、历史、精神都在不断变化和发展,而且任何变化和发展都取决于人的意志,推翻了此前"一切皆永远"的传统看法。

普鲁士国王很欣赏黑格尔的哲学思想,认为黑格尔让他明确知道了,讲德语的人各霸一方、各自为政的历史,不是不可以改变的,而是完全可以改变。国王把黑格尔哲学定为普鲁士的国学,要求上下都学都用,最终成为普鲁士崛起并统一德国的理论指导。

马克思首先肯定黑格尔认为事物都在"不断变化和发展"的观点,认为这是一个巨大进步,但认为黑格尔过于强调意志而陷入"主观唯心论"。在马克思看来,任何变化和发展都需要有一定物质基础,如果没有这个基础,其他一切都无从谈起,也就是说,人首先需要有最基本的生活保障。

黑格尔还有一个观点,那就是认为"存在即合理",即已经存在的东西都是合理的,这又与他一切都在不断变化和发展的观点相矛盾。马克思认为,存在的东西不一定合理,合理的东西可以存在。所谓合理,就是有道理。

黑格尔也曾对中国历史进行评价,认为中国改朝换代就是换一个皇帝和一群大臣,体制没有变化。马克思认为,中国会有中国社会主义;恩格斯认为,社会主义将是一个不断变化和改革的社会。

第二，哲学家莱布尼茨（1646—1716）被认为是"矛盾论"的始祖。他这一理论的来源很简单，甚至来源于日常生活中的一件小事。有一次，他让孩子们到院子里一棵树的落叶中，去找完全相同的两片树叶，他做书签用。有的孩子很高兴地说找到了，但别的孩子总能找出这两片树叶的不同之处。

莱布尼茨又让孩子们去找两片完全不同的树叶，有的孩子高兴地找到了，但别的孩子总能从这两片树叶找出相同之处。于是他断定，同一棵树上没有完全相同的树叶，也没有完全不同的树叶，据此他给国王讲"同一律"和"相异律"，国王不得不心服口服。

毛主席的哲学著作《矛盾论》和《实践论》深刻阐明了矛盾的普遍性和特殊性，主要矛盾和次要矛盾，矛盾诸方面的同一性和斗争性，指导中国人民在不同时期确定不同的主要矛盾，集中力量打歼灭战。《实践论》阐述知和行的关系、认识和实践的关系，强调真理来源于实践，但又受实践检验，实践是检验真理的标准。

第三，哲学家康德（1724—1804）被比喻为"蓄水池"。在柏林，有一条大街用康德的名字命名。康德的哲学思想很丰富，有人曾把他比作"蓄水池"，说前人的思想都汇集于此，后人的思想都由此流出；还有人把康德比作一座桥，要想进哲学门，就必须过康德桥。

康德关于"潮汐影响地球自转"和"天体起源于星云"的两个假说，得到恩格斯的高度评价，认为他为改变世人的僵化思维"打开了第一个窗口"。康德的假说一传入中国，随即成为康有为、梁启超等发动戊戌变法的理论依据。

德国人很守时的习惯是从哪儿来的？应当说，来自哲学家康德。康德认为，人生很短，要珍惜时间，每天做什么都要明确、都要做好，分秒别

第八章 马恩故里 上下求索

差。康德邻居们都按他走出家门的时间来对表,有一次,他为了一口气读完法国思想家卢梭的一本新书而改变出门时间,邻居们都十分不安,还以为他出了什么事。

第四,哲学家费尔巴哈(1804—1872)彻底否定上帝。他的惊人之处是,对西方人视为至高无上的上帝进行冷嘲热讽,全盘否定,不留任何余地。他认为,不是上帝创造了人,而是人按自己的想象创造了上帝;鸟儿也能造上帝,但鸟儿造出来的上帝,一定是长着羽毛的动物;如果牛能画画,那么牛画出来的上帝一定是一头牛;蛇眼中的上帝,肯定是在地上乱爬,如此等等。

费尔巴哈进而认为,上帝在想什么说什么,都是人歪曲客观事物后产生的幻觉;人制造出了什么样的上帝,就有什么样的上帝观念影响人,人在自己捉弄自己;生活在宫廷里的人想什么,与生活在茅棚里的人想什么,是不一样的,他们想象中的上帝也不一样,都幻觉般地错以为上帝在为他们服务,其实并非如此。

费尔巴哈对上帝的彻底否定完全激怒了基督教徒,产生广泛的社会影响。恩格斯为此著书指出,这标志着以上帝为中心的德国古典哲学的终结,哲学应当以人而不是以上帝为中心。但恩格斯认为,费尔巴哈陷入了机械唯物论,因为他认为一切都固定不变,实际上一切都在变,都可以变。

第五,尼采(1844—1900)为西方的强权政治和不断侵略、扩张制造理论。尼采生前的哲学著作很多,但最有影响的是他去世后,由他妹妹整理出版的《权力意志》一书。他在书中提出一整套强权主张,譬如他认为:人必须在生命之外找个立足点,这样的生命才有价值;人有高低贵贱之分,德国人是"超人",世界属于"超人"。他更进一步认为,人与人的关系就是征服与被征服的关系;人与物的关系就是掠夺与被掠夺的关系。

第六,"千年思想家"马克思(1818—1883)。德国哲学家们,都从不同角度对人类社会的发展和人的思维进行了深刻剖析,马克思、恩格斯正是在广泛涉猎、博采众长的基础上,而创立了马克思主义哲学,即辩证唯物主义和历史唯物主义,指导人们如何正确认识世界,也因此,马克思被认为是伟大的"千年思想家"。

马克思主义辩证唯物论认为,物质第一、精神第二,但二者相互促进、转化;人只有在满足基本需要的情况下,才能去关心政治、经济、文化等上层建筑,也就是说,人的生存权最重要;社会存在决定社会意识,价值观是社会存在与社会意识的综合;不同的价值观对客观事物的判断及对社会和个人的导向不同;无产阶级要赢得胜利,必须确立自己的价值观及社会导向。

马克思的历史唯物主义认为,历史是人而不是神创造的,是人推动着社会前进,而不是相反。正如《国际歌》中所说:"从来就没有什么救世主,也不靠神仙皇帝,要创造人类的幸福,全靠我们自己。"中国人民获得翻身解放,靠的就是自己,要实现中华民族的伟大复兴,也只能靠自己,不能对以美国为首的西方国家抱有期望。

马克思主义哲学博大精深,仅辩证唯物主义就包括对立统一规律、否定之否定规律、量变与质变规律。认真学习这些规律,可以让我们系统了解劳动人民如何掌握自己的命运,在改革开放中如何掌控矛盾,如何促使矛盾向有利的方向转化,如何不断推动事物由量变到质变,不断提升改革开放的质量。

与此同时,我们也要研究马克思主义产生的时代背景。那是第一次工业革命时期,资本主义的发展处于初期阶段,当时各大洲之间的联系远不如今天如此畅通。马克思讲的是如何认识问题和解决问题的原理及其方法,不是具体方案。实践证明，这些原理和方法并不受时代和地域的局限，放之四海而皆准。

在学习马克思主义哲学的同时，也必须学习马克思主义政治经济学和科学社会主义理论。这三部分，共同构成马克思主义完整的理论体系，不能拆分，更不能断章取义。

就马克思主义政治经济学来说，它主要来源于当时资本主义生产最发达的英国。它指出要使国家得到发展，上层建筑和经济基础必须相互适应。我们国家之所以能不断得到发展，根本原因就在于我们不断改革国家的管理体制和经济运作方式，使上层建筑和经济基础总是处在不断地相互适应的过程中。

马克思的伟大在于，他在批判法国空想社会主义者圣西门、傅立叶和英国空想社会主义者欧文的基础上，提出建立科学社会主义的理论和原则，但并不具体勾画科学社会主义。马克思、恩格斯认为，各国的国情不同，不可能只有一种社会主义模式，应当由各国人民自己去探索建设科学社会主义的具体途径。

二战后的德国

1990年10月3日，民主德国以加入联邦德国的方式实现两德统一，联邦德国的体制覆盖到整个德国。我们通常所说的德国体制，主要是以下五个方面：

第一，有别于"美式民主"的德国"议会民主制"。德国总统只是象征性的国家元首，总理负责制定和实施内外政策，但总理对议会负责，受议会约束，议会可以以简单多数票否决总理的议案。这被称为"议会民主制",也就是说,议会是实际上的最大决策者。这避免了再出现希特勒大权独揽的问题。

德国"议会民主制"的另一特点是,历任总理都不希望在野党太弱,鼓励在野党和公众对政府实行有效监督。在一个大党无法与小党组阁,而不得不与另一个大党联合,导致在野党弱小的情况时,执政党反而更加注意听取在野的小党的意见。

第二,有利于各地区平衡发展的德国联邦制。世界上实行联邦制的国家很多,德国除了外交、国防、海关等由联邦政府主管以外,经济、教育、文化、科技等都主要由各州主管,各州还可以单独为此立法;联邦议院的职权是制定全国性的法律法规,而联邦政府负责各州之间的协调及监督实施;各州之间既合作,也竞争。

德国的国家实力相对分散,实际上德国是一个多中心国家,在遇到战争或重大危机时,多中心更有利于保存国家实力。

第三,"社会市场经济制"有利于促进社会公正。这一经济制始于二战后,当时联邦德国一片废墟,百废待兴,不可能完全照搬美、英模式,只强调自由竞争的经济制。出任经济部长的联邦德国著名经济学家艾哈德,大胆采纳经济学家勒普克的建议,认为在鼓励竞争的同时,必须考虑战后众多弱势群体的生存和需要。

从艾哈德等人的思想体系看,政府干预和市场调节都是国家掌控经济的手段,而且政府的干预应当大于市场调节,因为政府负有为经济运行创造必要环境的责任,直到20世纪80年代"里根经济学"出现时,德、法等国也还没有完全私有化。

第四,"独立于政府的联邦银行制"有利于保持币值的稳定。所谓"独立于政府",就是不根据政府的政治需要来制定货币政策,而是根据经济运行的实际需要来确定货币的发行量与汇率。欧元之前的德国马克之所以长期坚挺，成为德国实力的重要象征，原因就在于它的汇率保持稳定。

报道说，2020年1月初到11月底，德意志联邦银行共收到5340万马克的旧币，比往年明显减少，这可能与疫情期间人们出门少有关，也因人们留恋马克，其中一部分或许会永远保存在民间。此外，与欧元区其他成员国不同，德意志联邦银行没有规定最后兑换的期限，而且汇率保持不变，始终如同当初：1欧元兑换1.95583马克。

第五，保持德国经济竞争力的"双元制"职业教育。一个国家需要各个方面、各个层级的人才，中学时期特别是初中时期的年轻人，思想最活跃、最可塑造。如果到了思想已基本定型、该谈婚论嫁的时候才考虑从业方向，那么，为了成家养家，只能以赚钱、快赚钱、多赚钱为目的，在物欲横流的时代更是如此。

德国实行的是启发式教育（Kenntnisorientierte Bildung），以学习和掌握知识为导向，而不是灌输式教育，以应对考试、追求高分为目的。而且，从中学时期起就对学生进行分流，按未来的职业方向把中学分成几类，不把上大学看成唯一出路，那么进职业学校的人是自觉自愿，积极性很高。

所谓"双元"，就是政府和企业都搞职业教育，企业不把搞职业教育看成负担，而是看成一种责任和义务，以搞好职教为荣。德国产品质量高、畅销全球，根本原因就在于政府和企业有序推进各个领域、各个层级的职业教育，凡是从业人员都有很好的基本素质和职业操守。

统一前与统一后的德国

20世纪八九十年代和21世纪初期，我大部分时间都在驻德国使领馆工作，经历了分裂中的德国、统一后的德国和21世纪致力于新的崛起的德国三个阶段。站在德国看世界，站在世界看德国，了解今日德国是怎么走过来的，每个阶段有什么变与不变，又给国际社会带来什么影响，是我长期以来的主要关注点。

1983年春，我第一次被派到莱茵河畔的中国驻联邦德国（西德）大使馆工作。使馆1984年初搬到离波恩市区比较近的哥德斯堡镇，在那里新建了中式风格、琉璃瓦的使馆馆舍，由几个小楼组成，一竣工就成为那里的一个景点。

站在使馆门口，就可以眺望波恩地区著名的七峰山和龙崖山，可以看到彼得斯堡山上的国宾馆，步行半个小时即可到莱茵河边散步，风景秀丽，景色宜人。在工作上，去政府部门或议会大楼，进城参加外事活动或参观贝多芬故居、阿登纳故居等，都比此前方便。

1998年使馆从波恩搬到柏林，又是一个重大变化。东部柏林还是原民主德国（东德）的首都，东西柏林完全合并之后，各种自然景观和文化、艺术设施一应俱全，具有作为一国首都的诸多优势。

统一前的德国，被分为社会制度不同的两个国家，但都奉行比较克制的内外政策，避免发生直接冲突。

20世纪80年代末苏联领导人戈尔巴乔夫出台"新思维"，东西方关系特别是苏美关系出现缓和，两德接触随之增多。西德抓住这一难得的机会，为实现与东德的统一举全国之力，一是双手欢迎东德的"任何善意和善举"；二是马不停蹄地做苏、美、英、法四大国的工作，让它们兑现曾经对德国统一的承诺；三是顽强坚持德国统一是德意志民族的内部事务，任何问题都必须首先由两德协商一致。

1989年11月9日东德宣布开放把柏林一分为二的柏林墙；28日科尔总

第八章　马恩故里　上下求索

理发表统一德国的十点计划，着眼于十年内实现统一。1990年10月3日两德举行统一庆典，仅仅329天就以东德加入西德的方式完成统一，一夜之间改变欧洲版图。

统一后的德国面积约35.7万平方公里，目前人口约8293万，为西欧人口最多的国家，实力和地位明显增强。

无论统一前还是统一后，德国精英们都没有停止思考，是把欧盟建成一个"联邦"还是"邦联"，换句话说，是建设"欧洲的德国"还是"德国的欧洲"，再进一步说，是建设一个"小德国"还是"大德国"。这都不是莫须有的命题，而是德国政治生活中不时浮出水面的题目，"联邦"、"邦联"之争总是挥之不去。

从历史上看，"德语帮"中最强的普鲁士想通过统一来扩大自己的范围和影响，建立一个有利于保持欧洲大陆平衡的"小德国"，而奥地利想与普鲁士合并，共同建立一个能主导欧洲的"大德国"，普鲁士拒绝与奥地利合并，奥地利转身与匈牙利结成奥匈帝国。

威廉二世密谋奥匈帝国发动一战，希特勒横扫欧洲大打二战，都意在建立一个主导欧洲的德国。

二战后，德国精英们设计了一套与战前不同的政治、经济和社会体制，奉行比较平衡、对称的内外政策，一定意义上回到了俾斯麦时代，并谋求通过实现欧洲联合来把德国融入欧洲，甚至主张建立超国家性质的欧洲"联邦"，以消除欧洲国家对德国的戒惧。

站在德国看世界，沿着德国人的思路去观察世界，会认为德国很强大。站在世界看德国，把德国放到世界大格局中去观察，又会发现德国的作用有限，德国还是一个地区大国。

卸任总统卡尔·卡斯滕斯

德国总统不拥有政治实权，但并不意味着没有作用，在凝聚民族共识、促进国内团结、化解党派之争等方面，总统都扮演着重要角色，被视为国家的"精神代表"。他们无不以超脱身份凌驾于各党之上，通过演讲、接见、出访、授勋等方式，来对国家的内外政策施加一定影响。

我利用业余时间翻译过德国著名传记作家英格洛蕾·温特尔（Ingelore M. Winter）撰写的《我们的总统》（*Unsere Bundespraesidenten*）一书，1990年12月由世界知识出版社正式出版。作者在占有大量史料的基础上，运用凝练、犀利的语言，具体而生动地介绍了六位总统的身世、经历、政见和政绩等，从一个侧面反映了德国的历史。

其中，担任外长期间完成中德建交的谢尔总统，以及庆祝中德建交10周年访华的卡斯滕斯总统，我有过直接接触，他们非常平易近人，很有亲和力。而魏茨泽克总统，我很赞赏他在1985年5月8日纪念第二次世界大战在欧洲结束40周年大会上，发表的题为《回忆与和解》的演讲。

1984年11月中旬的一天，我陪同大使去波恩莱茵河边的议员大楼（Tulpenfeld-Hochhaus），拜访卸任不久的卡斯滕斯总统。卡斯滕斯总统最早在不来梅大学任教，从担任不来梅市驻联邦的代表起步入政坛。他曾在联邦德国外交部任司长、总理办公室主任、联邦议员、国防部国务秘书、联盟党议会党团主席、联邦议院议长等，1979年7月当选总统。1984年7月他卸任后在议员大楼的第13层，有一个大办公室。这座议员大楼是当时波恩最高的建筑，我曾多次去那里拜访朋友。

1982年10月，卡斯滕斯总统访华并庆祝两国建交10周年时，我是全

第八章　马恩故里　上下求索

程接待人员之一。在与大使交谈中,他特别谈到他和夫人对那次访华终生难忘,北京、上海、桂林让他了解了中国人的政治和日常生活,参观古老的长城和皇陵,以及中方热情、周到的接待,都给他留下很深印象。

他是不来梅（Bremen）人,办公室除了挂阿登纳的像,就是挂不来梅市前市长威廉·凯森的像。他家住梅肯海姆（Meckenheim）,离波恩不远也不近,他不需要每天到办公室,一周两三次就可以,主要是处理每天都有的10至20封人民来信,在办公室回复。

卡斯滕斯还说,他很庆幸他的五年总统任期很顺利。卸任后,过去的朋友和工作人员常来看望他,特别是前总统府国务秘书诺伊塞尔（Hans Neusel）也已退休,有的是时间。他给自己的规定是每月作一次演讲,适当参加一些活动,10月中旬还去纽约参加了"纽约德国协会"成立200周年纪念会。

除此之外,就是与夫人在联邦德国国内徒步旅行,补上过去很少徒步走过的南部黑森林地区和巴伐利亚州,徒步旅行是听取百姓意见的最好机会。他已开始写一本描述他徒步旅行的书,还想写一本谈政治、宪法和教育的书,很想每天工作10小时,但毕竟老了,只能慢慢来。

橄榄型社会分配

看看德国的社会财富分配表,可以发现总体上是一个"橄榄型",即两头小中间大,最富和最穷的人都是少数,绝大多数是中产阶级。德国10%的富裕家庭和10%的贫困家庭的收入差距,基本保持为3:1,在西方发达国家中最小。德企高管的薪金总体上为基层员工的5.5倍,英国7倍,法国8倍,意大利9倍,美国12倍。

德国普通工人的工资水平很高。据2013年3月26日德国电视一台网站报道，2012年德国私人企业职工平均每小时的工资为31欧元，比欧盟27国平均每小时的工资高32%，在欧盟位列第八，瑞典最高（41.9欧元/小时），保加利亚最低（3.7欧元/小时）。而且德国雇员每获得100欧元税前收入，雇主就必须为雇员承担27欧元的工资附加费（保险费），欧盟平均为23欧元。

德国如何确保经济、社会健康发展？德国如何进行财富再分配？

第一，通过调节各种税收来进行财富再分配。德国有很多税种税率，通过调节税率来"拉富济贫"，是德国促进社会向公平、公正发展的重要举措。德国进行过多次财税调整，2008年的一次调整比较全面，2019年又曾计划调整。

一是调节工资所得税。这是德国最大的税种，占总税收的2/5强。其调节办法简单说，就是提高征收工资所得税的起点，但降低最高税率的起点，使其向工资收入较低的普通劳动者有利的方向倾斜。

二是调节财产税。每次都是重点调节征收财产税的种类和征收的百分比，通常做法是扣除对所有自然人和法人的基本免税额及经营中出现的债务后，按所剩资产的价值征税，其数额对普通劳动者微不足道，但对资本家和富人非常可观。

三是调节遗产税。凡因继承而得到的财产即为遗产，且均需纳税。为防止以馈赠方式逃税，又规定凡属馈赠的财产也须纳税。馈赠的财产价值越高、与原主人的亲近程度越低，税率也就越高，及至高达总价值的1/2。

第二，通过调节社会保障与福利进行再分配。德意志帝国的社会保障制有长久历史，早在1890年俾斯麦下台前就已确立，是世界上最早建立社会保障制的国家。二战后为维护社会稳定，也为了与实行社会主义制度的

第八章 马恩故里 上下求索

东德竞争，西德的社保项目不断增多，福利支出不断增加。

德国的社会保障主要指社会保险、社会救助、社会补贴三部分。社会保险的重头是养老保险，其支出通常占所有社会保障支出的40%左右，医疗保险大体占32%，失业保险和工伤事故保险各占12%，用于住房、子女、救济等家庭补助占4%。从1960年至今已调整过四五次，每次调整后的各占比例和数额都有所变化。

德国的社会保障可做到"无缝衔接"。譬如失业保险，只要在就业期间参保，并按规定缴纳保险费，一旦失业即可领取失业金一年至一年半，期满后如果未能再就业，可申请保证最低生活需要的失业救济金。再如医疗保险，一人参保可全家享用，避免了因家人无钱看病而陷入贫困的危险。

第三，通过不断调整"财政平衡体制"来进行再分配。一是"横向平衡"，即州与州之间以"富帮穷"的方式进行转移支付。具体做法是，首先从划归所有州一级的增值税总收入中，预先抽出25%划拨给经济发展滞后、征税能力较弱的州，再由经济实力强的州从其分得的增值税份额中，抽出部分资金支援发展落后的州。也就是说，既强制性帮扶，也鼓励自愿伸出援手。

二是"纵向平衡"，即联邦政府向经济发展滞后的州提供财政支持。具体方式是，联邦政府拿出2%的增值税收入，用于补贴那些在得到"横向平衡"资金后，仍有可能出现财政缺口的州，不让任何州因财政问题而陷入困境。

对有特殊情况的州，则由联邦政府提供固定数额的补贴，譬如为统一后的东部各州提供重建补贴，为港口城市不来梅提供"港口经营"亏损补贴，为人口稀少的萨尔州提供市政管理补贴。在德国，这一切都有章可循，有条不紊，值得参照。

反腐防腐

德国的腐败问题一经发现，能较快得到解决，原因很多。

第一，德国人认为，要有效进行反腐防腐，一是要让人明确责权利，明确了有什么责任、有什么权利、有什么利益，就能人尽其才，也才能有效监督。二是只有可操作性的规则才是规则，只有明确无误的规则和制度才能遏制人性的阴暗面。

第二，遵纪守法早已成为社会公德，公众任何时候都会对违法行为进行公开谴责，对不规范不道德的行为进行批评。

根据德国有关规定，国家公务员的家人不得因私使用公务交通工具。施罗德总理有一次乘专机去意大利热那亚开会，接着在那里休假几天，夫人自行赶去。记者问他为何夫人不与他同行，他说夫人如因私搭乘专机，要支付三倍于普通班机的费用。

第三，反腐防腐的法律法规健全。20世纪50年代，制定《德国刑法典》，1997年又制定《反腐败法》，对过去的有些法律条款作修订、补充，提高了对行贿、受贿、渎职的量刑和惩罚力度。由于公务员是产生行政腐败的主体，因此2004年又颁布《关于在行政机关防范腐败行为的条例》，进一步加强了对公务员的约束。

第四，独立于政府的司法监管、媒体监管、非政府组织监管和财税部门监管共同作用。

德国的反腐防腐，当然并不只针对各级政府公务员，也针对文化、教育、科技等各界人员，一旦发现公款私用、专款挪用，同样严惩不贷，毫不手软。

第八章 马恩故里 上下求索

第三条道路

在马克思、恩格斯的故乡德国，实行的不是社会主义，也不是传统意义上的自由资本主义，而是在资本主义体制内寻找"第三条道路"，时至今日，似乎依然如此。

从历史上看，"第三条道路"指介于社会主义和资本主义之间的"中间路线"，最早可追溯到19世纪下半叶的德国社会民主党理论家伯恩施坦。1895年恩格斯逝世后，伯恩施坦不断发表文章全面否定马克思主义，他的一系列修正主义观点此后经常被社会民主党人和欧洲社会主义者利用，以显示他们的观点与美国自由资本主义和苏联社会主义模式的差异。

到20世纪50年代，德国经济学家威廉汉姆·勒普克，根据英国保守党领袖麦克米伦在其名为《中间路线》（*The Middle Way*）一书中阐述的思想，提出在联邦德国实施社会市场经济，立即被出任经济部长的经济学家艾哈德采纳并加以完善，麦克米伦在1957年至1963年出任英国首相期间，也一直以他的"中间路线"理念管治英国。

冷战时期，不管是东欧社会主义国家还是西欧资本主义国家，对什么是"第三条道路"的看法实际上是一致的。譬如捷克著名经济学家奥塔·塞克的理论，与西德经济学家的社会市场经济论基本吻合，东欧国家主要想减少政府的主导作用，而西欧国家则试图减少市场因素。

二战后，资本主义内部实际上一直都在探讨"道路"问题，原因是凯恩斯理论、里根经济学、撒切尔主义等，虽然都曾盛极一时，但又都在理论和实践中引发多种矛盾，陷入困境。到90年代后期，美国总统克林顿、英国首相布莱尔、德国总理施罗德等明确提出，在保持资本主义制度不变的前提下，通过适当调整生产关系来缓和各方矛盾，这在资本主义发展史上还是第一次。

2000年6月2日至3日，德国总理施罗德在柏林主持召开有美国、法国、意大利、葡萄牙、荷兰、加拿大、阿根廷、巴西、新西兰、南非等14国政府领导人参加的首脑会议，会议以《21世纪的现代化政府》(*Modernes Regieren im 21. Jahrhundert*) 为题，主要就经济增长、社会变革、福利、信息革命、知识经济、金融监管等问题交换意见。

此前，一些西方国家的政府领导人已经先后在美国华盛顿和意大利佛罗伦萨聚首，他们"既不赞成专注国家干预，也不赞成放任自流"，主张搞"混合经济"，即在自由市场基础上，发挥政府促进宏观经济稳定的作用；主张建立政府与企业的伙伴关系，以及发挥企业与工会两方面的能动性；提倡机会平等，建立权利与义务之间的平衡，建立个人与社会相互负责的新型关系，以恢复公众对政府的信念。

柏林会议更具体提出改革福利制度，推动建立不完全依赖税收的积极的福利制，即鼓励私人增强自助自救能力；在教育、科技方面，更强调提高教育水平的重要意义，以及提高产品中的科技含量、确保市场份额的重要性，为此各与会国都表示要增加教育支出。

柏林会议还提出加强国家之间的政策协调与国际合作，在推进投资自由化的同时推动自由贸易，并为此制定新的全球规则。对于此前已经制定并在实施的规则，将适时进行审议并予更新，捍卫共同的价值、民主和为人权而斗争。

第八章 马恩故里 上下求索

和平主义运动

二战后的联邦德国，有开展和平主义运动的传统，特别是20世纪80年代，我先后在波恩、汉堡工作期间，就目睹了西德街头的许多和平运动。所谓和平运动，就是和平示威游行，通过街头斗争来表达自己要和平、不要战争的愿望。

那时的和平运动，主要是反对美苏两霸扩军备战，特别是反对美苏把德国作为常规武器和核武器战场。参加的人包括社会各界，许多人常年不断地反战，一有机会就少则十几万人多则几十万人上街，有时局部地区，有时全国范围，甚至波及许多东西欧国家。

1987年6月12日，美国总统里根出席在意大利威尼斯举行的七国集团峰会后到访西柏林，当天下午在东西柏林交界的勃兰登堡门前发表讲话，西德全国几百万人大游行，仅西柏林就近百万人，汉堡二三十万人，一致抗议里根到访，以致有人担心德美分道扬镳。

早在1963年6月，美国总统肯尼迪到访西柏林时，站在东西柏林分界线的查理检查站发表讲话，他一句"我是一个柏林人"激起一片欢呼，整个西柏林和西德为之狂热，而这次里根到访为什么遭遇强烈抗议？根本原因何在？

二战后，美苏一直在欧洲特别是在东西两德高强度对峙。仅常规兵力，苏联在东德的驻军一度多达40万，美国和英法等北约国家在西德的驻军多达30万，战机、坦克、大炮高度密集，被认为是当时世界上一引即爆的最大火药桶。

除常规兵力，美苏还针对德国大搞核武器对峙。据1999年北约一个研究小组公布的一份资料说，1965年美苏各有1万多枚核弹头，美国在欧洲部署了大约6000枚，即便冷战结束已近10年，美国在欧洲北约国家还部署有150枚带核弹头的弹道导弹，其中58枚在德国。

1981年里根上台后，对苏联奉行更加强硬的对抗政策，全方位对苏实施打压，特别是试图通过他的"星球大战"计划与苏一决雌雄。具体而言，美国以苏联已经部署两三百枚针对西德的SS-20中程导弹为由，急于在西德部署美国的中导潘兴-2，并不断施压西德政府，要西德表示同意。

据当时美国报刊称，美国的潘兴-2从西德境内发射到莫斯科只需8分钟，误差不到1公里；而苏联的SS-20从莫斯科发射到西德境内需要25分钟，误差3公里。也就是说，那时美国的中导和苏联的中导相比，在相同距离下要快3倍，命中率也高3倍，而这，也正是里根疯狂扩军备战的底气所在。

更有甚者，为对付苏联的坦克、装甲群，美国从20世纪60年代初就开始研制中子弹，1978年8月决定生产，1981年开始生产和储备。我们知道，物质的原子由质子和中子组成，质子带正电，中子不带电，中子从原子核里发射出来后不受外界电场的影响，穿透力极强。

中子弹不同于原子弹或氢弹，它是由高能炸药引爆，穿透力强但冲击波小，伤人不伤物，即能让人迅速丧失生理功能及至死亡，而不破坏建筑物。换句话说，使用中子弹后的城市不会变成废墟，因此最适宜用来打击敌方的集群坦克，坦克里的人被杀死了，而坦克外表没有任何损毁。

美国决定生产和部署中子弹，在西德引起强烈反对，执政的社民党左翼和自民党左翼认为，这是"人类思维堕落的表现"，并广泛发起"反对中子弹，争取核裁军"的签名运动，著名作家伯尔、格拉斯、伦茨等150多位名人也签名，要求变西德为无核国家。各大城市的大学生也举行反战示威，提出"要助学金，不要中子弹"的口号。

但在美国的强大压力下，也为了增强与苏联谈判的地位，施密特总理与根舍外长1979年积极支持北约通过"双重决议"（Doppelbeschluss），即在苏联已经部署中导的情况下，必须"追加军备与谈判"（Nachruestung und Verhandlung）同时进行，压苏联拆除已经部署的SS–20。

反对美国在西德部署新式中程导弹和中子弹的和平运动发展猛、规模大。参与者普遍认为，美国的目的是想把核战争"欧洲化"，这保证了美国的和平，却加剧了把西德变为美苏核战场的风险。他们强烈要求施密特政府与美国保持距离，重新审议政府赞成北约追加军备的态度。

在内外双重压力下，特别是在得不到社民党主席勃兰特和议会党团主席魏纳支持的情况下，1982年10月施密特总理自己在议会提出不信任案投票，希望确认对他的信任，结果通过了不信任案，提前下台。在野党基民盟主席科尔当选总理，自民党外长根舍立即转身与科尔合作。

历史上，德国两次发动世界大战，给欧洲人民也给德国人民带来深重灾难，战后德国群众非常厌战、怕战。社民党更有反战传统，50年代曾反对西德加入北约和重新武装，此后反对在西德部署核武器。施密特本人也曾反对在西德储存核武器，并曾著书主张把核武器部署在偏僻地区或海上，而不应该部署在人口稠密地区。

从现实看，当时西德地处东西方冲突的前沿，已经存放着美国几千个核弹头，如果再部署中导，西德势必成为"世界上核武器最密集的地区"，成为战时"美国最大的核武器发射场"和"苏联首要的核打击目标"。相当多的西德人担心"追加军备"会招致苏联实行先发制人的打击，使自己的国家顷刻变成"核废墟"。

潼江弯弯流远方——一个农家子弟的家国情怀

1984年6月25日,作者参加联邦德国外交部组织的外交使团青年外交官到南德旅游活动,参观慕尼黑奥运村

第八章　马恩故里　上下求索

巴伐利亚州的号手身穿皮上衣、皮短裤，戴鸡毛翎帽。洪亮的号声在山谷久久回荡

339

繁荣的背后

毫无疑问,德国很发达、很繁荣,德国人的生活水平很高,人均社会总产值及各种福利保障,都名列世界前茅。其指标,一是吃饭占个人可支配收入的百分比很小,以一个中等收入的四口之家为例,占比为18.5%—20%;二是德国人的劳动时间在发达国家中最少,以1996年为例,德国工业部门的工人平均每周劳动37小时,全年1570小时,比日本、美国工人分别少410和240小时,甚至比瑞士工人少190多个小时;三是德国人法定每年带薪休假的时间为最长的国家之一,多达30天,只少于荷兰32天和意大利31天,另外还有法定节日12天,只少于西班牙和葡萄牙,西葡法定节日均为14天。

但也不可否认,如同其他国家一样,德国也有不少社会问题。2018年,"德国之声"播放名为《不平等,财富如何变成权力》的纪录片,其中说德国的富裕阶层越来越富,他们有不动产、有投资、有公司的股票,而且在世界到处活动,通过各种手段来使自己的财富翻番。

纪录片同时指出,德国的贫穷阶层则越来越穷。以无家可归者为例,2014年德国有33.5万人无家可归,2015年36.7万人,2016年43.6万人,2017年11月猛增到86万人。据统计,2017年常年露宿街头的人有5.2万人,这些人经常睡在桥下、公园里的长椅上,或建筑物门口。2002年以前我在柏林工作时,在使馆附近的一个小公园里就经常看到这些人,他们就随身几件破旧衣服、几个塑料袋装点什么,也就是所有资产。

在纪录片中还说道,"不平等本身并没有什么错,人们有着不同的智力、能力、长相……";人们担心的是,"不平等被固定化和制度化,并把

第八章 马恩故里 上下求索

别人获得财富的机会给破坏掉"。德国无家可归者之所以不断增加,重要原因是各级政府把社会住房卖给私人投资者,致使廉价的社会住房比1990年两德统一时减少60%,而且现有的社会住房租金上涨,许多人付不起租金而被赶走。

如果再把时间往前推,1991年我翻译出版的德国记者于尔根·罗特(Juergen Roth)的书《贫穷,定时炸弹——联邦德国的社会现实》(*Zeitbombe Armut—Soziale Wirklichkeit in der Bundesrepublik*),出版时我根据其内容将书名改为《繁荣的背后》,此书被认为是全面了解联邦德国社会问题的一面镜子,曾在国内被广泛列为政治学习参考书。作者在书中,主要通过大量引用联邦德国官方和有关社会组织发表的材料和数据,以及亲自深入贫穷阶层的耳闻目睹,来揭示联邦德国在一片繁荣景象的背后,所存在的严重的贫穷和社会问题。

书中具体描述了失业者、无家可归者和贫病交加的老人、妇女、儿童在物质和精神上的悲凉处境。而且,这种处境并没有随着联邦德国经济的持续增长而得到缓解,相反,由于1982年之后的联邦德国政府坚持推行"向有产者倾斜"的经济政策而加重。另外,在联邦德国干重活、脏活、累活的人一般都为外籍工,而外籍工又常受排挤、辱骂、殴打。贫穷和社会问题的加重,导致一些人走上吸毒、抢劫的犯罪道路。也因为如此,该书出版后在联邦德国引起强烈反响。

"借酒浇愁愁更愁",是德国历来挥之不去的老问题。曾经信仰马克思主义,后蜕变为修正主义者的德国社民党理论家卡尔·考茨基,在1891年写道:"由于穷,人们需要安慰和自我麻醉,于是对宗教和酒的需求量与日俱增,酒已不再是兴奋剂,而是那些绝望和挨饿的人的麻醉品,酒可以使他们免受折磨。"又说:"酒是一种推进剂,它把一些人推向利润的高峰,又把一些人推向贫穷的深渊，富人饮酒寻欢作乐，穷人饮酒消愁解闷。"

德国人很喜欢喝酒，人均耗酒量在世界上属最多之列。每年九十月间的慕尼黑啤酒节，那狂欢豪饮的场景早已驰名全球，而这个时候被称为"欧洲头号啤酒城"的多特蒙德市，一定设有长达20公里的"世界上最长的品酒台"，有那么几天每个酒家都敞开供应，到处免费，免费销售的啤酒越多，说明质量越好，并据此评选名次。

毫无疑问，绝大多数德国人饮酒绝不是因为穷而需要消愁解闷，但酗酒严重、酒徒增多，会造成危害。1979年联邦德国饮酒上瘾并无法摆脱而被称为酒徒的人为180万，其中18岁以下的未成年人15万，到1989年分别增加30%和40%。

酗酒与失业甚至与刑事犯罪互为因果，恶性循环，德国不少人因酗酒生病被强行解雇而失业，或失业后因苦闷而酗酒，更难找到工作。

据调查，凡失业者多的地区，酒馆总是座无虚席；青年失业率高的地方，刑事犯罪率也高。1991年德国人因酗酒而直接、间接造成的经济损失为800亿至1200亿马克，而这一年政府征收的酒税仅83.46亿马克。

一些德国政治家、经济学家、社会学家以及报刊记者，也在不断对德国为什么有贫穷的一面进行分析和研究，归纳起来主要有以下三种观点。

一是认为，德国的贫穷和社会问题，主要是由失业引起，而失业是由技术的不断发展引起。因为，技术的每一次突破性发展，都促使社会生产进行结构性调整、劳动力发生转移，失业正是在转移过程中出现的。瓦特发明蒸汽机后，企业主纷纷用机器取代人力，造成大批工人失业。当电逐渐运用到生产和生活领域后，也导致社会大变革，出现电气化时代，大量人力被取代。第三次浪潮对劳动市场的冲击更大，1973年到1983年，西方经合组织24国的失业人数由1130万增加到3200多万，约增加三倍。

第八章 马恩故里 上下求索

二是认为，德国的社会问题是竞争机制带来的结果。在所有发达国家，不仅经济领域充满激烈竞争，整个社会都是竞争性社会。竞争机制如同一部榨油机，里面齿轮交错、杠杆纵横，相互挤压、倾轧；又如一部筛选机，一筐石子或土豆倒进去后，经过层层筛选、淘汰，弱小者必然下沉，直至坠入底层。鼓励竞争就是强化竞争机制，不管生产部门还是社会领域，雇主都越来越强调效益，力求用最少的人干最多的活。

三是认为，社会问题是执政党推行的政策所致，甚至就是管理方法的不当所致。

不管人们对贫穷问题的来源有多少种看法，但不难看出，都没有触及真正的根源是私有制这个要害问题。我们认为，私有制是产生阶级当然也是产生贫富差别的最根本的原因。德国不少资本家及其家族，在发家的时候不能说没有付出辛劳，但此后的数百年不劳而获、不劳而富，不就是因为当初占据了本该属于人民的大片土地，以及通过剥削获得的大量不动产吗？

如何建设一个既能体现公平、正义，又能充分调动每个人的积极性和创造性的社会，始终是一项艰巨的历史任务。

第九章
西方今昔　见怪不怪

中德交流历史悠久，交流的本质是互惠互利。国之交在于民相亲，在于促进两国人民的相互了解。中德都是富有文化传统和文化氛围的国家，都很重视新闻、广播、电视、出版、文学、音乐、戏剧、绘画等，都积极弘扬、宣传本国文化。相比较而言，中国对德国文化的了解比德国对中国文化的了解要多要深。尽管如此，我还是愿意不断了解德国文化，了解德国人的思维和生活方式，丰富两国交流的内涵。

什么是德国主流文化

什么叫主流文化？根据我的理解，主流文化就是具有历史性、大众性的官方文化，是一个社会、一个时代倡导并起着主要影响的文化。一个国家的主流文化，会具有压倒性优势。

中世纪以来的西方，其主流文化一直是基督教文化。

什么是德国的主流文化？从在德国的压倒性影响以及德国在国际上推

第九章　西方今昔　见怪不怪

销的德国文化产品来看，德国的主流文化当然是基督教文化，而且在不断推销这种文化。在对外关系方面，德国历来把对外文化交流视为"第三个外交支柱"，与国家的政治、经济外交捆绑在一起，在制定政治、经济外交政策时，从来没有忽略过对外文化政策。

如何实施对外文化政策，德国也有它的构思和布局，那就是由外交部统一领导，但把大部分具体工作委托给一些法人机构，譬如歌德学院、德意志学术交流中心、洪堡基金会、对外关系研究所、联合国教科文组织德国委员会等。这看起来比较分散，实际上各有侧重，按章行事，有条不紊。

文化交流对任何国家都十分重要，我不搞文化工作，但我从不放过任何机会来宣传中国文化。2010年3月我去德国，联邦经济部对外经济政策司请我去讲"中国文化与上海世博会"。我首先自问自答，讲了一下什么叫文化，什么叫文化交流。在中国，通常认为一个人有没有文化，就看他识不识字，能不能读和写，能读能写就有文化，识字一大堆就是大文人。

能否读和写当然是一个人有没有文化的标志，但远远不够。文化更多是政治、经济、哲学、法律、音乐、美术、观念、习俗等的整体概念，是指各种学科和各种社会现象的整合，以及它们相互之间的内在联系。文化也是一种修养，一种情怀，一种思想境界；有些人识字不多，但勤劳简朴，心系他人，胸怀国家，有着不可多得的文化涵养。

喜欢争论是德国人的长处，真理越辩越明，但也是德国人的一个短板，有时越辩越糊涂。德国主流文化当然是基督教文化与现代文化的结合，可是德国人却争论不休。20世纪80年代中期争论，要不要为作为德国人而感到骄傲；作为哪个德国的德国人感到骄傲，是一战、二战期间的德国，还是二战后的德国？如果是二战后的德国，那么是东部德国还是西部德国？前两年争论的问题是，在德国几百万伊斯兰移民及其后裔所信奉的伊斯兰文化属不属于德国文化范畴。

德国文学

德国文学的本质是揭露。德国人认为，只有揭露才有生命，只有揭露社会和人性的阴暗面，作品才能永世传承，而人的善与美，是在揭露恶与丑的过程中体现出来，不是相反。

文学对人对社会的影响之深不言而喻。我国的唐诗、宋词、元曲、明清小说之所以始终为人喜爱，就因为它们早已成了我们能够历经千难万险的精神食粮。

如同我国的文学名著体现民族文化、代表民族精神一样，德国的文学名著也是构成德国文化的重要元素，阅读几本有代表性的德国文学著作，对深入了解德国很有助益，也有利于丰富我们自己的思想。

德国大文豪歌德早已成为德国文化的标杆，在德国国内和国外都用他的名字建立"歌德学院"，成为广泛推广德语教学和宣传德国文化的主要载体，而且取得明显、持久的效果。

歌德的名著《浮士德》是德国扬善抑恶的代表作，主人公浮士德同魔鬼斗争的勇气和对光明的执着追求，鼓舞着德国一代又一代人。其反面人物墨菲勒斯的原型，就是歌德的父亲。

有一次歌德家里来了一位客人，是个荷兰商人，此人晚上溜进用人的房间，导致用人怀孕。按当时的德国法律，女性越轨必判死刑。歌德的父亲是法兰克福大法官，亲自宣布处死家里的用人。

远在外地读书的歌德得知后非常气愤，他认为这个用人很善良，可以进行教育，不应该处死。他认为他父亲很伪善，正是这样伪善的人在制造

第九章 西方今昔 见怪不怪

魔鬼、制造幽灵,在搞破坏和犯罪,需要狠狠鞭挞。

歌德还是对中国文化和中国文学最感兴趣的德国文学家,在他78岁高龄的时候,还创作了把两国文化氛围融合在一起的组诗《中德四季杂咏》。武汉大学赵乾龙教授将其翻译成五言绝句,以其中描写夜景的诗为例,反映歌德对东方文化的领悟和接受。诗曰:

> 夜幕垂空降,万物皆渐隐。
> 最初现金星,柔光可迷人。
> 夜雾多缥缈,一切皆无定。
> 夜色多深沉,湖水平如镜。
> 遥想在东方,月华放光明。
> 柳丝纤纤挂,戏水起波纹。
> 卢娜弄清影,湖面闪碎银。
> 清凉透眼帘,渐潜入内心。

1983年初,我第一次去驻德使馆工作时,使馆还在波恩远郊区尼德巴赫镇的一个山沟里,出门几分钟即可上坡入林。春夏去山上林间散步时,路边有各种各样的野花。

一天夜里,我读到歌德的小诗《发现》及其背景介绍。歌德愈70高龄时娶了一个农村姑娘,那首小诗正是为这个姑娘而写。受其意境启发,我当晚吟诗《山间小花》一篇:

> 山间小路旁,
> 草丛有野花,

鲜嫩而且又美丽，
连根拔回家。

放到窗台上，
清香扑鼻下，
早晚细心浇浇水，
发芽又开花。

花开点头笑，
微风拂面颊，
人人见了人人夸，
妩媚而淡雅。

啊一朵小花，
你为我守家，
蜗居楼梯小房间，
让我好牵挂。

波恩风景秀美，名人轶事很多。19世纪初德国著名作家格林兄弟的著作《格林童话》也为我们中国人所熟悉，其中描写白雪公主和七个小矮人的故事，都源于波恩的七峰山。莱茵河从波恩静静地流淌，两岸到处有充满传奇色彩的古堡，还有远古时期火山喷发的遗址，龙崖山就是因火山喷发拔地而起。

使馆搬到离莱茵河不远的哥德斯堡镇后，视野开阔很多。1996年7月

第九章 西方今昔 见怪不怪

的一个周六，我加班期间，突然大雨瓢泼，瞬间又雨过天晴，我索性放下纸笔向莱茵河走去。但见对岸陡峭的龙崖山，抬头望去是七峰山，峰峦叠嶂，云雾缭绕，联想到我翻来覆去思考的问题，遂吟七律《河边情怀》一篇：

大雨过后天放晴，
莱茵光景一时新。
七峰山顶白云绕，
龙崖山腰雾腾腾。

河面野鸭嘎嘎叫，
岸边情侣笑不停。
唯我信步更潇洒，
笔下五洲风烟滚。

马克思的朋友、德国著名诗人海涅的《诗歌集》，我在初中阶段就读过，就很喜欢。在谱成歌曲的海涅诗中，唱得最多、流行最广的是《罗累莱》，也是我中文、德文背诵最多的海涅诗。上海翻译家钱春绮早就将此翻译出版，我做几处文字修改，全诗如下：

我不知道为什么，我是这样悲伤；
一段古老的神话，让我久久不能遗忘。

莱茵河静静流淌，黄昏时格外清凉；

在那暮色斜阳里，山峰也闪耀着霞光。

一位绝色女郎，神奇地坐在山顶上；
她梳着金黄的秀发，金首饰闪闪发光。

她一面用金梳梳头，一面用金喉歌唱；
那歌声非常奇妙，听到的人永远不忘。

划着小船的船夫，充满无限的忧伤；
他忘了看前面的暗礁，只顾仰头张望。

船夫和他的小船啊，突然撞礁沉底；
这都是女妖罗累莱，用歌声制造的祸殃。

简单说来，就是美丽的少女罗累莱坐在山顶上，一边梳理她那金色的秀发，一边歌唱，那美妙的歌声打动了船夫，船夫只顾把她张望，结果撞上暗礁，落得葬身河底的下场。原来坐在山上的是个女妖，是她用歌声制造灾难，制造了无限的悲伤。

再如海涅赞美女性的小诗《你像一朵鲜花》，不少作曲家竞相根据自己的想象为之谱曲，在德国无人不知，无人不唱。是啊，没有哪个女性不愿意听到别人唱着赞美她的歌，牵着她的手，一起走向公园，走向海滩。是的，你像一朵鲜花，多么端庄美丽，多么让人牵挂。我轻轻抚摸你的头，愿上帝保佑你，永远纯洁、高雅！

中国是一个文明古国，中国文人也有不少诗词描述优美感人的或者令人悲伤的神话。在中国，能读诗写诗的人被认为心胸豁达、感情丰富。很多中国读者喜欢海涅的诗，因为海涅的诗充满激情、心系国家，有对邪恶的鞭挞，有对未来的憧憬，有对山河的赞美。

中国人喜欢海涅的诗还有一个原因，那就是海涅的诗结构严谨，绝大部分四句一组，每句字数大体相等，二四句押韵。可以肯定，海涅和海涅诗，在中德之间必将继续起着一种无形的桥梁作用。

民风民俗

一个国家、一个民族的风俗习惯就是这个国家、这个民族的本土文化，或者叫传统文化。德国对自己的传统文化保护得很好，也发展得很好。

首先我们可以看到，被战争破坏的历史建筑和古迹，能恢复的都得到了恢复或者重建。而且，为了保护某一古建或某一景点，德国人总是通过层层立法与行政措施来使之得到保障，不允许有违章建筑出现。

德国民居房屋的最大特点是，门小窗户大，这有利于更多地采光和通风，也是为了多给墙壁留些余地，我到德国朋友家做客，经常发现墙壁上挂满、贴满绘画、照片，或者各种装饰物，琳琅满目。

青年男女结婚前几天，作为一种社会风气，都会与自己此前的好友一起聚会、拍照，还可请过路的人加入。之后，会把自己单身时使用过的小东西装在一个篮子里，提着上街边走边卖，或者到街头摆摊出售，买的人越多越表明自己有好运。人们看到这种情况时，大多会掏钱买一两样东西，以表示对年轻人的美好祝愿。

圣诞节前夕，大小圣诞市场的热红酒最为畅销，喝上一杯冒着热气的葡萄酒，浑身温暖。每年这个时候，我也常去凑热闹，除了喝热红酒，还可能吃个土豆泥油炸饼，很惬意。

孩子上小学的第一天，父母都会给孩子送一袋提前准备好的糖果，让孩子感到离开爸爸妈妈还是甜蜜蜜的，要好好学习。这在德国，早已成了一种社会习惯，绝非一时一地。

在德国，去朋友家做客一定要带点礼品，不能空手去，礼品要有特色，要实用，花束或葡萄酒最受欢迎。不能提前到，晚几分到十来分钟最好。在朋友家，包括在公共场所，不要高声说话，轻声细语最讨人喜欢。

如果说有什么禁忌，那就是在与德国人预约时间时，要尽量避开13这个日子，也要尽量避开星期五。一般谈话中不宜涉及纳粹、宗教或党派之争，在朋友家里和公共场合，千万不要窃窃私语。

德国饭菜的确没有特色，但在与德国朋友一起进餐时，不要就此说三道四，避免让人失去胃口。德国的面包和啤酒很好，至少可以就此表示赞赏，说声"Guten Appetit（祝胃口好）"。

德国的协会五花八门，各行各业各地区都有协会。有的人同时加入一二十个协会，可以是同一类型，譬如都与体育运动有关，也可以完全不同。如果什么协会都不加入，会失去许多资格和机会。换言之，德国人是不寂寞的，也没有理由自寻烦恼。

2014年2月17日德国《世界报》网站报道，德国烘焙协会执行董事阿明·维尔纳说，德国有3000多种面包，他们正在就德国面包的烘焙技术，向联合国教科文组织申请列入世界非物质文化遗产名录；德国酿造业协会也在为"啤酒纯正酿造法"申遗。

维尔纳说，德国面包烘焙技术申遗面临的主要问题是内部协调，因为3000多种面包的绝大多数只存在于个别地区，充满地区特色，汇总各州提出的建议已有128项，各有优势，如何向联合国教科文组织申报，很富有

第九章　西方今昔　见怪不怪

挑战性。

维尔纳还说，阿根廷探戈、法国美食、土耳其咖啡、葡萄牙民歌"法多"也都进入名录，唯独还没有面包，德国希望填补这一空白。

啤酒文化

在德国，啤酒不仅仅是一种饮料，而是早就成为一种文化，一种不可或缺的生活元素。这是因为，德国啤酒历史悠久，距今已有500多年历史，而且德国啤酒始终保持法定配方，几百年未变。城镇大小酒吧特色各异，清雅宜人，老板总穿着当地民族服装，热情接待每位客人。每年的"十月啤酒节"给人们带来非凡的欢快，德国也因此而在世界上名声飞扬。

如果按国土面积和人口计算，那么德国是世界上大小啤酒厂最密集的国家。据2015年统计，德国有大小啤酒厂1340多家，总计年产110多亿升，年产50万升以下的小厂700多家，5000万升以上的大厂54家。巴伐利亚州几乎占一半，特别是巴州北部的"弗朗克啤酒乐园"，那儿酒厂和酒馆随处可见。

如果按颜色和口感分类，那么德国有好几百种不同的啤酒。普通啤酒的酿制时间为一周左右，极品酒酿制的时间需要六至八周，时间越长口感越好。据估计，约60%的德国人喜欢稍带苦涩味的名叫皮尔斯（Pils）的传统啤酒。

巴州堪称"纯正啤酒"的始祖，早在1516年4月23日老国王威廉四世就命令颁布《啤酒纯度法》，严格规定酿制啤酒只能用麦芽、啤酒花和水。五百多年来无论世事如何变迁，人们都认为这个法案始终有效，而且早已成为德国乃至所有生产啤酒的国家都表示应当遵循的标准。

在巴州，人们更喜欢比较清淡而味美的啤酒，这种酒用小麦而不用大麦酿制，并用高而细长的杯子招待顾客。巴州人也喜欢黑啤，那里的黑啤也很有名，有些烈性黑啤还有很漂亮的名字，比如"极品牌"（库尔米纳托）、"凯旋统帅牌"（特留姆法托）。

慕尼黑"十月啤酒节"起源于1810年10月12日，那天巴伐利亚的王储路德维希和萨克森王国的公主特蕾泽举行婚礼，国王免费提供啤酒。第二年市民希望再举行一次，于是逐渐形成一个节日。开幕式都由市长主持，并由市长打开第一个啤酒桶，喝下第一杯啤酒，这时全场欢呼，又唱又跳又饮。

身穿皮衣皮裤，头戴猎人帽，左手一根香肠，右手一罐啤酒，边喝边唱，这就是巴州人在节庆日或特殊聚会时的一种传统装束，而且痴心不改。到酒馆吃的东西也比较固定，通常都是酸菜配猪肘棒、丸子和甘蓝菜。

由于新啤上市的最佳时间是9月中旬到10月初，因此慕尼黑啤酒节通常从9月16日起，到10月的第一个星期日止，为期两周。如果在其他州市或其他国家举办，则不受这个时间限制。

除了慕尼黑，德国许多城市都举办啤酒节，譬如北威州的多特蒙德市还有"啤酒之都"之称。啤酒节一到，那里市内搭建的酒台连起来有20多公里长，而且连续几天免费畅饮。酒家还以免费喝掉的啤酒越多越感到光荣，说明他的啤酒质地好，受人喜欢。

毫无疑问，德国是"啤酒的故乡"，也是"啤酒王国"。德国人把啤酒视为"液体面包"，每天每餐似乎都少不了，言必"干杯！"

第九章 西方今昔 见怪不怪

狂欢文化

德国科隆狂欢节（Koelner Karneval），以及在莱茵河流域的杜塞尔多夫、美因兹等城市几乎同时举行的狂欢，是仅次于巴西狂欢节的世界最大规模的狂欢节，在德国乃至欧洲都最为壮观，成为德国狂欢文化的典型代表。

科隆狂欢节是从什么时候开始的，谁也说不清楚，也查不到有关记载。很显然，它是在漫长的历史过程中逐步形成的，很难说出一个确切时间。人们估计，它起源于最黑暗的欧洲中世纪时期，作为人们应对压抑、释放情感的一种表达方式。

德语中的狂欢节（Karneval）这个词，同Fastnacht、Fasching两个词都是一个意思，指复活节大斋期间那段欢乐、喜悦和放松的时间。科隆狂欢节，从每年的11月11日11时11分开始，首先在科隆老广场准时举行开幕式，随即开始商讨如何筹办。

年底年初工作多，大家都很忙，因此真正的狂欢时间是从第二年的一月下旬开始，由室内狂欢到室外，二月的第二个星期一，也叫玫瑰星期一（Rosenmontag）达到高潮。每年从德国各地以及从欧洲许多国家，赶到科隆观看狂欢的人达数百万，相当于科隆人口的五六倍。

为什么科隆狂欢节在11月11日11时11分开幕？据介绍，这是因为11介于10和12之间，10在数学里的十进制中起决定性作用，在基督教里寓意"十诫"，而12是西方人眼里完美的代表。也有人简单介绍说，"1"象征新的开始，"1"越多越好，所以选择这一天举办开幕式。

年底年初人们在妥善处理各种事务的同时，都会为狂欢做各种准备，

1994年2月5日，作者在科隆狂欢大游行开始前应邀参观并试驾狂欢彩车

第九章 西方今昔 见怪不怪

1993年1月16日，作者应邀参加哥德斯堡镇议政厅室内狂欢会

因此开幕式实际上是一个动员会。到了一月下旬，许多市镇都会举办大小规模不等的室内狂欢，上台的主角都打扮成小丑和狂人。政客经常成为被丑化、讥讽的主要对象，其内外政策往往被拿来调侃、逗乐。我应邀参加过几次室内狂欢，哄堂大笑此伏彼起，而我们外来者往往不理解其意思是什么，犹如外国人很难听懂我们的相声。

在玫瑰星期一最高潮的这一天，科隆举办花车大游行，人们的打扮千奇百怪，奇装异服纷纷亮相。花车上的男女又蹦又跳，还不断向街道两边拥挤的人群抛撒花朵、糖果、巧克力。据媒体报道，每年抛撒的糖果有150吨至200吨，巧克力70万至80万条。我去过几次，只要积极、用心地捡，至少可捡一二十斤糖果。

车上车下都狂呼"科隆万岁，万岁"（Koelle Alaaf，Alaaf）。这时千万别喊错，别把"Alaaf"喊成"Helau"，否则科隆人会认为你是"有意挑衅"，因为"Helau"是杜塞尔多夫市的狂欢口号，他们竞争激烈。

能否克隆人

进入21世纪的2001年，德国围绕是否可以"克隆"人的问题展开广泛讨论。2002年1月31日《南德日报》详细报道，联邦议院就此举行的大辩论非同寻常，各党领导人唇枪舌剑，施罗德总理也登台力陈他的看法。

事情的起因是，2001年1月5日，意大利医生塞威里诺·安蒂诺里接受德国《明镜》周刊采访时说，他将在年底开始"克隆"人，首位"克隆婴儿"将于2002年夏天出生。有人说这是政治问题，有人说是科学问题，有人说是文化问题，更有人说是伦理问题。

从1997年第一只名叫"多利"的克隆羊在英国苏格兰诞生以来，有关

第九章 西方今昔 见怪不怪

克隆人的试验就一直没有提上日程，主要是政界、科学界、宗教界部分人士强烈反对，以致无人公开提及。这次意大利医生打破沉默，明确公布他克隆人的具体计划，一石激起千层浪。

据安蒂诺里医生说，他打算从10对不育夫妻中选择1对进行试验。男性的年龄应该在28岁至40岁，从男性身上提取干细胞，而不是提取精子。对男性干细胞进行培养，激发其活力，而后小心移植到女性子宫里，使之完成怀孕。

这位医生说，他希望这项克隆人的工作能在意大利进行，没必要担心由此产生道德问题。作为医生，他应该为不育夫妇提供新的选择，他的想法已经受到不育夫妇们的欢迎。1月30日，美国、意大利两国医学科学家联合宣布实施克隆人的计划，德国一片哗然。

除去激烈言辞来看，德国科学界总体表示支持，少数人反对。政界态度极不相同，联盟党表示，应该为此制定一个基础文件，专门阐述21世纪人与基督（上帝）的关系，流露出种种疑虑；社民党认为，克隆人的计划很危险；自民党称，尚未形成自己的看法；绿党坚决反对克隆人。施罗德总理以社民党主席的身份在联邦议院的辩论大会上，呼吁人们按科学规律思考问题，原则上不要禁止科学发展。

再从支持和反对的理由来看，持支持态度的理由是：科学是人类改造自然，也是改造自己的需要，正是科学的发展，而不断推动着人类社会的进步，推动着人类生活质量的提高。

举例说，正是蒸汽机的发明，使人类可以从笨重的体力劳动中得到解放；电灯泡的发明，使人类可以在夜间看到一片光明；电脑的发明，使人有了顺风耳、千里眼，有了可以从办公楼解放出来的希望。

表示支持的人还认为，一旦克隆人获得成功，可加速破解遗传密码，找到根治疾病、延缓衰老的有效手段，今后人的寿命不会再以时间论长短，长生不老不会再虚无缥缈。

甚至有人认为，人口质量也会由此出现一个大的飞跃，聪明健康的人，可以成为被克隆的对象，世界上的人都有可能成为"超人"，个个精明强悍。

此外，认为克隆技术的发展还有利于拯救成千上万濒临灭绝的物种，加速稀有动物的繁殖，更好保护人类赖以生存的环境，以及保护地球本身的生存。

坚决反对克隆人的德国绿党发言人说，他们压根就反对遗传技术，当然反对把克隆技术用于人的本身；宗教界如同当初反对搞试管婴儿一样，强烈反对克隆人。他们反对的理由有三点：

一是担心如果无限制地延长人的寿命，会造成更为严重的失业、犯罪等社会问题，而且会使人丧失通过男女结合自然生儿育女的本能，破坏千百年来已成为社会规范的伦理、道德。

二是担心有朝一日把这种类似植物嫁接的技术，运用到不同种类的动物之间，再现早已绝迹的那些动物，或者出现人们想象中的动物，给动物界制造出混乱和恐怖。

三是担心把克隆技术运用到人与动物之间，真的制造出狮身人面兽，或者制造出人体兽面人。这种怪异体一旦出现，势必会搅乱世界，搅乱人类，最终否定人类自己。

一些乐观的人士认为，在已成功克隆动物的基础上，美、意克隆人的计划很可能一举成功，人类既然有能力创造，也会有能力控制，原子弹的出现并未导致地球毁灭，即为一例。

这些人还认为，克隆技术的新突破会带动遗传、医学、生物、生理及

第九章　西方今昔　见怪不怪

其他相关领域，围绕改造人类自己的新的科技竞赛，很可能全面展开，人类社会可能由此进入一场前所未有的变革。

地下长城

1993年6月26日是一个星期六，我们应邀去居住在黑森林地区巴德-里本泽尔（Bad-Liebenzell/Schwarzwald）的德国朋友、物理学家科赫先生家做客，他带我们去内卡河（Fluss Neckar）参观古迹时，介绍到那里的"地下长城"，并带我们参观了几处遗址及已经照原样修复的一段。由于我此前还从未听说过，所以没有特别留意。

此后在与德国朋友交谈时，有时我也提及德国"地下长城"问题，不料每次一提及，都会热烈交谈起来。

凡是有兴趣学中文的德国人，都想了解中文到底有多少字，学多少字就够用了。我通常告诉他们，《新华字典》有1.1万多个字，但六七千个字就足够用，学一两千个字就能基本满足日常交流的需要，他们都拍手称快。为提高他们的兴趣，我也会告诉他们，汉字是象形文字，譬如"月"（Monat）就像一个弯弯的月亮，"柳"（Weide）就像柳条倒挂，"马"（Pferd）犹如一匹骏马昂首挺胸，等等。他们觉得非常新鲜，同时说德文字母也是象形的，譬如"A"像鼻子，"B"像嘴巴，"C"像耳朵，等等，我也连声称赞。

德国人很重视历史和文化。他们从公元1455年起，就开始研究、发掘和保护"德国长城"。这条呈"Z"字形的"长城"，沿多瑙河以北、莱茵河以东，全长550公里。同中国长城相比，它自有特色，由土墙、石墙、壕沟、栅栏以及近900座简易瞭望塔和120多个军营组合而成。

追根溯源，发现它始建于公元100—260年，是古罗马帝国为抵御北欧"野蛮民族"的骚扰而建。从地图上看，它从莱茵布罗尔，经科布伦茨、美因兹、海德堡到雷根斯堡，穿越60多个城镇。简易瞭望塔类似中国长城的烽火台，最初用木头搭建，后来改用石砖建造。每个瞭望塔大体相距400米，均在目力可及的范围，可迅速传递异族入侵的消息。

据德国报刊介绍，"德国长城"事实上的主体是军营，从在魏森堡挖掘出的军营看，其构造类似中国古代的"四方城"，有正门、中门和边门，上有瞭望塔，下有指挥所和士兵宿舍，还有澡堂，而且澡堂也对平民开放。但公元260年以后，由于异族的不断进攻，古罗马帝国国力衰微，"德国长城"日渐残缺，1780年后消失殆尽。

根据"德国长城博物馆"所在的阿伦市和最大古代军营所在的魏森堡市的倡议，1997年德国推出"德国长城之路"旅游项目。这条旅游线路途经数百个大小城镇，都有联邦公路和乡间公路，既可探寻古罗马遗址，又可领略德国乡村旖旎风光。

联合国教科文组织2005年7月15日决定，将德国"地下长城"列入世界文化遗产名录，并将其直接改称"德国长城"，全名为"上日耳曼和雷蒂安边境墙"，上日耳曼和雷蒂安是两千年前古罗马帝国的两个省。

数字"8"不吉利

就数字来说，我们中国人通常喜欢能被"2"除的"偶数"，好事成双嘛。对数字"6"和"8"更是情有独钟，认为"6"指"溜溜大顺"，一生平安；"8"指"发发发"，恭喜发财。而德国人通常喜欢不能被"2"除的"奇数"，无需有伴，可特立独行。

第九章　西方今昔　见怪不怪

参观"地下长城"

潼江弯弯流远方——一个农家子弟的家国情怀

作者与科赫先生的孩子在他家后院采摘樱桃

第九章 西方今昔 见怪不怪

2007年，我在德国科隆市市长访华期间，第一次听到德国人说数字"8"很不吉利，在公司企业或个人的财税报表中，如果首先出现"8"或数据中"8"比较多，弄虚作假的可能性也大得多。

科隆市长那次访华的主要目的是庆祝科隆与北京建立友城关系20周年，并想访问另外两个中国城市。

最后确定的访问顺序是，先到青岛，后去天津，再到北京，在这三个城市都举办大型推介会，题目都是"科隆——通向欧洲市场的大门"，每场都有上千人参加，让我做他们的主持人，并希望我介绍我所了解的科隆。

访问期间，我发现德国人在推介性的报告、谈话中，都很注重用数字说话，认为数字是最务实的。而我此前在德国工作期间，听过的报告几乎都是演说性的，重在讲观点和看法，虚多实少。当然，关键是对谁讲，想达到什么目的。

在科隆代表团中，除了市长、副市长、局长和一些相关官员，就是企事业领导，以及经济咨询师、财会咨询师，审计师等。有一位财会咨询师在青岛商会座谈时发言，说对公司企业财务的审计很重要，直接关系到公共财政的税入，有些报表一看数字就有怀疑。会后交谈时，我问怎么能一看数字就有怀疑？他笑着说，"8"在财务中是不吉利的，"8"越多越有问题，并说回酒店后他将给我看一份资料。

在他们看来，数字"1"和"8"最有趣。美国天文学家西蒙·纽科姆1880年发现，在一本对数表书籍中，以"1"开头的页数破损最多，以"8"开头的数据破损最少。1938年美国物理学家弗兰克·本福特对此进行论证，发现街道门牌号、股票价格、河流长度、国家面积等，以"1"开头的数据占30%，而以"8"开头的数据只占0.05%。这在后来，被命名为"本福特定律"。

根据"本福特定律",如果公司企业的财务报表以"8"开头,或者"8"很多,那就很可能是造假。实际经营中的其他数据,譬如公司的二氧化碳排放量、人员增减数、差旅数等,也可以类推,"8"越多,虚假的成分也越多。这虽然不是决定性的证据,但至少可以成为进行调查的线索。这也就是那位科隆财会咨询师所说的,一看报表就可以发现疑点。

德国人说,数字"1"奇妙无穷,世人都知道"哥德巴赫猜想"是什么。公元1742年,德国数学家克里斯蒂安·哥德巴赫,在写给瑞士数学家莱昂哈德·欧拉的信中说,他猜想,每个大于5的奇数(不能被2除的数),都可以写成3个素数(只能被1和它本身除的数)之和,譬如77=53+17+7,再如461=257+199+5。他还猜想,每个不小于6的偶数(凡是可以被2整除的数),都是2个素数之和,譬如6=3+3,又如24=13+11。

此后,有数学家对大于5的奇数和不小于6的偶数都进行验算,一直验算到几亿几千万,都证明是对的。从20世纪20年代起,数学家们开始缩小包围圈,不是由小数算到大数,以至无穷无尽,而是由大数算到小数,最终目的是要论证1+1等于几,这反而被认为是"数学巅峰",数学家们都为登上这个"巅峰"而奋斗。

1920年挪威数学家布朗算到9+9,1956年算到3+3,1962年中国山东大学的数学讲师潘承洞算到1+4,1966年陈景润算到1+2,并向1+1挺进,到1973年他算过的草稿纸,据说可以拉一卡车。我问德国朋友,1+1到底等于几,他们说我不是搞数学的,一定听不懂,我说,告诉我一个结果就行。他们说,1+1不等于2,还是等于1?这是天体力学问题,但需要从数学上得到验证。

从上面所述,我联想到我们中国人喜欢说"九九归一",寓意"天人

第九章 西方今昔 见怪不怪

合一",更喜欢说"八八八,发发发",寓意"财源滚滚"。那么,数学上"99怎么归1"?数学历来被认为枯燥无味,数学家总是用纸和笔演算,计算机对他们几乎无用。但实际上,数学充满乐趣,许多算式奇妙无穷,浪漫至极。

2011年国际数学协会,为纪念中国古代数学家祖冲之把圆周率精确计算到小数点之后的第七位(3.1415926……),而正式宣布按圆周率的前三位数3.14,把3月14日定为"国际数学日",也叫"圆周率日"。这一天,有数学家告诉我们怎么计算"99归1"和"888……"。这种算式很多,只举一例:

一个1乘一个1等于1;两个1乘两个1,即11×11,等于121;三个1乘三个1,即111×111,等于12321,按此继续增加,到九个1乘九个1时,得数就是一个从1到9再从9到1的数。

$1 \times 1=1$

$11 \times 11=121$

$111 \times 111=12321$

$1111 \times 1111=1234321$

$11111 \times 11111=123454321$

$111111 \times 111111=12345654321$

$1111111 \times 1111111=1234567654321$

$11111111 \times 11111111=123456787654321$

$111111111 \times 111111111=12345678987654321$

在日常生活中,数学上也有许多奇思妙想,看上去天衣无缝,实际上中间偷换了概念，一个最简单的算式，得出差异极大的结果。譬如：

1元×1元＝1元

1元×1元＝10角×10角＝100角＝10元

1元×1元＝10角×10角＝100分×100分＝10000分＝100元

1元×1元＝1000厘×1000厘＝100万厘＝1000元。

有人由此断定，普通人手头的1元就是1元，老板手头的1元会变成10元，互联网把1元变成100元，金融界会变成1000元。大部分人还在传统思维里苦苦挣扎，少数人已在分享经济+倍增原理+大数据+互联网金融，在发财致富的道路上狂奔。思路决定出路，观念决定贫富，眼光决定未来！

反过来，有人也在力求证明手头的钱在大幅缩水，并自己出题，自我求证，得出的结果看似毫无破绽，实际上魔鬼藏在细节中。譬如算题：1元＝1分。求证：1元＝100分＝10分×10分＝1角×1角＝0.1元×0.1元＝0.01元＝1分。

永恒的华尔兹

德国设有一个"国际交流中心"（Inter Nationes），只要提前去个电话联系，说明有什么需要，并预约一个时间，就可以去免费获取学习德语的音像资料、德文书籍、德国地图、借德语影片等，凡是有关德国新闻、文化、历史的文字资料，都可以免费得到。

记得我第一次与国际交流中心联系，是1984年11月2日去借德国影

第九章　西方今昔　见怪不怪

片,主管人员向我推荐好几部,我都感到兴趣不大。最后他们向我推荐《永恒的华尔兹》,并给我一份文字介绍。

影片是传记体故事片,讲述小施特劳斯(1825—1899)和他父亲及他们三兄弟的音乐成长史。他们都是著名作曲家,但约翰的成就最大,《蓝色的多瑙河》、《维也纳森林》、《艺术家的一生》、《春天的声音》、《威尼斯之夜》等著名的华尔兹舞曲或进行曲,都出自约翰之手。

约翰自己有个乐队,可以到处演奏。在一次音乐会上,他与俄国贵族加夫里诺夫的女儿认识并相爱,但乐队里的所有人都反对,没有成功。另一次,在银行家托德斯科举办的一次戴面具的节日晚会上,歌剧演员特列弗斯演唱约翰专门献给她的一首华尔兹舞曲,约翰很满意,向她表示爱意,她又要约翰给她写个小歌剧,于是约翰写了小歌剧"英迪戈"(Indigo)。但正式上演时,银行家收买观众从中捣乱,演出没有成功。这时,她主动向约翰求爱,但约翰因生气而拒绝,她悲愤而死,小歌剧却流芳百世。

到年过半百时,有一次上演小歌剧"英迪戈",女演员见约翰很孤单、寂寞,主动要求作约翰的夫人,约翰终于有了一个幸福的家。74岁时,约翰在夫人的身旁,安详地离开这个世界。约翰走了,但他留下的一首首精美绝伦的乐章,却经久不息地回荡在空中。幕布落下,人们依然坐着不动,享受那优美的华尔兹韵律。

评论认为,自古美人爱英雄,英雄为了美人,也会努力成就一番事业。德国大诗人海涅的诗,之所以充满激情、感人肺腑,就因为他有追求第一个、第二个美女都未成功的经历。约翰的不少名曲也都是为美女而作,而且成为传世经典,人见人爱。

从德国出发

人总是第一位的，也是需要首先回忆的。许多德国朋友的音容笑貌，都时刻浮现在我的眼前。在这里，我只想专门提及一位，那就是新中国成立前曾经在德国驻上海领事馆工作过几年、对新中国很友好的温克尔先生。他在慕尼黑的音像制品公司非常成功，曾多次到波恩中国使馆做客。1997年11月18日温克尔病逝，2001年1月我去慕尼黑出差时，曾顺道去他的墓前献花、默哀。

那流经瑞士、德国、荷兰的莱茵河，两岸装满传奇故事的无数古堡，可以让人跨越时空回到远古，抬头仰望，又低头沉思，一览人世沧桑、人情冷暖。

世界上第一辆汽车是德国奔驰。一百四十多年来，奔驰公司始终保持世界领先地位，开着奔驰在德国高速公路上奔驰，可体会德国人对技术的精益求精。

世界上第一条高速公路是在德国建成，由此拉开了近百年来世界公路建设的高速发展史。而今，德国是高速公路最密集的国家，路面好、路标醒目、不限速，被认为是"驾驶员的天下"。

我爬上科隆大教堂俯瞰周边时，虽然有点头晕目眩，但感到自己突然变得高大，而周边的一切瞬间矮小。历经三百多年才得以竣工的这一建筑奇迹及其精细的内部装饰，吸引着各国游客。

作为世界"啤酒王国"的德国啤酒的配方，五百多年来始终保持不变，每年九十月间的德国啤酒节，大小聚会时人们总是举起啤酒杯"干杯"，一张张笑脸永远定格在瞬间。

第九章　西方今昔　见怪不怪

1985年3月作者陪同国内专家到慕尼黑考察期间，应邀到友人温克尔先生家中做客

2001年1月25日,作者在温克尔先生家人的陪同下到温克尔先生墓前献花

第九章　西方今昔　见怪不怪

巴伐利亚地区那些童话般的众多宫殿，虽然当初都劳民伤财、民怨沸腾，而今却成为德国人的最爱，称其当年的主人路德维希二世为"我们亲爱的国王"，到新天鹅堡宫游览的人无不拍案叫绝。

北德大都会汉堡是我最早见到的世界大港，那里的水上音乐会是我第一次见到水柱能随乐起舞，内湖外湖与周边的建筑那么协调，互不影响，难道我们不应该学习这样的市政规划？

到了统一后的德国首都柏林，参观一个又一个让人追溯既往的博物馆，一个又一个让人如痴如醉的画廊，或者到爱乐乐团听听音乐会、乘游船绕施普雷河一圈，真让人目不暇接，流连忘返。

德国地处欧洲中心，从德国出发去欧美其他国家，无论出差还是一日游两日游，都很方便，一是往返本来都不远，二是陆空交通便捷。荷兰风车，布鲁塞尔原子球，巴黎埃菲尔铁塔，伦敦马克思墓，哥本哈根美人鱼，意大利比萨斜塔，瑞士海拔3571米高的少女峰……

毫无疑问，我的相册装满回忆，从中不仅可以看到德国的山、德国的水、德国的车、德国的高速公路，以及德国朋友，还可以看到从德国出发，去荷兰、比利时、卢森堡、法国、英国、意大利、奥地利、丹麦、捷克、美国等国家的所见所闻，特别是瞬间留下的那些美好记忆，真可以说是"一生藏了多少话，装进满头白发"。

爱山爱水的人，必定善解人意，不会忘记诚挚友好的国内外朋友，不会忘记以诚相待的同学、同事。有时间时翻翻照片，看到他们个个神采奕奕，备感欣慰。

英国首相官邸唐宁街10号始建于1530年

第九章　西方今昔　见怪不怪

法国巴黎圣母院建造于1163—1345年

潼江弯弯流远方——一个农家子弟的家国情怀

意大利比萨斜塔建造于1153—1350年,塔高58.36米,塔顶偏离地基外沿2.5米

第九章 西方今昔 见怪不怪

圣马力诺共和国，面积61.2平方公里

潼江弯弯流远方——一个农家子弟的家国情怀

瑞士洛桑奥林匹克公园位于日内瓦湖畔,园内有奥林匹克博物馆,以及形态各异的奥运主题雕塑

第九章 西方今昔 见怪不怪

捷克首都布拉格是一个多桥之城

潼江弯弯流远方——一个农家子弟的家国情怀

丹麦卡隆堡宫（哈姆雷特城堡）

第九章 西方今昔 见怪不怪

华尔街铜牛

联合国经济及社会理事会是联合国主要机构之一

第十章
改革开放　春色满园

> 让我告诉世界，中国命运自己主宰。让我告诉未来，中国进行着接力赛。承前启后的领路人，带领我们走进新时代。我们唱着东方红，当家做主站起来。我们讲着春天的故事，改革开放富起来。继往开来的领路人，带领我们走进了新时代，高举旗帜开创未来。
>
> ——蒋开儒《走进新时代》

一个时代一首歌

我很喜欢《走进新时代》这首歌。1998年底我从驻德国使馆回国后，第一次从街头广播中听到著名歌唱家张也引吭高唱，到单位，听见同事在办公室小声哼哼，觉得很有韵味，很引人产生诸多联想。

一首歌标志一个时代，标志一代领导人。我之所以喜欢《走进新时代》，就是因为它把几代历史连接起来，像一面面旗帜引导人们回顾既往、触摸未来，有着丰厚的历史感和现实感，给人以启迪和鼓舞，催人奋进。

像我们这一代人，也就是20世纪50年代初开始上学读书的一代人，就是唱着"东方红，太阳升，中国出了个毛泽东"，以及"解放区的天是明朗的天，解放区的人民好喜欢"这样的一些歌曲，愉快、幸福地成长起来的。

我们能幸福成长，是因为我们的父辈在党和毛主席等人的英明领导下，经过几十年艰苦卓绝的奋斗，不知经历了多少苦难，才赢得了国家的独立和民族解放。我们真正站了起来，自己的命运自己主宰，真正成了国家的主人。

父辈们的影响和教育，使我们没有忘记革命和战争，慷慨激昂的《义勇军进行曲》、《大刀进行曲》、《八路军进行曲》，纷纷把我们带进那烽火连天、硝烟滚滚的战场。在中华民族最危险的时候，是英勇的抗日战士们，举起大刀向鬼子们的头上砍去，以血肉之躯筑起中华民族新的长城。

《歌唱祖国》是词曲作者王莘在1950年9月中旬庆祝新中国成立一周年前夕，清晨路过天安门广场，看着红旗飘扬、鲜花如海的壮美景象，在回天津的火车上一气呵成的，"五星红旗迎风飘扬，胜利歌声多么响亮，歌唱我们亲爱的祖国，从今走向繁荣富强……"

整个歌词结构严谨、简洁明快，既朗朗上口，又深情专注，把共和国诞生的壮丽画卷勾画得淋漓酣畅。而曲调激情昂扬，凝结了我们的爱国心、民族魂，因而迅速成为亿万中国人久唱不衰、响彻神州大地的"金曲"，成为跨世纪的音乐经典。

1965年我刚参加工作时，见到《志愿军进行曲》的曲作者、文化部艺术局局长周巍峙和他的夫人、著名歌唱家王昆。"雄赳赳，气昂昂，跨过鸭绿江，保和平为祖国，就是保家乡"的豪迈歌声立即萦绕在我的耳边，让我回想起50年代上小学和中学时的音乐课，因而对这位著名作曲家肃然

第十章 改革开放 春色满园

起敬。

历史运转到20世纪八九十年代，邓小平南行，给我们讲述一个个《春天的故事》，把我们带到春华秋实、硕果累累的时代。春雷唤醒长城内外，春晖暖透大江南北，华夏儿女迈开气壮山河的新步伐，开始了改革开放的伟大征程。

《走进新时代》的确让我"总想对你表白，我的心情是多么豪迈。总想对你倾诉，我对生活是多么热爱。勤劳勇敢的中国人，意气风发走进新时代"；希望你"让我告诉世界，中国命运自己主宰。让我告诉未来，中国进行着接力赛。承前启后的领路人，带领我们走进新时代，啊，带领我们走进新时代"。

一座座大小新城崛起，一个个"金山银山"出现。到2020年底，最后832个县也摘掉贫穷帽子，再也不一见面就问"您吃了没有"。当然，农业农村农民依然是我们党和国家的工作重点，唱响《在希望的田野上》，依然是我们心目中和行动上的主旋律。

解放思想

在我读书时的语文课本里，有鲁迅的名篇《故乡》，结尾处他说："其实地上本没有路，走的人多了，也便成了路。"我们的改革开放就没有现成的路，也没有可资借鉴的经验，完全是我们自己走出来的。因为走的人多了，而今成为康庄大道。

四十多年来，我们改革开放的过程，实际上就是一个不断解放思想的过程。1976年粉碎"四人帮"，结束"文化大革命"，举国欢腾，人心思变。何去何从，成了摆在我们每个人面前的一个问题，是"继续闹革命"？还是寻找新的发展道路?

在1978年12月13日的中央工作会议闭幕会上,邓小平发表了重要讲话,这一讲话在收录到《邓小平文选》时定名为《解放思想,实事求是,团结一致向前看》。这篇讲话,是在"文化大革命"结束后中国向何处去的重大历史关头发表的,拉开了中国改革的大幕。这次讲话实际上成为随后召开的中共十一届三中全会的主题报告,是开辟新时期新道路的宣言书。

十一届三中全会标志着中国共产党重新确立了马克思主义的思想路线、政治路线和组织路线,实现新中国成立以来党的历史上具有深远意义的伟大转折,开启了改革开放和社会主义现代化的伟大征程。

1992年初,邓小平在《南方谈话》中,围绕着什么是社会主义,提出了以下两个重要思想。

一个是阐述了社会主义的本质。他指出:"社会主义的本质,是解放生产力,发展生产力,消灭剥削,消除两极分化,最终达到共同富裕。"这一理论,是在他陆续提出的贫穷不是社会主义,发展太慢也不是社会主义;平均主义不是社会主义,两极分化也不是社会主义;僵化封闭不是社会主义,没有统一稳定和团结也不是社会主义;没有民主就没有社会主义,没有法制也没有社会主义等重要观点的基础上提出的,深化了我们党对社会主义的认识。

另一个是提出"计划和市场都是经济手段"。他说:"计划多一点还是市场多一点,不是社会主义与资本主义的本质区别。计划经济不等于社会主义,资本主义也有计划;市场经济不等于资本主义,社会主义也有市场。计划和市场都是经济手段。"这一论述,是对怎样建设社会主义的全新的认识,是对马克思主义的重大发展,也改写了西方政界和学者对市场经济的传统认识,为发展社会主义市场经济提供了理论支持。在这个理论的指导

第十章　改革开放　春色满园

下，我们党领导人民用市场经济的方法发展社会主义，在社会主义条件下搞市场经济，开创了中国特色社会主义发展的新道路、新视野、新方法。

改革开放是《南方谈话》的重点，从理论与实际结合上解答了许多新的问题。

邓小平指出："革命是解放生产力，改革也是解放生产力。"他解释说，社会主义基本制度确立以后，还要从根本上改变束缚生产力发展的经济体制，建立起充满生机和活力的社会主义经济体制，促进生产力的发展，这是改革，所以改革也是解放生产力。

他是把坚持社会主义与坚持改革开放联系在一起论述的。他认为，改革开放是社会主义的必由之路，社会主义是改革开放必须坚持的正确方向。早在改革开放初期，他就强调，改革是社会主义制度的自我完善，使生产关系适应生产力的发展，上层建筑适应经济基础的发展。我们的改革不能离开社会主义道路，不能没有共产党的领导；不能搞西方的"三权鼎立"、"多党制"，不能搞自由化。我们所采取的所有开放、搞活、改革等方面的政策，目的都是为了发展社会主义经济。"如果我们的改革导致两极分化，我们就失败了；如果产生了什么新的资产阶级，那我们就真是走了邪路了。"改革开放是有目的、有方向的，四项基本原则就是改革开放的擎天之柱，是中国历史发展的指针，是中国这艘巨轮的压舱石。

2018年12月18日，习近平总书记在庆祝改革开放40周年大会上发表重要讲话。他指出，改革开放是我们党的一次伟大觉醒，正是这个伟大觉醒孕育了我们党从理论到实践的伟大创造。改革开放是中国人民和中华民族发展史上一次伟大革命，正是这个伟大革命推动了中国特色社会主义事业的伟大飞跃！40年来，我们解放思想、实事求是，大胆地试、勇敢地改，干出了一片新天地。

他阐述了改革开放40年9个方面的宝贵经验：必须坚持党对一切工作的领导，不断加强和改善党的领导；必须坚持以人民为中心，不断实现人民对美好生活的向往；必须坚持马克思主义指导地位，不断推进实践基础上的理论创新；必须坚持走中国特色社会主义道路，不断坚持和发展中国特色社会主义；必须坚持完善和发展中国特色社会主义制度，不断发挥和增强我国制度优势；必须坚持以发展为第一要务，不断增强我国综合国力；必须坚持扩大开放，不断推动共建人类命运共同体；必须坚持全面从严治党，不断提高党的创造力、凝聚力、战斗力；必须坚持辩证唯物主义和历史唯物主义世界观和方法论，正确处理改革发展稳定关系。

他强调，我们坚持加强党的领导和尊重人民首创精神相结合，坚持"摸着石头过河"和顶层设计相结合，坚持问题导向和目标导向相统一，坚持试点先行和全面推进相促进，既鼓励大胆试、大胆闯，又坚持实事求是、善作善成，确保了改革开放行稳致远。

媒体功高

当党中央推动的改革开放大潮奔涌向前时，我经常想到媒体，想到在报刊、广播、电视系统工作的朋友们。是他们，不断为党中央呐喊、助威，是他们，不断为我们鼓劲、加油。

几十年来我都有一个习惯，早听广播、晚看电视，如果哪一天因事耽误，就觉得缺少什么，就好像与世界失联了。在人们感到欣喜、受到鼓舞时，可曾想过媒体朋友们为此付出了多少心血？

就中央电视台来说，除《新闻联播》，他们还推出过许多专题栏目，譬如《东方时空》、《东方之子》、《焦点访谈》、《实话实说》、《新闻调查》、《高

第十章 改革开放 春色满园

端访谈》、《环球视线》、《时空连线》、《感动中国》、《面对面》、《新闻1+1》、《经济半小时》、《观察与思考》等，个个都很醒目，无不讨人喜欢。

毫无例外，这些栏目都在不同的时间节点抓住了中国的脉搏，既传递高层信息，也反映基层心声。在荧屏上我们可以看到主持人，而没有看到的，是在他们背后、幕后辛劳工作的更多的人，是那些"阴阳一半在路上"的采访员、报道员。

我很喜欢《焦点访谈》，原因是它从1995年元旦开播以来，一直很有时代感、节奏感。它的时事追踪报道、新闻背景分析、社会热点透视、大众话题评说等，都很前沿、很现代，有理想、有力度。据说，许多问题只要在《焦点访谈》曝光，当晚就有反馈意见，第二天就着手改进，收到立竿见影的效果。

《焦点访谈》不仅广大观众喜欢，中央领导人也很重视，朱镕基总理就是忠实观众。1998年10月7日晚上，朱总理还走进演播室，对在场人员说，我们"要有这么一两个节目，来指出我们前进过程中的问题，动员全党力量来解决它，这比单纯进行宣传的成绩好得多"。

由于大部分工作人员都在外地采访，不能到场欢迎朱总理。因此，主持人敬一丹再三请朱总理为《焦点访谈》留几句话。朱总理写道："舆论监督，群众喉舌。政府镜鉴，改革尖兵。"这几句话，充分反映了政府对舆论监督的重视和高度评价。

央视还曾创办过一个名叫《空谈》的周刊，"空"指《东方时空》，"谈"指《焦点访谈》，其中谈采访花絮，谈电影观感，谈人生哲学，也谈情说爱。犹如敬一丹所说，真有点"我爱五指山，我爱万泉河"，随心所爱，人见人爱。

20世纪80年代末到90年代初，我曾与央视著名编导、国家一级导演邓在军有过良好接触。她曾多次总导春晚并总导1990年亚运会的开幕式、闭幕式，被誉为"金牌导演"。

我认识邓在军，因有一次我去参加央视的一个涉外招待会。在这个招待会上，我与邓在军进行了有趣的交谈。她是重庆人，从小爱好文艺，而且经常独出心裁，自编自演。

邓在军曾带我去参观春晚排练场，那对我是第一次，也是唯一一次，此后至今，我再没机会去参观。她曾说，搞新闻工作的人根本就没有白天黑夜，有时已经很累了，还得装着轻松愉快，尤其与观众见面时，不能显得疲惫，要始终容光焕发、神采飞扬。

国情决定了我们的新闻工作者肩负的担子很重，要上情下达、下情上传。而且，嗅觉要灵，手脚要快，一遇问题，要能马上明白是什么性质、底线在哪、边界在哪、空间在哪，可以追根到哪，既要带你回望，又要带你前瞻，带你思考与想象。

"外交天团"

近来，有人把外交部的几位发言人称为"外交天团"。是的，在西方紧盯我国一言一行的当下，我们需要外界听到我们的声音，而外交部发言人能够代表我国发出声音。

我国最早设发言人，就是从外交部开始。1983年3月1日，外交部新闻司司长齐怀远作为发言人制度建立后的第一位发言人亮相，而且是由他自己宣布。这一年的下半年，中央提出在全国建立新闻发言人制度，国家统计局、外经贸部、国台办的发言人相继登场。

随着改革开放的发展，从中央到地方都有了发言人，内容从对外到对

第十章　改革开放　春色满园

内，形式从只发布信息到当场答问，从不定期到定期，从每周一次到每天一次，从坐着到站着。发言人制度的建立，表明我们的政府机关从过去不说话到主动说话，标志着我们的政治文明上了一个新台阶，具有积极而深远的意义。

有人问，外交到底是什么？简言之，外交就是国与国之间的交往，外交事务就是国与国之间的事，外交官就是办理外交事务的官员。一个合格的外交官，首先要忠于自己的国家，要有比较广泛的阅历和知识，工作中要有主动性和能动性，要敢于斗争，也要善于斗争。

我们外交人员的经常性工作是，在彼此关系相对平稳、比较友好时，多谈交流、合作，同时留心、警惕潜在矛盾的爆发，未雨绸缪。在彼此关系比较紧张、矛盾突出时，进行交涉和斗争，同时注意观察重回正轨的可能性，争取尽快转圜。

遇到事关国家核心利益的问题时，外交官必须旗帜鲜明，不能模棱两可，但又不是靠说狠话压人，而是以理服人。在公开场合，尤其在面对面时，要避免言语伤人，注意给对方留面子，给自己留退路。我们的发言人，在这些方面都很优秀，有不少精彩表现。

改革开放以来，随着国内经济转型步伐的加快，以及国际环境的变化，我们外交人员为营造有利的外部环境，顺势而为，开拓进取，不断取得全方位、多层次的进展和显著成果，有力促进和扩大了对外经济交流。

改革开放让我们全方位拓展了我们的外交空间，逐步完善了我们的外交机制，拓宽了各个领域中外合作的途径，国际地位和影响不断增强。这是我们继续前行的坚实基础，也是我们寄望未来的强劲动力，放眼眺望，一片蓝天。

"第一"接踵而至

封闭、半封闭的国门一经打开,"第一个走出去"和"第一个请进来"接踵而至,交相辉映。1978—1980年我还在驻瑞士使馆工作时,国家副主席王震、国务院副总理耿飚和谷牧、全国政协副主席荣毅仁、第一机械工业部部长周子健、安徽省革委会主任万里等,出访或过境瑞士,利用各种机会了解西方,探索合作可能性,各类团组更是接踵而至。

最值得一提的是,1979年10月,在邓小平的支持下,荣毅仁创办"中国国际信托投资公司",开启了中国第一个对外开放的窗口,为此后中国的国际经济合作奠定了扎实的基础。该公司启动后,荣毅仁随即出访欧洲,包括到瑞士访问,招商引资。

相应的,争相了解中国、进入中国的外国领导人和工商界人士同样络绎不绝,都希望来中国落脚生根,搭上中国经济发展的顺风车。当时不管在国外国内,都能感受到中国迅速成为国际聚焦的热点,中国的任何一点动向都被国外迅速捕捉。就我所知道的,有这么几个"第一":

1979年1月,由于海外来华旅游者激增、旅游饭店急缺,国务院成立由副总理谷牧、陈慕华和全国人大常委会副委员长廖承志为组长的一个领导小组,负责利用侨资、外资建旅游饭店。当时既无相关法律法规,也无先例可循,犹如在激流中"摸着石头过河"。

1980年4月,香港企业家伍淑清根据中国当时刚出台的第一部《中外合资经营企业法》,第一个申请到内地投资办企业,创办京港合资经营北京航空食品有限公司,取得中国外国投资管理委员会发放的"外资审字(1980)第一号"批件。

第十章 改革开放 春色满园

1980年，瑞士迅达电梯公司来上海创办中国第一家工业性的合资企业，打开发展中国城市楼宇交通的先河。2020年庆祝"迅达中国"成立40周年时，迅达在中国已有近100个分支机构，中国成为迅达在全球最大的生产基地。

1981年，邓小平支持香港著名实业家包玉刚捐款兴建一个五星级旅游饭店，并欣然同意用包玉刚父亲"包兆龙"的名字来命名这座饭店，而且亲笔题写"兆龙饭店"。这在中国实属罕见。

1981年10月，法国服装设计师皮尔·卡丹到北京饭店举办中国第一场面向普通观众的时装表演，15个模特全是中国人。表演结束后，公司在中国定制了10万条头巾，贴上皮尔·卡丹的商标，面向法国、美国销售，成为最早"中国制造"（Made in China）的国际时尚单品。

1982年5月，美籍华人陈宣远与中方在北京联合兴建的北京第一家合资酒店"建国饭店"正式开业。酒店为园林式风格，有西餐厅、健身房、游泳池，很适合外国游客的需要，开业4年就还清全部贷款。1984年7月，国务院发通知号召"全国饭店学建国"。

1979年，香港著名爱国企业家霍英东在广州投资兴建国内首家五星级酒店"白天鹅宾馆"。霍英东在兴建白天鹅宾馆期间大胆提出"三自"方针——自己设计，自己施工，自己管理。他期望靠"三自"建设、经营好宾馆，反映中国人民的志气和能力。1983年2月，白天鹅宾馆正式四门大开，迎接八方来客。

1987年11月12日，第一家洋快餐肯德基在北京前门西大街开业，产品有原味鸡、鸡汁土豆泥、菜丝沙拉、面包等。每块原味鸡2.5元，这在当时属高消费，但门外排长队。前3个月平均日销售额达4万多元。1990年，麦当劳在深圳开设在内地的第一家餐厅。此后，中国的洋快餐迅速发展。

去深圳看看

1995年1月中旬，我从驻德国使馆回国休假，回来没几天我就一个人登上从北京前往广州的火车，目的是去看看深圳经济特区。

为什么我要去深圳看看？当时的深圳特区，各项建设已经取得巨大进展，在德国引起高度关注。有一次我应邀参加科隆商会的报告会时，主持人让我讲讲深圳，我根据有关资料讲了一些情况。有人问我去过深圳没有，我说没有去过，他们摇头，转而都问去过深圳的德国人，把我晾在一边，让我感到很难堪。

那么，去了深圳能看到什么？我到深圳找好旅馆入住后，就去深圳市外办。接待我的是外办副主任蓝粤春同志和一位工作人员，我们交谈了一个多小时。他们向我介绍了一些深圳的发展情况。

那位工作人员当天下午带我去参观深圳博物馆，主要看综合展厅。而后带我去登深圳国贸大厦，那是当时全国第一高楼，有50多层。据她说，要有市政府接待办的人陪同，才允许登顶，所以她必须陪我。但由于电梯在维修，我们只能上升到30多层。她很认真，说如有事，可再找她。

在随后的几天，我每天早出晚归，乘公交车到处走走看看，颇感新鲜。我再次去了位于福田区的深圳博物馆，把整个博物馆都参观了一遍，作了不少笔记。我去了福田红树林自然保护区，从那里眺望香港，那儿游客很多。深圳的世界公园"世界之窗"以及"锦绣中华"和民俗文化村，让我激动不已。我还用了一整天乘船去珠海，到珠海市区和椰林大道走马观花，那儿离澳门很近。

深圳给我印象最深的是，那里的人们对邓小平无比崇敬，认为那里的

第十章　改革开放　春色满园

一切变化都要归功于邓小平的指引。在深圳博物馆有一个很特别的地方，专门陈列邓小平的雕塑和蜡像。1992年春，邓小平登上国贸大厦，发表了整个南方视察中最有分量的讲话，明确指出"特区姓社不姓资"，再三叮嘱市领导"你们要搞快一点"，于是有了震惊世界的"深圳速度"。

我想谈几句深圳国贸大厦的建设，它浓缩了我们对"发达"、"速度"这些词的所有想象。据介绍，国贸大厦由中建三局承建，建筑工人从各处辗转到达，未曾歇息即进入工地。粉刷工有一半是姑娘，后来又成为钢筋捆绑工，她们只知道跟着师傅干活，从不叫苦叫累。

这样的一群普通工人，浑身都是劲。1982年4月，国贸大厦破土动工。1984年4月30日，国贸大厦主楼封顶；9月3日，主体工程顺利完成。1985年底，国贸大厦投入使用。高峰期曾以"三天一层楼"的速度创造了"中国神话与奇迹"。当时以160米的高度摘得全国第一高楼的桂冠。作为改革试验田的深圳，从此为人们竖起了一个敢闯敢拼的标杆。

在"万丈高楼平地起"的同时，深圳商业翻涌着充满机会的波浪，一浪高过一浪。据介绍，有人从很远的地方骑自行车到深圳创业，先到工地当临时工，而后开小店，再后开公司，直到走出国门，全球打拼。我从华强北路路口向北望去，一公里长的街区，商铺林立，人潮涌动，任何新式电子产品都可以在此找到配件。

"春风得意马蹄疾，一日看尽长安花"，位于深圳湾的微缩景区"世界之窗"让我一日遍游世界。在那里，我看到了比较熟悉的德国科隆大教堂和新天鹅堡宫，第一次看到了微缩的法国巴黎埃菲尔铁塔和凯旋门、意大利比萨斜塔、埃及金字塔、印度泰姬陵，等等。100多个世界著名景观和建筑奇迹按不同比例仿建，精巧别致，惟妙惟肖，体现了这座新兴都市弘扬世界文化的宗旨和气度。

潼江弯弯流远方——一个农家子弟的家国情怀

1995年1月30日,作者参观游览深圳"世界之窗"的门票

第十章 改革开放 春色满园

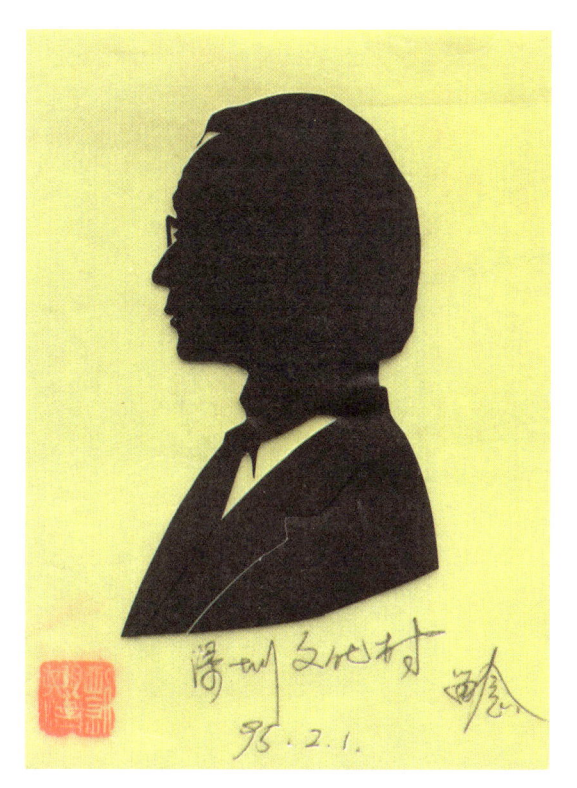

1995年2月1日,四川特级剪影技师刘期培在深圳"民俗文化村"为作者剪影留念

1996年4月25日，作者应德国石荷州商会邀请，到州府基尔市作关于中国经济特区深圳的经济、社会、文化最新发展的报告并答问

第十章　改革开放　春色满园

报告会由德国基民盟联邦理事会元老级成员（CDU-Bundesvorstandsmitglied, Veteran）柯尔伯先生主持，一百多名各界人士与会

报告会结束时,两位女士上台给作者献花,一位女士穿着印有中文"中国,我登上了长城"的衣服,另一位女士说"深圳是中国特区,中国是世界特区",全场热烈鼓掌

第十章　改革开放　春色满园

与"世界之窗"相距不远的深南大道，建有我国的民俗文化村。那里让我流连忘返，二三十个我国不同民族的村寨都按1:1的比例建成，通过民族建筑、实物展览、大型绘画、现场表演等，展示我国各民族的民间艺术和民族风情。在那里，可以看到原汁原味的春节庙会、泼水节、火把节、草原赛马等，充分感受中华民族的灵魂和魅力。

到了深圳，想看的几乎都能看到，想问的几乎都能得到解答。那里到处都可以遇到拓荒者、奋进者；到那里安家落户的人都有故事、有经历、有体验，都把自己的人生与这座城市紧紧联系在一起。

我还记得，我入住的旅店老板知道我专门从北京到深圳参观游览，早晚特意为我做一两个好菜，收费从优，让我吃好吃饱，开心游玩。

而今的深圳，已由一个只有3万人口的默默无闻的海滨小城，崛起为一个拥有2000万人口的现代大都市，产值增长1万倍，三分之二的世界500强在此落户，不能不说是中国也是世界的一个伟大奇迹。

深圳的迅速变化和发展是我国步入现代化进程、实现历史性跨越的缩影，也是对我们当下"十四五"规划构建以国内大循环为主、国内国际双循环相互促进的新发展格局的演练。

在面临更多复杂多变的外部环境时，我们越要发扬深圳精神，越要真抓实干，越是艰难越向前。

2020年10月14日，习近平总书记在深圳经济特区建立40周年庆祝大会上发表重要讲话。他指出，当今世界正经历百年未有之大变局，我国正处于实现中华民族伟大复兴的关键时期，经济已由高速增长阶段转向高质量发展阶段。深圳要建设好中国特色社会主义先行示范区，创建社会主义现代化强国的城市范例，提高贯彻落实新发展理念能力和水平，形成全面深化改革、全面扩大开放新格局，推进粤港澳大湾区建设，丰富"一国两制"事业发展新实践，率先实现社会主义现代化。

体制在转型

外交要为国家的改革开放服务，如何服务？首先要了解国情、了解国内的发展变化，了解随着改革开放而来的体制转型，否则就不知这个服务从何做起，至少就不知如何准确而又有针对性地向驻在国的朋友介绍。

改革开放之后，我国的经济体制由计划经济转变为社会主义市场经济。那么，哪些方面已经发生重大变化并且在继续变化？

第一，农业。搞集体化、大锅饭，严重束缚了农民。从改革开放起实行"分田到户、自负盈亏"的家庭联产承包责任制，迅速改变了农村面貌，极大提高了农民发家致富的积极性。

在不可逆转的经济全球化大潮中，保障粮食和重要农产品稳定安全供给始终是建设农业强国的头等大事，农村现代化是建设农业强国的内在要求和必要条件。开拓农村新的经营模式，既保护农民个体积极性，又增强农村集约化，由小农业走向大农业。

第二，所有制。改革开放之前，我们是清一色的公有制，大小企业都是国企。改革开放以后，形成了以公有制为主体、多种所有制经济共同发展的所有制制度。早就允许乡镇办企业，允许个人办企业，国有企业全面完成公司制改制。

1986年我曾在德国汉堡接待由万向轴厂老总鲁冠球率领的浙江民营企业家参观团，汉堡市副市长会见时大加赞扬，认为这意味着中国经济必将充满活力。当然，涉及国家安全的国企，必须保持其国有属性。

第三，价格。这与我们每个人都密切相关，我们都随时盯着市场物价的变化。就我所知，当国家统一定价转变为实行价格"双轨制"时，人们议论纷纷，而今价格已经放开。到2017年，我国价格市场化程度已经超过97%，人们基本习惯了面对市场物价的变化。

第四，分配制。按劳分配为主体、多种分配方式并存，是改革开放以来逐步形成的居民收入分配的方式和制度。经过几十年的不断实践，收入分配制度改革，围绕按劳分配这一主线展开，将如何处理公平与效率的关系作为收入分配制度改革的核心主题，确立按劳分配与按生产要素分配相结合的分配格局。

第五，投资融资。投融资体制改革取得了新的突破。发挥政府投资的引导作用和放大效应，完善政府和社会资本合作模式。打通投融资渠道，拓宽投资项目资金来源，充分挖掘社会资金潜力。投融资体制改革与供给侧结构性改革以及财税、金融、国有企业等领域改革有机衔接、整体推进。

第六，社会保障。经过不断探索，适应市场经济体制与社会发展进步要求的新型社会保障体系逐渐建立起来。新的社会保障制度仍然是国家主导，但多方分担责任取代了过去的政府、单位（或集体）的单一责任主体，缴费型保障替代了过去的免费型保障，社会化保障机制替代了单位（或集体）包办的封闭式保障机制。

第七，行政管理。行政管理体制改革处于经济体制改革和政治体制改革的接合部，既与经济体制改革相互联系、相互促进，又是政治体制改革的重要内容，是合理配置党的执政资源的基础性工作，是上层建筑适应经济基础的必然要求，贯穿我国改革开放和社会主义现代化建设的全过程。

经验要随时总结

现在,在复杂多变的国际环境下,我们制定了"十四五"规划。为继续推进中华民族的伟大复兴,很有必要认真总结改革开放以来的经验。千条万条,坚持党的领导是首要第一条,实践证明,没有党的领导就没有改革开放的开启,就没有取得成功的根本保证。在此基础上,我认为以下几条经验很重要。

第一,坚持立足于基本国情。四十多年以来,我们一直没有偏离国家大、人口多、底子薄的国情。现在也要知道,在相当长的历史时期,我们都会处于社会主义初级阶段。这个阶段的主要任务,依然是努力发展生产力。

第二,要坚持渐进式改革。实践证明,最成功的就是每走一步都先试点,由点到面,从易到难,由量变再到质变。在这个过程中,要特别注意听取不同意见,甚至听取反对意见。在渐进过程中,要尊重群众和基层的首创精神,集思广益。

第三,坚持发展与稳定的辩证关系。如上所述,我们人多、地广、底子薄,加之地区发展和城乡发展不平衡,只有保持社会稳定才能聚焦发展,只能不断发展才能保持社会稳定,最基本的是要让人民群众得到更多实惠。这些都是说来容易、做起来难,但也是这种难度,考验着我们的管理能力。

第四,坚持改革与开放并举,国内国际双循环。现在,一个普遍共识是,凡是有利于解放和发展生产力、有利于提高综合国力、有利于提高人民生活水平的事都要抓紧,以改革促开放,以开放促改革。

第五,坚持解放思想和理论创新。改革开放是一项伟大事业,四十多

第十章 改革开放 春色满园

年来每走一步，都基于解放思想、勇于实践。要成就一番伟业，不能没有理论基础，而理论来源于实践，又引领实践。在实践中大胆创新理论，努力完善理论，可以使我们永不迷航，行稳致远。

为迎接中国共产党第十九次全国代表大会的胜利召开，深入反映党的十八大以来全面深化改革的重要成就，中央电视台制作播出十集大型政论专题片《将改革进行到底》。

改革开放使中国迅速成长，跃升为世界第二大经济体，综合国力显著提高，人民生活极大改善，中国特色社会主义充满生机与活力。然而，粗放的发展方式伴生巨大的风险与挑战，积累了一系列深层次的问题和矛盾。《将改革进行到底》讲述了以习近平同志为核心的党中央带领中国人民攻坚克难、砥砺前行，坚定不移进行改革的故事。概括总结了全面深化改革的主要特征，生动讲述了党的十八大以来伟大改革进程给人民群众带来的获得感。

放眼未来，深化改革是一场只有起点没有终点的伟大变革。蓝图已经绘就，号角已经吹响。亿万中华儿女需要的是凝聚一起，团结一心，自强不息，共同为实现"中国梦"而努力奋斗。

我生在农村，长在农村，此后不管漂流到何处，始终都情系农村，怀念乡亲。从哪里来回哪里去，我时刻关注家乡的发展变化。

1999年春节期间，我回梓潼老家时，曾写过一篇题为《还乡》的七律诗，这首诗反映了一个农家子弟特有的家国情怀。

1998年6月,作者到内蒙古鄂尔多斯响沙湾参观,座谈时作者主要介绍德国社会市场经济制度及如何保持货币稳定

第十章 改革开放 春色满园

2003年11月2日至6日,作者陪同德国施瓦博制药公司总裁克勒到重庆、成都考察太极制药厂和太极大药房

2007年4月21日至25日，作者陪同德国柏林施密特-弗朗克有限公司总经理施密特博士到四川绵阳市北川羌族自治县考察高山绿茶并正式签约

第十章　改革开放　春色满园

2007年12月26日，作者应北京市朝阳区商务局邀请，出席"21世纪经济论坛"圆桌会，面向一千多名与会者讲"什么叫机遇，什么叫挑战"，观众反响强烈

志在四海出远门，
而今还乡近六旬。
亲朋好友忙关照，
兄弟姐妹喜相迎。

三十初一篝火旺，
谈今叙旧夜深深。
改革开放人心暖，
穷乡僻壤传喜讯。

昔日荒坡松柏茂，
农家小楼年年新。
七曲圣地游人多，
九曲流水热浪滚。

乡音未改农夫气，
父老皆称没忘本。
苍天无情人有情，
来年再会众乡亲。

第十章　改革开放　春色满园

潼江弯弯流远方

后　记

这本书写完了，但又觉得还没有写完。原以为都淡忘了，谁知道记忆的闸门一打开，竟然收不住。加之，不少笔记、日记都还保存着，让我的记忆清晰得十分具体、细腻。

人的一生，可以如蓝天上的一片白云，在空中久久飘荡；也可以如一缕青烟，瞬间消散。年轻时，总觉得人生漫长，过了今天还有明天，不经意间溜掉许多时间，本来可以做好的事没有做好，或者根本就没有做。年老时，总感叹人生苦短，恨不得把一天拉长为两天、三天，因为许多书还没读，许多事还没做。

常言道，性格决定命运，心态决定年龄。过去了就过去了，无所谓对与错，也无所谓顺境与逆境，重要的是要有家国情怀。情怀是一种信仰、一种追求，是对国家的美好未来充满信心，"居庙堂之高则忧其民，处江湖之远则忧其君"。

我要感谢世界知识出版社汪琴总编辑和本书责任编辑侯奕萌女士，是她们的热情支持和辛苦工作，使得本书顺利出版。当然，我也要感谢整个世界知识出版社，是世知社的许多出版物让我更多地了解了世界，也让我的国内外朋友更多地了解了我。

实际上，我与世知社的合作，早在20世纪八九十年代就已开始。我曾为《世界知识》杂志撰写过不少评议国际时事政治的文章；也有过一些译著由世知社出版，譬如德国著名传记作家英格洛蕾·温特尔介绍德国六任

后 记

总统生平、政见的《我们的总统》，德国自由记者于尔根·罗特揭示德国社会问题的《繁荣的背后》，以及我与同事合译的德国前总理施密特的回忆录《伟人与大国》。

2019年，为庆祝中华人民共和国成立70周年和中德建交47周年，我撰写了回顾与思考中德关系的《中德之间》（上下册）并在世界知识出版社出版。我与世知社时任副社长汪琴同志和侯奕萌编辑相遇相识，她们对工作认真负责、精益求精的态度，给我留下深刻印象。

《中德之间》出版后受到广泛欢迎和赞誉，《作家文摘》多次选载。来自机关、院校、企业的读者反响热烈，认为这是一部全面回顾与思考中德关系的书，而且是以实际工作的需要为出发点和落脚点，有助于他们多角度、多层面探索中德关系的过去、现在和未来。

有朋友问我，这部《潼江弯弯流远方》出版后，是否考虑封笔。我说，还没有想好，但我向来认为，有事做总比没事做好，忙点儿总比不忙好。可以肯定的是，"风声雨声读书声，声声入耳；家事国事天下事，事事关心"，依然会是我的常态。

借此机会，我要感谢向我伸出过援手，对我给予过鼓励和支持的同学、同事和朋友，没有他们，我很难成功。借用电视剧《人在旅途》主题曲的歌词：千山万水脚下过，一缕情丝挣不脱……我不怕旅途孤单寂寞，只要你也想念我！

愿我们大家都健康、安好，遇事顺心顺意！

罗国文

2024年3月1日于北京